Reglas de Oro de la Estrategia Electoral:
Dardos letales para derrotar a la competencia

Andrés Valdez Zepeda
Miguel Flores Zepeda

Índice de contenidos

Presentación

El sistema político en los diferentes países de América latina está experimentando diversos y profundos cambios, producto del proceso de transición política y consolidación democrática. La globalización, el desarrollo tecnológico, la apertura mediática y los cambios culturales, demográficos y educativos del electorado, así como la construcción de una nueva ciudadanía están incidiendo, también, en la edificación del nuevo sistema político regional.

Una de las áreas que está experimentando un cambio significativo es la forma como se organizan e impulsan las campañas político electorales, ya que la nueva democracia ha generado mayores niveles de competencia intra e inter partidista, de tal forma que el acceso al poder público está ligado a los niveles de competitividad que puedan construir las diferentes organizaciones e instituciones partidistas. Es decir, el acceso al poder está determinado por los niveles de competitividad que están alcanzando las organizaciones partidistas y sus candidatos, de tal forma que los más competentes para organizar, persuadir y movilizar a los votantes son los que ocupan los espacios de representación pública.

Hoy día, para ganar una elección no sólo se requiere contar con un buen candidato, sino además el contar con un equipo de campaña altamente capacitado y motivado, así como el disponer de una serie de conocimientos en materia de estrategia política que permita no sólo el captar un mayor número de sufragios, sino, sobre todo, el poder derrotar a la competencia. Para lograr tal propósito, se requiere impulsar campañas profesionales, planeadas y dirigidas por profesionales, que permita, a través de nuevas y creativas pautas estratégicas, el triunfo contundente en los procesos electorales.

De cierta manera, las campañas electorales son procesos intensos de persuasión y cortejo de los votantes que impulsan los partidos políticos y sus candidatos con el objetivo central de ganar espacios de representación pública y construir mayorías electorales estables, que es el sustento de todo sistema democrático. Estos esfuerzos proselitistas son prácticas comunes en todos los países con sistemas políticos democráticos, quienes han institucionalizado las elecciones como una forma de disputa civilizada del poder entre diferentes grupos sociales.

Toda campaña electoral se gana o se pierde a nivel estratégico y táctico. Esto es, el tipo de estrategia, así como su trazado instrumental determina, en cierta medida, el éxito o fracaso de la campaña. Una campaña sin estrategias, con estrategias mal articuladas o equivocadas será una campaña perdedora. Por el contrario, una campaña con buenas estrategias y bien implementadas, es generalmente, una campaña ganadora.

Las campañas electorales son, también, procesos hiper competidos entre diferentes candidatos, partidos o grupos políticos en la búsqueda de espacios de representación pública. El candidato o partido que confronte una elección con un mayor número de ventajas competitivas sustentables será, de cierta manera, quien logre imponerse en la contienda. Por el contrario, el partido o candidato que cometa el mayor número de errores, que carezca de ventajas competitiva o que adolezca de un adecuado trazo estratégico será, en consecuencia, quien pierda las elecciones.

Las campañas son ejercicios proselitistas altamente tecnificados, muy especializados y focalizados sustentados en un alto desarrollo tecnológico, el conocimiento y la creatividad. Las campañas de hoy se rigen por novedosos diseños constitucionales y electorales, así como se desarrollan en mercados electorales más inteligentes y diversificados. Son campañas más complejas y, a su vez, más creativas en la búsqueda de la constitución de mayorías electorales.

Los electores son más pragmáticos. La forma en que se vota, así como se vigila y organizan las elecciones también ha cambiado. Estas campañas posmodernas se sustentan en esquemas alternativos y altamente sofisticados apostando al perfil emocional de los votantes.

En este libro los lectores encontraran ideas, estrategias, conocimientos y sugerencias innovadoras para ser más competitivos en la búsqueda del poder público. En él se contienen las reglas de oro de la estrategia electoral que funcionarán como dardos letales para derrotar contundentemente a la competencia.

REGLAS DE ORO DE LA ESTRATEGIA ELECTORAL

Introducción

La democracia es un sistema político sustentado en la pluralidad de actores y grupos políticos que compiten, en un marco de libertad y legalidad, por ocupar o conservar posiciones de poder. En este sentido, es un sistema de competencia, en la que el individuo, grupos de individuos o formaciones partidistas que mejores ventajas competitivas tengan y logren conservar serán los que ocupen la titularidad en los diferentes puestos de representación pública.

En estos sistemas de competencia, las estrategias políticas ocupan un lugar privilegiado, ya que el éxito o fracaso en la lucha por el poder, depende, muchas veces, del tipo de estrategia utilizada.

La democracia, como sistema de competencia, implica la celebración periódica de elecciones, en la que diferentes candidatos y partidos políticos buscan obtener la mayoría de los votos de los ciudadanos. Para obtener estos sufragios se impulsan las campañas electorales, que no son sino procesos intensos de proselitismo y persuasión política orientados, por un lado, a obtener una mayor cantidad de votos de los electores y, por el otro, a impedir que los opositores ganen los comicios. Es decir, toda campaña requiere un frente de atracción de sufragios y un frente de repulsión de votos para los opositores.

Si bien el objetivo principal de toda campaña electoral es conquistar o conservar el poder, también cumplen otra serie de propósitos, como el influir en el propio poder, construir mayorías electorales estables, hegemonía y consensos sociales, incidir en la toma de decisiones, coadyuvar en el desarrollo y el progreso de la gente, articular el debate de los principales problemas y temas de interés del elector, difundir los pensamientos, ideas y propuestas de los partidos y candidatos participantes, así como, a través del estruendo mediático que estos procesos generan, dar visibilidad y reconocimiento a los candidatos participantes.

Es decir, toda campaña es un proceso complejo, que implica atacar, al menos, cinco diferentes frentes. El primero, es el del conocimiento. Requiere el conocimiento profundo del elector, sus motivaciones, emociones y expectativas. Lo que le preocupa y lo que sueña. Sus principales problemas y necesidades. Su nivel cultural, sus filias y sus fobias. Implica, también, el conocimiento del terreno en el que se dará la competencia, así como el conocimiento profundo de la elección. Es decir, conocer de qué tipo de elección se trata, en el sentido heurístico del término. Implica, también, el conocimiento de los adversarios, sus fortalezas y sus debilidades, sus aliados, sus otros contrincantes, su historial y sus fuentes de financiamiento. En suma, implica conocer para vencer.

El segundo frente, es el de la organización. Esto implica la construcción y afianzamiento de una estructura electoral, distribuida territorialmente, para organizar a los militantes y simpatizantes del partido y del candidato. Esta estructura electoral es la responsable del trabajo proselitista y de persuasión política, el contacto de la campaña con la gente. La organización de la sociedad y sus diferentes grupos, así como la presencia de la campaña en los más diversos núcleos sociales son objetivos centrales que busca alcanzar este frente. En suma, implica organizar para triunfar.

El tercer frente es el de la comunicación. Implica el diseñar, difundir y evaluar los mensajes proselitistas del partido, del candidato y de la campaña utilizando todos los medios al alcance, principalmente los electrónicos. Una comunicación inteligente, persuasiva, diferenciada, orientada a movilizar sentimientos y emociones. Una comunicación que genere votos para nuestra causa y le quite a los adversarios. Implica, además, la comunicación interna para hacer más eficaz el trabajo del equipo de campaña, el del candidato y el del propio partido. Una comunicación organizacional que se convierta en ventaja competitiva y que permita superar a la competencia. En suma, implica comunicar para ganar.

El cuarto frente es el de la persuasión. Implica la seducción, sugestión y atracción de votantes leales, que no sólo otorguen su sufragio a la causa del partido o del candidato, sino que realicen también un proselitismo dinámico e intenso en su núcleo social de influencia. Una persuasión inteligente, creativa y trascendental, que parta del conocimiento de las motivaciones profundas del elector y de la psicología de masas, para luego implementar acciones contundentes orientadas a ganar la elección. En suma, implica, persuadir para subir.

El quinto frente es el de la movilización electoral. De nada sirve investigar, comunicar, organizar y persuadir a los electores, sino se es capaz de movilizarlos a las urnas el día de las elecciones. Implica capacidad operativa y organizativa. Nadie gana una elección sólo con encuestas favorables o una alta popularidad. Para ganar se requieren votos y estos sólo se logran si existe una alta capacidad para movilizar a los electores a las urnas el día "D" y obtener el sufragio a nuestro favor. En suma, implica movilizar para ganar.

Para lubricar estos frentes y articular las operaciones se necesitan estrategias. Las estrategias son los ejes que posibilitan que la campaña llegue a buen puerto y que determina las posibilidades de éxito o fracaso de la misión emprendida. Toda campaña demanda estrategias, ya que estas nos determinan el cómo alcanzar los propósitos buscados. Sin estrategias o con estrategias equivocadas, mal articuladas o pésimamente implementadas, lo más seguro es que se pierde no sólo la elección, sino incluso hasta el registro partidista. Las estrategias son el arte de saber jugar bien en la política, el arte de saber hacer bien las cosas para ganar y hacerlo con contundencia.[1]

---

[1] Carlos Fernando Castañeda Castro define la estrategia como la ciencia y el arte de concebir, utilizar y conducir los medios (recursos naturales, espirituales y humanos) en un tiempo y espacio

Principios de estrategia

Toda campaña implica un juego estratégico que responde a una serie de principios y fundamentos políticos. Estos principios rectores ayudan a fundamentar y determinar la pauta de la intervención política, así como sirven como marco de reflexión para la implementación de las acciones y estrategias políticas.

Estos principios ayudan, además, a entender la importancia de las estrategias en las campañas electorales y la necesidad de valorar, en su justa dimensión, el papel que la astucia, tenacidad y pericia política juegan para obtener resultados positivos en las contiendas electorales.

Los principios de estrategia, muchos de ellos, datan desde la antigüedad y otros han surgido en los tiempos modernos, ligados a los sistemas políticos democráticos. A continuación, se enumeran y describen dichos principios, para luego pasar al abordaje especifico del juego estratégico.

1. Las campañas electorales se ganan a nivel estratégico y táctico. Las elecciones las ganarán aquellos candidatos y partidos que sean más astutos, creativos e inteligentes, los que sean más hábiles en el manejo del juego estratégico.

2. Como en el fútbol, solo hay dos tipos de estrategias. Las de ataque y las de defensa. El verdadero juego estratégico consiste en hacer una adecuada combinación de ambas. El ataque siempre es pro-activo y la defensa reactiva.

3. Toda estrategia busca alcanzar un objetivo. Con la mirada siempre puesta en este, se debe planear, implementar, evaluar y retroalimentar periódicamente las estrategias. Es recomendable, además, buscar siempre una correcta alineación, sincronización y practicidad en el juego estratégico durante la campaña.

4. Las estrategias se diseñan antes del inicio de la campaña y se pueden cambiar en el transcurso de la misma. Sin embargo, se sugiere no hacer tantos cambios de estrategia, a no ser que sean muy necesarios. En todo caso, lo que se sugiere cambiar son las tácticas.

5. Toda estrategia debe proporcionar ventajas sobre los competidores. Estas ventajas deben ser, preferentemente, permanentes y orientadas a debilitar a los adversarios. El ser conocido, querido, seguido, apoyado y votado son ventajas competitivas muy importantes que todo político debe buscar obtener.

6. Toda estrategia debe estar direccionada, para alcanzar objetivos particulares. La estrategia es como un dardo, cada uno debe dirigirse a alcanzar un blanco

---

determinado para alcanzar y/o mantener los objetivos establecidos por la política (Apuntes sobre la teoría de la estrategia).

específico. El éxito de toda estrategia consiste en conseguir pequeñas victorias, bien focalizadas y concretas, que al sumarse y acumularse, dan contundencia al triunfo definitivo.

7. No hay una sola estrategia, sino muchas y múltiples estrategias. En su conjunto estas se deben articular y coordinar. Las más comunes son las estrategias del candidato, del partido y del gobierno en turno. Existen además, estrategias de organización, comunicación, mercadotecnia, proselitismo, construcción de imagen, movilización electoral, construcción de alianzas y estrategias de ataque y defensa.

8. Cada proceso electoral es único, por lo que las estrategias deben diseñarse, aplicarse y evaluarse de acuerdo al tipo de campaña. Una estrategia que fue exitosa en una campaña, puede no serlo en otra.

9. Sino se tiene la capacidad de poner por escrito la estrategia, lo más seguro es que no se tenga. Poner por escrito la estrategia ayuda a darle estructura, forma y coherencia a la misma, posibilitando, también su evaluación y retroalimentación. En materia estratégica, la cultura de la escritura requiere imponerse sobre el verbo y la palabra.

Catálogo estratégico

La estrategia implica el arte de derrotar al adversario, sometiéndolo a partir de sus áreas vulnerables. Refiere, por un lado, a acciones de construcción de consensos sociales y, por el otro, de derrocamiento de la oposición. Toda estrategia está orientada por principios y fundamentos que dan vigencia a un catálogo de recomendaciones prácticas que se deben poner en operación con sigilo y sentido de oportunidad.

A continuación, se enlistan este catálogo, bajo la advertencia que en muchos casos son sólo guías o ideas para la acción política y el proselitismo electoral.

1. La mejor estrategia es atacar la estrategia de los adversarios. Para ello, se requiere estudiar e informarse con detalle sobre las estrategias de los opositores y monitorear todos sus movimientos. Al echar por tierra la estrategia del adversario, las posibilidades de avance y triunfo se incrementan.

2. La mejor estrategia consiste en confrontar nuestra principal fortaleza con la principal debilidad del adversario. Para ello, se sugiere hacer un análisis FODA, para determinar, por un lado, en qué aspectos somos fuertes y cuáles son las debilidades del adversario; mientras que por el otro lado, este tipo de herramientas nos ayudarán a conocer áreas de oportunidad y posibles amenazas que se pueden presentar en la campaña.

3. Las campañas electorales no se ganan por los aciertos, se pierden por los errores. La determinante del éxito electoral no es la publicidad, sino los errores y

escándalos que se cometen por los candidatos, los partidos y sus equipos durante la campaña.

4. Las campañas negativas generan ventajas competitivas a sus impulsores, incidiendo, determinantemente, en la decisión de la orientación del voto de los electores, contribuyendo, por lo tanto, a ganar las elecciones. En algunos casos, ante una mala gestión y articulación, las campañas negativas, quitan votos y se pueden revertir fácilmente. Sin embargo, mal gestionada una respuesta estás pueden ser eficientes (el país está lleno de perdedores que no supieron responder un ataque).

5. Cuando se es blanco de una campaña negativa y se ha decidido que es política y electoralmente más conveniente no emprender la defensa con otra campaña negativa, se debe responder a los adversarios con elegancia. Las siguientes frases pueden usarse en su oportunidad. ¡Hay quienes utilizan piedras para atacar, yo las uso sólo para construir! ¡Yo soy de la idea de que en la política como en el golf gana quien menos golpes da! ¡Yo no voy a responder a los ataques, mi campaña es de propuestas e ideas, no de calumnias o descalificaciones!

6. La gente comúnmente dice que no hay propuestas en las campañas. Los partidos y candidatos saben que sí. Lo que pasa es que no saben comunicarlas. Centre su esfuerzo en comunicar, creativa e inteligentemente, sus propuestas e ideas, pero no descuide la organización y movilización electoral.

7. La política, en la era moderna, es el arte de saber gestionar adecuadamente los afectos de la gente. El voto es anatómico. Pocos "votan" por el cerebro, muchos por el hígado y la mayoría tomando en cuenta lo que les dicta el corazón. Gestione el afecto de la gente, logre una conectividad emocional con los votantes. Recuerde que la mejor estrategia está orientada a movilizar los sentimientos benévolos (o malévolos) de los votantes, aquella que toca las cuerdas sensibles del elector.

8. La mejor campaña es aquella que logra construir y conservar más y mejor las diferentes ventajas competitivas en las áreas de investigación, comunicación, imagen, gerencia política y movilización de votantes. Ganará la elección aquel partido o candidato que logre construir y conservar el mayor número de ventajas competitivas.

9. Las campañas electorales en el mundo se articulan, de una u otra forma, con base a la generación y a la institucionalización del miedo. Por un lado, miedo a que las cosas empeoren y se pierda lo que se tiene o ha logrado, o que se amenace el sistema de creencias y valores predominante. Por el otro, como garantía de seguridad pública, militar, económica, jurídica o social y salvaguarda ante las amenazas y peligros, reales o imaginarios, existentes.

10. La principal derrota de sus adversarios es la derrota psicológica. Las alianzas, las encuestas favorables, las grandes concentraciones públicas y los apoyos masivos, son dardos que dañan la moral de los contrincantes.

11. Una estrategia que funciona muy bien, ante la actual crisis de la política y ante el predominio de un elector escéptico y descontento, es hacer política criticando a la política y a los partidos tradicionales. La idea es hacerlos responsables de los actuales problemas y convocar al cambio con rumbo. Se recomienda, por lo tanto, criticar a la política tradicional que representan sus opositores (corrupción, demagogia, manipulación, engaño, incumplimiento, ineptitud, autoritarismo, etc.) y proponer que los ciudadanos y nuevos políticos sean los que lleguen al poder.

12. La gente tiende a estar con las mayorías y seguir a los individuos exitosos. Preséntese como la opción de las mayorías y como una alternativa exitosa de gobierno. Recuerde, nadie sigue a un fracasado.

13. La mejor estrategia para un partido en el gobierno es hacer (comunicar) un buen gobierno. La mejor estrategia para un partido en la oposición es mostrar (publicitar y dar razones convincentes) que se tiene un mal gobierno, para que los votantes opten, sin vacilación, por el cambio.

14. La estrategia del voto útil es muy útil en la última etapa de la campaña. Convoca a no desperdiciar el voto, a darle sentido al sufragio y lograr una real transformación del sistema político. La estrategia correcta es presentarle a los electores un solo dilema: más de lo mismo o un cambio verdadero.

15. Toda campaña debe contar, desde un inicio, con un mapa de ruta (plan estratégico y operativo de campaña), que incluya, entre otras cosas, el diagnóstico, los objetivos, definición del mensaje, selección de grupos objetivo, planificación de medios, imagen, presupuestación, estrategias y administración de los tiempos. El plan estratégico da rumbo y dirección a la campaña, el plan operativo posibilita la concreción de resultados.

16. La política del rumor genera dividendos políticos. Los rumores, bien manejados, producen un gran impacto persuasivo entre la gente. El rumor tiene un alto nivel de credibilidad y se transmite en forma "viral," llegando, incluso, a convertirse en "epidemia."

17. El mejor político es aquel que promete poco y hace mucho. El peor político es aquel que promete mucho y hace poco. Las expectativas creadas entre los ciudadanos, durante la contienda electoral, determina la valoración que haga de su gobierno. Durante la campaña, no prometa lo que sabe es imposible cumplir.

18. Las elecciones se tratan de valores, perjuicios y estereotipos. Los valores tienen que ver con lo que a la gente le importa, lo que le da valor. La explotación de los prejuicios y estereotipos es un arma útil para ganar adeptos o retirárselos a los oponentes.

19. Toda estrategia debe sustentarse en el conocimiento. Conocer nuestro candidato y partido, conocer nuestros adversarios, conocer los electores (qué es lo que quieren) y conocer la elección.

20. La comunicación en la campaña debe ser una comunicación emocional, dirigida a movilizar emociones y generar el afecto a favor de nuestra causa y el rechazo en contra de los adversarios.

21. La construcción de redes incrementa las posibilidades de éxito. En una campaña se puede impulsar la creación de redes sociales, redes familiares, redes de interés y redes políticas. La mejor campaña es la que se hace en red.

A manera de conclusión

Las campañas electorales definen el carácter de la representación pública y dan legitimidad al ejercicio del poder en todo sistema democrático. Estas acciones proselitistas, que se organizan de manera periódica bajo una serie de normas y procedimientos, constituyen los conductos legales y legítimos, para disputar los espacios de representación pública.

Estas campañas se ganan y se pierden a nivel estratégico y táctico. Esto es, en toda campaña electoral, el tipo y calidad de la estrategia puede ser la diferencia entre el éxito y la derrota. Una campaña exitosa, generalmente lo es, por el tipo de estrategias utilizadas con respecto a la competencia. Por su parte, una campaña sin estrategias o con estrategias equivocadas es una campaña usualmente perdedora.

La astucia, creatividad, inteligencia, habilidad y tenacidad en el manejo de las estrategias ayudan a conquistar los objetivos y derrotar a los adversarios. Si su campaña no tiene estrategias, están mal estructuradas o no se implementan correctamente lo más seguro es que pierda la elección.

Finalmente, es importante recordar que lo más difícil de una estrategia no es pensarla, planearla o escribirla, sino articularla, implementarla, ponerla en operación.

FACTORES CRÍTICOS DE ÉXITO EN LAS CAMPAÑA ELECTORAL

Introducción

De acuerdo a los resultados que se obtienen en los comicios electorales, existen sólo dos tipos de campañas. Por un lado, están las campañas ganadoras, quienes logran concitar el apoyo de la mayoría de los votantes. Por el otro, se ubican las campañas perdedoras, quienes, por diferente razón, no logran atraer el voto mayoritario de los ciudadanos.

Las campañas ganadoras son aquellos esfuerzos político-electorales que realizan partidos, candidatos y sus equipos de campaña[2] en materia de proselitismo, investigación, comunicación, organización y movilización electoral con el fin, por un lado, de obtener la mayoría de votos de los ciudadanos a un puesto de elección pública y, por el otro, con el fin de derrotar a la competencia. Es decir, toda campaña ganadora, bajo un sistema político competitivo de cuño democrático, supone la existencia de dos frentes: un frente de atracción de votos y uno de repulsión de apoyos y sufragios para sus adversarios.

La realidad no ha mostrado que las campañas electorales se ganan o se pierden por una gran diversidad de factores, presentes en un momento y una circunstancia o contexto determinado. En este sentido, bien se puede decir, que el éxito es multifactorial, porque responde o depende de varios factores, ya que raramente es un sólo factor el que determina el éxito o el fracaso de una campaña.

Ahora bien, ¿cuáles son los factores críticos para el éxito de una campaña electoral? ¿Qué nivel de ponderación e importancia tiene cada uno de estos factores en el resultado electoral? ¿De qué depende el ganar o el perder una elección? ¿Qué aspectos deben cuidar las organizaciones partidistas para evitar el fracaso en una elección de representantes populares?

En el presente capítulo, se dará respuesta a estas interrogantes, tratando de enlistar y describir los factores críticos más importantes que inciden significativamente en el resultado de una elección. En este sentido, el objetivo del trabajo consiste en elaborar un catálogo de factores que inciden, determinantemente, en el resultado de una contienda electoral a un cargo de elección popular.[3] La metodología empleada para elaborar este documento gravitó en torno de la revisión de 23 casos de campañas electorales ganadoras (CEG)

---

[2] En las campañas también intervienen los grupos fácticos de poder, formadores de opinión pública y diferentes lideres sociales, quienes ejercen una influencia en la conducta de muchos electores.

[3] Sin embargo, se parte por considerar que una campaña es un sistema, que es afectado por lo que pasa en sus diferentes partes y procesos, ya sea en forma positiva o negativa. De esta forma, se puede decir que todo incide en el resultado de una elección, así sea un pequeño o gran acontecimiento.

realizadas en los diferentes países de América latina en el 2006 tanto a nivel local como nacional.

Factores de éxito

En la *real politics* existen múltiples casos de CEG, cuyo resultado dependió de la conjunción de una diversidad de factores, ya sea por la postulación de un buen candidato, por el apoyo de un partido fuerte o por el tipo de estrategia utilizada. Por ejemplo, en los casos de Colombia, Perú y Ecuador en las últimas elecciones nacionales, el carisma de los candidatos ganadores jugó un papel muy importante en el resultado final de la elección. Por su parte, en los casos de México, Brasil y Venezuela el alto nivel de posicionamiento de los partidos postulantes, ayudó enormemente para que los candidatos triunfadores alcanzaran sus objetivos políticos.

Es decir, no es sólo uno el factor que determina el resultado final de la elección, sino un conjunto de factores que, de manera ponderada, inciden en el resultado final de la contienda. En este documento se enlistan estos factores bajo la advertencia de que la política electoral es un campo donde impera la complejidad, la incertidumbre y el cambio permanente. En este sentido, lo único seguro es que nada es seguro.

Sin embargo, en toda campaña electoral se tienen que atender diferentes frentes y considerar distintos factores para asegurar el triunfo en los comicios. Los factores críticos de éxito de una campaña, bajo reglas democráticas, son los siguientes: El perfil del candidato, la estrategia utilizada, el posicionamiento del partido, la estructura electoral (maquinaria política), los recursos, la experiencia de los ciudadanos con respecto de los partidos postulantes, la información y el conocimiento disponible por los partidos y candidatos, la cobertura mediática, los errores y escándalos, el modelo de gerenciamiento, la imagen, el plan de campaña, los adversarios, la coyuntura y el tipo de elección.

El candidato

En los últimos años y ante la profundización de la crisis de los partidos políticos, se ha presentado una tendencia en la que los electores tienden a emitir su voto tomando en consideración al candidato que postulan los partidos, votando de acuerdo a la conectividad emocional que se logra en la interrelación entre votantes y candidatos. De esta forma, el resultado de una elección depende, en gran medida, del tipo y perfil de los candidatos que postulan los partidos en la que el carisma, la personalidad, la imagen, las capacidades comunicativas, el arraigo, la inteligencia emocional y relacional, así como el liderazgo del candidato, inciden en el resultado final de la contienda. En este sentido, el resultado final de una elección depende, en gran medida, del candidato que postulen los partidos.

El candidato es la figura central de la campaña, su nombre y su imagen es lo más importante, sus palabras son las que más cuentan. Es de cierta manera, el jefe supremo de la campaña, el comandante en jefe de los esfuerzos del partido por alcanzar los espacios de representación pública. Por su centralidad en las campañas, el candidato es el comunicador principal, el que logra una conectividad emocional con los electores, el principal motivador de los equipos de campaña, el principal promotor del voto y el principal líder de la contienda. El candidato es, además, el principal gestor del afecto o desafecto de la gente, el que genera aceptación o rechazo, simpatías o antipatías por parte de los votantes.

Campañas con malos candidatos son generalmente perdedoras. Por el contrario, campañas con buenos candidatos son comúnmente campañas ganadoras. Esto es, el éxito o fracaso en la elección depende de quién sea el candidato y sus capacidades, así como de lo que haga o deje de hacer en la contienda.

La estrategia

La postulación de un buen candidato es una condición necesaria pero insuficiente para lograr el triunfo en las elecciones. Como dice el ex publicista de Francisco Mitterrand, Jacques Séguéla, una buena campaña no puede hacer ganador a un mal candidato, pero una mala campaña puede hacer perder a un buen candidato. De ahí que sea necesario contar, además, de un excelente candidato, con una buena estrategia para ganar la contienda, ya que las campañas se ganan o se pierden a nivel estratégico y táctico.

La estrategia es el arte de saber jugar el juego de la política, es una pauta para la acción. Implica el vencer al adversario, el determinar los caminos y acciones que hay que realizar para lograr los objetivos trazados. La estrategia es, de cierta manera, el valor agregado fundamental que tiene una organización para hacer frente a sus competidores, la cual tiene que ver mucho con la previsión, para anticiparse y avanzar, ganándole a la competencia.

Las buenas estrategias generan ventajas competitivas a los candidatos y a los partidos, ayudan a motivar a los equipos de campaña, desconciertan a los adversarios, generan más votos y, por lo tanto, permiten ganar las elecciones.

En las campañas electorales son múltiples las estrategias que se utilizan. Van desde las estrategias de polarización, la triangulación, las estrategias de punto de ira, pasando por las estrategias de comunicación, organización y movilización electoral hasta las estrategias para infundir miedo en los electores, las estrategias de alianzas, de aire y de tierra, de ataque y de defensa.

Para construir una estrategia se requiere contar con un correcto abordaje metodológico. Se parte, como primer paso, de la definición de objetivos y metas que sean realistas y alcanzables, definiendo con claridad qué es lo que se quiere lograr. En segundo lugar, se hace un diagnóstico oportuno y realista de la coyuntura política y de las características distintivas de la circunscripción donde se realizará la elección. La idea es conocer la elección a profundidad, conocer a los electores, conocer a los opositores y conocer las fortalezas y debilidades propias.

Como tercer paso, se requiere hacer un análisis de dichas fortalezas y debilidades, así como de las oportunidades y amenazas tanto propias como de los principales adversarios.

En cuarto lugar, se necesita definir pautas de acción con el objetivo de lograr los propósitos buscados en las áreas de investigación, organización, comunicación, proselitismo (promoción), movilización electoral y vigilancia y defensa del voto. Como quinto paso, se requiere presupuestar, calendarizar y responsabilizar la ejecución y dirección de las pautas de acción fijadas. Esto implica la elaboración de un presupuesto para la campaña, la definición de un calendario de actividades y el diseño de un organigrama.

Como siguiente paso, se requiere articular y poner en operación las pautas de acción definidas por el candidato, el partido y los equipos de campaña en materia de comunicación, organización, proselitismo, movilización y defensa del voto.

Una vez puestas en operación las estrategias, se requiere evaluarlas de manera constante. Es decir, se necesita evaluar lo realizado, en relación con los objetivos y metas establecidas, recomendándose una evaluación de tipo diagnóstica, con el apoyo de encuestas y sondeos de opinión sobre la evolución de las preferencias electorales, así como de *focus group* establecidos específicamente para tal efecto. En la evaluación deben participar tanto los dirigentes del partido como los candidatos y los coordinadores de la campaña. También, no se debe descartar la contratación de evaluadores externos, tratando de obtener datos y análisis realistas y así superar la cultura de la simulación y la adulación, muy comunes durante las campañas. Finalmente, se debe proceder a la retroalimentación con el fin de hacer los cambios y las adecuaciones de la estrategia producto del resultado que genera la evaluación.

Recuerde que si su campaña no tiene estrategias, están mal estructuradas o no se implementan correctamente, lo más seguro es que pierda la elección. No olvide tampoco el considerar que lo más difícil de una estrategia no es pensarla, planearla o escribirla, sino hacerla, ponerla en operación.[4] [5]

El partido

El planteamiento estratégico puede incidir en el resultado final de una elección, pero también hay otros factores que concurren para determinar el éxito o fracaso de una campaña. El tercer factor a considerar en una campaña es el posicionamiento con el que cuenta el partido que postula al candidato.

---

[4] Al estratega de una campaña ganadora no le interesa ni los ciudadanos ni los electores por sí mismos, le interesan los votantes. El ciudadano es el que tiene la mayoría de edad y, por ende, es considerado como tal. El elector es el que está registrado en el padrón y aparece en el listado nominal de electores. Muchos de ellos nunca van a votar. El triunfo lo otorgan los que votan, no necesariamente todos los ciudadanos, ni todos los electores.

[5] Sobre estos aspectos prácticos habremos de profundizar en los siguientes capítulos del libro.

Por posicionamiento se entiende el grado de aceptación, apoyo y confianza que le otorgan los ciudadanos al partido tanto en tiempos electorales como durante el ejercicio de gobierno. Un partido altamente posicionado es uno que logra obtener la mayoría de los votos de los ciudadanos. Por el contrario, un partido con pobre o bajo posicionamiento político, es uno que no logra los votos necesarios, manteniéndose con una presencia marginal o testimonial.

Para posesionar fuertemente a un partido, se requiere una estrategia inteligente de vinculación permanente con los electores, gestionando adecuadamente su afecto y confianza, además de, para el caso de los partidos en el gobierno, lograr un desempeño sobresaliente en el ejercicio de gobierno. Esto es, se requiere un ejercicio responsable de la política. El bajo posicionamiento del partido se origina, principalmente, por tres cuestiones. Primero, por su desvinculación permanente con los electores, segundo, por los excesos, errores y escándalos que se cometen en sus procesos internos, por sus militantes o por sus dirigentes que desgasta y afectan la imagen del partido y, finalmente, por un mal ejercicio de gobierno, en el caso de ser partido en el poder.

Los partidos con un alto posicionamiento electoral, generalmente, son institutos con una orientación hacia el mercado (*market oriented*), pendientes de los deseos, expectativas, sentimientos y necesidades de los electores, quienes impulsan una serie de acciones y políticas orientadas a construir y mantener la lealtad y confianza entre los votantes. Son partidos que participan inteligentemente en el debate público, que saben como ganar los medios y como ganar las calles. Es decir, que utilizan "estrategias de aire como de tierra" para mantenerse como opciones entre los ciudadanos.

En un sistema de cuño democrático, el alto posicionamiento del partido en conjunción con una buena estrategia de campaña y un buen candidato conforman la triada que posibilita el ganar con contundencia una elección.

La estructura electoral

Muy ligado al alto posicionamiento político del partido y, también, como factor que genera una alta repercusión en el resultado final es la estructura electoral que cada partido y candidato pone en operación y funcionamiento durante la campaña.

La estructura es la maquinaria electoral que pone en operación el partido en coordinación con el candidato con el objetivo de promover el voto y ganar la elección, ya que nadie gana una contienda sólo con encuestas sobre preferencias electorales favorables o con una alta popularidad. Las elecciones se ganan con votos y estos deben ser obtenidos gracias a una estrategia inteligente de organización y movilización electoral.

La estructura la conforman no sólo el equipo de campaña, sino además las estructuras propias del partido como los sectores (campesino, obrero, juvenil, femenil, etc.), así como las redes sociales y organizaciones adherentes que apoyan tanto al candidato postulado como a la plataforma electoral del partido.

Las estructuras son las responsables del contacto directo con los votantes. Son maquinarias de proselitismo musculosas, que, entre sus principales actividades, entregan propaganda tanto en calles como en las casas de los electores, promueven el voto por medio del contacto directo y organizan y motivan a los votantes para acudir a emitir su sufragio a favor de su partido y candidatos el día de los comicios.

La estructura electoral incluye, además, de la promoción del voto, el cuidado y la defensa del sufragio. Es decir, comprende las representaciones del partido ante los órganos electorales y en las casillas el día de la elección, de tal forma que se asegure el respeto a la voluntad del electorado y se eviten acciones fraudulentas.

Para construir estructuras electorales se requiere una alta capacidad organizativa y de convocatoria, además de recursos, tanto económicos como materiales, para ponerla en operación. Ciertamente, las estructuras electorales están compuestas, en su mayoría, por ciudadanos voluntarios, quienes se involucran en la campaña por una diversidad de motivos, pero también las estructuras electorales se integran por cuadros políticos experimentados en la organización, proselitismo y movilización electoral que reciben una dieta económica, así como recursos para poder operar y realizar sus encomiendas.

Para integrar una estructura electoral se recurre, principalmente, a amigos, simpatizantes, vecinos, familiares, camaradas, ex colegas universitarios, ex alumnos, compañeros de trabajo, líderes de opinión y demás interesados que coinciden en otorgar el apoyo y respaldo al candidato como a su plataforma programática. A cada uno de ellos, se les coloca en una estructura determinada, como puede ser en las brigadas de promoción del voto o el equipo de entrega de propaganda en los cruceros y avenidas, y se les asigna una serie de tareas y responsabilidades, mismas que son supervisadas y evaluadas constantemente.

La magnitud y la capacidad operativa y logística de las estructuras electorales determinan las posibilidades de éxito de una campaña, de tal forma que un candidato o partido con una débil estructura electoral seguramente perderá los comicios. Por el contrario, un candidato o partido con una fuerte y dilatada estructura electoral seguramente ganará las elecciones.

Los recursos

Toda campaña ganadora requiere también una serie de recursos que se utilizan, de manera inteligente, en las etapas de investigación, proselitismo, comunicación, organización, movilización y defensa del voto. Estos recursos son los de carácter económico, humano, materiales, tecnológicos y, sobre todo, el recurso tiempo.

Los recursos económicos son muy importantes en la campaña, pero nunca son determinantes de su éxito. Hay infinidad de casos en la que se han invertido sumas millonarias para tratar de ganar la elección, pero finalmente se pierde la contienda, ya que el resultado de una elección es de causa multifactorial. Para que estos recursos incidan en el resultado final de la elección, se requiere un uso perspicaz e inteligente de los mismos, tratando de administrarlos de la mejor manera, destinándolos a áreas y acciones que verdaderamente generan un impacto favorable y persuasivo entre los electores.

Los recursos más importantes de las campañas son el capital humano, integrado por simpatizantes y militantes del partido, empleados y voluntarios que tienen como propósito el trabajar por una causa común: generar votos y ganar la elección. Al capital humano se requiere motivar, capacitar y profesionalizar, en las tareas propias del proselitismo electoral, asignándole responsabilidades de acuerdo a su perfil, tiempo y capacidad de aportación.

Los recursos materiales son todos los elementos de propaganda, alimentos, vehículos, casas, mobiliario, equipo, objetos utilitarios y demás materiales en especie que son utilizados en las campañas electorales con el fin de ganar la contienda. Estos recursos permiten, por un lado, apoyar las tareas organizativas y logísticas de la estructura electoral y, por el otro, como los objetos utilitarios, posibilitan la persuasión de los votantes.

Los recursos tecnológicos incluyen la infraestructura tecnológica, las bases de datos, el equipo, los programas computacionales y toda la tecnología que se involucra en el proceso integral de una campaña. Incluye desde las páginas web, los videos interactivos y toda la tecnología para realizar investigación del electorado, hasta herramientas tecnológicas para producir spots para radio y televisión.

Finalmente, se tiene el recurso tiempo que es uno de los más preciados en toda campaña electoral. La agenda del candidato se debe priorizar de acuerdo al impacto que se quiera generar, a la rentabilidad electoral y al geoposicionamiento del partido. La idea es dedicar más tiempo en los lugares donde habita el mayor número de electores, principalmente del sector de los indecisos o abstencionistas o en programas mediáticos de alto *raiting*. El uso estratégico del tiempo impacta significativamente en el resultado electoral. Un partido, un candidato o un equipo de campaña que no racionaliza y optimiza el tiempo, suele perder las elecciones.

Experiencia ciudadana

Adicionalmente a la optimización y uso estratégico de los recursos que se cuentan en la campaña, la experiencia de los votantes con los diferentes partidos y gobiernos se constituye en un factor que incide también para ganar una elección. De esta forma, una experiencia positiva (buen gobierno) de los electores con un partido en el gobierno generaría mejores condiciones para que el candidato que postula su partido pueda ganar la elección. Por el contrario, un mal ejercicio de gobierno generaría un mayor voto opositor.

Las campañas se convierten en una especie de plebiscito donde los ciudadanos evalúan el desempeño del partido en el gobierno. De esta manera, un gobierno de resultados, honrado, eficiente y cercano a la gente tiene mayores posibilidades de que su partido siga en el poder. Por lo contrario, un gobierno corrupto, ineficiente, autoritario y alejado de la gente tiene más posibilidades de que su partido pierda la elección.

De acuerdo a este planteamiento, la mejor estrategia de un partido en el gobierno es hacer (y comunicar) un buen gobierno y la mejor estrategia de un partido en la oposición es demostrar y convencer a la ciudadanía que es necesario un cambio en el gobierno.

La experiencia de los ciudadanos respecto de la actuación y posicionamiento de los dirigentes del partido en temas diversos tanto de coyuntura como en temas estratégicos para el desarrollo de su comunidad, juega también un papel relevante al momento que se emite el sufragio por parte de los electores. De esta forma, un partido que se ha preocupado y ocupado por gestionar permanentemente los afectos de los electores, manteniendo una orientación clara hacia el ciudadano (*market oriented*) y que ha actuado responsable y coherentemente, sin duda, tiene mayores posibilidades de recibir el voto favorable de la gente. Por el contrario, un partido electorero, que sólo se acerca a los ciudadanos en tiempos de elecciones y que después se olvida de impulsar cualesquier relación o contacto con la ciudadanía, generalmente recibe el rechazo de los votantes.

En suma, la experiencia que los ciudadanos han tenido con los partidos y gobiernos en un determinado tiempo incide en la confianza y orientación de su voto, de tal forma que una experiencia negativa genera votos opositores y una experiencia positiva genera votos a favor.

Información y conocimiento

Un viejo adagio popular señala que la información es poder, de tal forma que, quien tiene información, tiene poder. En los tiempos actuales, el poder ya no depende propiamente de la información, sino básicamente del conocimiento, el cual se convierte en una fuente importante de poder.

Dentro de una campaña electoral, tanto el uso de la información como el conocimiento se constituyen como factores críticos de éxito en la contienda, convirtiéndose en una ventaja competitiva muy importante. Sin embargo, la información debe ser oportuna y de calidad para poder lograr el impacto que se requiere.

Para poder ser exitosos en las campañas electorales se requiere conocer la elección, conocer al adversario, conocer al elector, conocerse uno mismo y conocer el terreno de la competencia.

Es importante saber de que tipo de elección se trata, si es una elección concurrente o no, conocer la normatividad electoral aplicable al caso y todo lo correspondiente al tipo de elección de que se trate.

El conocimiento del adversario también es un factor de éxito de una campaña electoral. Sun Tzu decía, en el Arte de la Guerra, "conoce a tu enemigo y conócete a ti mismo; en cien batallas, nunca saldrás derrotado." Más adelante recomendaba, "analiza los planes del enemigo de forma que puedas averiguar sus puntos débiles y sus puntos fuertes." Muchas estrategias para derrotar a la competencia parten del conocimiento profundo de sus debilidades y fortalezas.

Es muy importante, también, conocer al elector, saber que es lo que le mueve, cuáles son sus deseos, expectativas, necesidades y emociones. Indagar, por métodos cuantitativos y cualitativos, sobre la conducta y comportamiento del elector, su cultura política, su idiosincrasia, sus hábitos de votación, las tendencias electorales y la psicología de las masas. Al respecto, de manera representativa se puede decir que las mejores investigaciones sobre el electorado son los "estudios de cama." Es decir, aquellas indagaciones que se preocupan por conocer si no duerme el elector ¿qué le preocupa? ¿qué no lo deja dormir? y si duerme, ¿qué sueña? El benchmarking puede ayudar además, a conocer los procesos, prácticas, estrategias y tácticas de campañas exitosas diferentes que han ubicado al partido y a los candidatos en el liderazgo, de las cuales se puede aprender y mejorar.

Se debe conocer además, el terreno de la competencia. Esto es muy importante no sólo por cuestiones logísticas de la campaña, sino también por razones estratégicas. Es imperativo conocer los resultados de las elecciones pasadas, los poderes fácticos que inciden en el resultado de la elección, como los sindicatos, grupos empresariales, medios de comunicación, lideres religiosos y organizaciones sociales que inciden en la orientación del voto de muchos ciudadanos. Conocer también a las personalidades con alta reputación y credibilidad para tratar de sumarlas a la campaña, así como a los personajes que por su mala imagen y cuestionada fama pública debe evitarse que se suman a la campaña.

Cobertura mediática

La cobertura que los medios de comunicación hacen de las campañas también incide en moldear la opinión pública y tienen un efecto sobre la conducta del votante. Por un lado, si la cobertura es amplia y las notas son favorables al candidato y partido, se tendrá más posibilidades de obtener un mayor número de votos. Por el contrario, si la cobertura periodística es amplia, pero la orientación de las notas es negativa, la posibilidad de obtener votos se reduce.

De ahí la importancia de gestionar una buena relación con los medios y con los periodistas de tal forma que se asegure una buena cobertura mediática de la campaña y que los comentarios sean más favorables que desfavorables.

Para tratar de que esto sea posible (*free publicity*), es necesario que también haya *pay publicity* o sea una inversión económica de la campaña en medios de comunicación, ya que a los propietarios de los medios y a los propios periodistas les interesa, también, que se inviertan los recursos ya que antes que medios son empresas lucrativas.

La cobertura noticiosa de la campaña y la publicidad mediática refuerzan las preferencias políticas de los electores, las identidades partidistas, así como las filias y las fobias existentes entre los electores. Por su parte, el contacto directo del candidato o equipo de campaña con la gente genera una mayor confianza y cercanía con los votantes, lo que se puede traducir en un mayor número de votos. En consecuencia, para ganar una elección, es necesario el impulso de campañas mediáticas, aunque no es suficiente, por lo que se deben impulsar también acciones de proselitismo puerta a puerta para obtener un mayor número de votos. La idea es ganar las calles y ganar los medios.

Errores y escándalos

Las campañas electorales no se ganan por los aciertos, sino que se pierden por los errores. En este sentido, otro de los factores críticos de éxito de una campaña electoral es la ausencia de errores o escándalos o su gestión y manejo adecuado durante la campaña. Es decir, es exitoso quien menos se equivoca.

Los errores que se comenten en las campañas son distintos y variados. Por ejemplo, en la elección del 2006 para el congreso de los Estados Unidos, los republicanos repitieron la estrategia sustentada en el miedo para tratar de ganar la elección, ya que está les había sido útil en la elección del 2004 cuando fue reelecto George W. Bush. Sin embargo, no tomaron en cuenta el aprendizaje (cambio) de los electores y los acontecimientos dramáticos en Irak, creyendo que el mismo argumento de seguridad nacional y de combate al terrorismo les resultaría favorable.

Los errores más comunes que cometen los partidos en las campañas electorales tienen que ver con la postulación de sus candidatos, la falta de estrategia o el diseño de estrategias equivocadas, así como las divisiones y fracturas que se dan a su interior. En algunas ocasiones, los partidos postulan a candidatos sin carisma, sin arraigo en su comunidad, con pobres habilidades de comunicación, con un desconocimiento abismal de lo que es la política y sus procesos y, sobre todo, con antecedentes turbios. Más que verdaderos *animales políticos*, como decía Aristóteles, más bien son aventureros de la política, altamente vulnerables a los ataques de los adversarios. Son, generalmente, candidatos que no generan el consenso al interior de las formaciones partidistas y que el partido no sabe legitimarlos ni interna ni externamente.

La falta de una estrategia ganadora se da porque los encargados de diseñarla y ponerla en operación, muchas veces, carecen de los más mínimos conocimientos sobre la teoría de la estrategia y sobre los elementos metodológicos para su elaboración y evaluación. Más bien, son empíricos, gente que tiene buenas intenciones, pero una limitada formación en materia de planeación y articulación estratégica.

Las divisiones internas son producto de la falta de construcción de consensos al seno del partido, ya sea porque alguno de los contendientes se sintió trompeado, fraudeado o tuvo evidencias de que se trató de una elección de Estado, alejada de los principios de equidad, imparcialidad y libertad en el ejercicio del sufragio. En ocasiones, el alto canibalismo político existente en los partidos acrecienta las divisiones, lo que reduce las posibilidades de éxito de la campaña. Si los militantes o aspirantes a un puesto de elección popular dirimen sus diferencias en la prensa a través de desplegados y declaraciones en los medios de comunicación, lo más seguro es que "mueran como las moscas: a periodicazos." Un viejo adagio señala que "los trapos sucios se lavan en casa." Al respecto, Nicanor Parra, el gran literato y poeta chileno, dice en una de sus obras: "o nos salvamos juntos o nos hundimos por separado." Tal es el reto y la penitencia de muchos militantes, candidatos y partidos políticos.

Sin embargo, los candidatos son los que comenten más errores. Estos tiene que ver, muchas veces, con un mal manejo de la información, con escándalos, con declaraciones desafortunadas,[6] el no saber lograr una vinculación afectiva con los representantes de los medios de comunicación, el no delegar, el exceso de confianza, la anarquía, la falta de liderazgo y problemas en la toma de decisiones, entre otros.

Modelo de gerenciamiento

El modelo de gerenciamiento de una campaña política determina, también, su éxito o su fracaso, de tal forma que campañas caóticas, desorganizadas o sub administradas son generalmente campañas perdedoras. Por el contrario, campañas bien gestionadas, correctamente dirigidas y bien administradas, generalmente, son campañas ganadoras.

El proceso administrativo es completamente aplicable a una campaña electoral, ya que ésta requiere ser planeada, dirigida, organizada, controlada y evaluada. La gerencia de campañas es el proceso administrativo orientado a generar ventajas competitivas mediante un uso inteligente de técnicas, conocimientos, capacidades

---

[6] Al respecto, no está de más recomendar a los candidatos que cuiden lo que dicen, ya que son dueños de las palabras que callan y esclavo de las que pronuncia. Recuérdese los adagios populares que dicen "el pez por su boca muere" y "en boca cerrada no entra mosca."

y recursos con los que cuenta toda campaña, planeando, dirigiendo, ejecutando, evaluando y controlando las acciones que se emprenden tanto por el (los) candidato (s), el partido o los equipos de campaña.

Toda campaña involucra una serie de recursos (humanos, económicos, materiales y el recurso tiempo) mismos que requieren ser administrados racionalmente tratando de lograr el mejor resultado posible. De hecho, el mejor modelo de administración de una campaña es el que está determinado por objetivos y resultados, de tal forma que se busque lograr los objetivos fijados y se evalúe en base a los resultados alcanzados.

Imagen

La imagen es un factor real de poder, de ahí que los candidatos y partidos que más hábiles sean para gestionar su imagen, seguramente serán los que más posibilidades tengan de ganar las elecciones.

La imagen es la percepción y representación mental que una persona tiene de otra o de una institución o grupo, misma que se construye a partir de la relación social en un momento y espacio determinado. Es el resultado de la interacción entre lo que el candidato proyecta y lo que los ciudadanos perciben.
Es, además, una toma de posición emotiva. Las reacciones que tiene la gente respecto de los contendientes son esencialmente emocionales, no necesariamente producto de una percepción racional. Sin embargo, en política, las cosas son lo que parecen. La imagen (percepción) es la realidad, lo que los ciudadanos perciben, no necesariamente lo que es.

En toda sociedad democrática, la imagen se convierte en un medio para construir consensos sociales y afianzar la legitimidad. Una buena imagen pública además, legitima más a los candidatos y partidos, genera respaldo y reconocimiento social. Nimmo y Savage señalan que formamos las imágenes con lo que sabemos sobre la otra persona- sea con información correcta o incorrecta- con lo que sentimos hacia ella y con las expectativas que nos crea.

¿Qué genera una buena imagen de los candidatos y partidos durante una campaña? En primer lugar, la coherencia entre lo que se dice y lo que se hace, la capacidad de saber gestionar el afecto de los votantes, la capacidad de liderazgo, las buenas propuestas, las actitudes del candidato como la disponibilidad hacia el servicio, el saber escuchar y atender las peticiones y planteamientos de la gente. Genera buena imagen, además, la cercanía con los ciudadanos, el control emocional y la inteligencia verbal del candidato, su riqueza del léxico y el cuidado personal del candidato. La imagen se construye, también, más con lo que se haga que con lo que se diga, con la capacidad del candidato para lograr una conexión emocional con los votantes y el trato que se otorgue a los electores atendiendo hasta los pequeños detalles.

¿Qué destruye la imagen? Los excesos siempre corroen la imagen de los candidatos, así como los escándalos y, sobre todo, la falta de coherencia entre lo que se dice y lo que se hace. Al respecto, Rudy Giuliani señala que "el mejor político es aquel que promete poco y hace mucho, mientras que el peor político es aquel que promete mucho y hace poco." Esto es, el éxito en la percepción de la gente está en relación con las expectativas que se forma y la capacidad de los políticos para satisfacerlas o, incluso, superarlas.

En suma, la imagen del candidato y del partido se convierte en un factor crítico para el éxito de una campaña (tu imagen, tu éxito), ya que la gente decide su voto con base a percepciones y a la valoración emocional y afectiva que hace de los contendientes.

Plan de campaña

Para ganar una elección se requiere además contar con un mapa de ruta, con un plan de campaña, que le de rumbo y dirección a los esfuerzos proselitistas de los candidatos. El plan de campaña es un documento que explica lo que debe hacerse para que el candidato y su partido obtengan los votos suficientes para ganar la elección. Es una guía que señala los pasos a seguir para asegurar el éxito de una campaña electoral. Es el esbozo de las estrategias proselitistas, de propaganda, organización y movilización electoral por parte del candidato y el partido para avanzar sus objetivos de poder.

Las características principales de un plan de campaña es la flexibilidad y adaptabilidad a las circunstancias y coyuntura cambiante de la elección. Debe ser además, creíble. El plan debe especificar, también, los asuntos más importantes que se van a considerar. Debe, a su vez, identificar las diversas áreas operacionales clave y quién será responsable de cada una de ellas. El plan estratégico debe precisar los principios globales de trabajo del organismo encargado de la administración electoral.

Las partes constitutivas del plan son. Primero, el diagnóstico del entorno y de los actores participantes en la contienda, así como el estudio profundo de los electores y de la propia elección. Segundo, la determinación de objetivos y metas. Objetivos generales, como puede ser el ganar una elección y metas cuantificables como el obtener el 46 por ciento de los votos válidos. Tercero, el diseño organizacional, organigrama o arquitectura política necesaria para utilizar racionalmente los recursos disponibles y alcanzar los objetivos y metas propuestas. Cuarto, la definición y operacionalización de las estrategias (en materia de investigación, comunicación, imagen, proselitismo, organización, movilización y defensa del voto) a utilizar tanto por el candidato, el partido e, incluso, el gobierno en turno, si el partido es un instituto en el poder. Quinto, la presupuestación, que incluye las definiciones sobre las áreas y actividades en los que se utilizarán los recursos económicos y materiales con los que se cuenta en la campaña. Sexto, la definición de un plan de acción, que señale las actividades concretas, *los targets* y tareas sustantivas que se impulsarán en la campaña.

Séptimo, la programación, que no es otra cosa que la agenda de la campaña definida de acuerdo a las prioridades y por la localización de amplios segmentos de votantes en un determinado territorio o *cluster* social. Noveno, la evaluación tanto de la campaña como del plan de acción y del plan estratégico, bajo una metodología diagnóstica orientada a mejorar los proceso, prácticas, métodos y sistemas de la campaña. Finalmente, la retroalimentación (reingeniería) orientada a corregir rumbos, si es necesario y a tomar acciones y determinaciones, para avanzar en la consecución de los objetivos buscados.

Los adversarios

El resultado de una elección también depende del tipo de adversario que se tenga, sus capacidades, fortalezas y debilidades. Un partido altamente institucionalizado, bien posesionado y competitivo tiene mucho más posibilidades de ganar. Un opositor carismático y querido por la gente será difícil de vencer. Un adversario dividido, confrontado internamente y con magros recursos, pocas posibilidades tiene de salir victorioso. Por el contrario, un adversario unido, fortalecido al interior y con bastos recursos será un rival a vencer.

Hay candidatos astutos, buenos para debatir, con amplias habilidades discursivas, con gran olfato e intuición política, hábiles frente a los medios de comunicación y capaces de lograr una buena conectividad con los votantes. Si así son los adversarios, la campaña que se impulse desde su trinchera tiene que ser más creativa y más inteligente, mientras que el candidato debe prepararse más para confrontar una competencia cerrada.

Sun Tzu dice que "la invencibilidad depende de uno mismo, pero la vulnerabilidad del enemigo depende de él." Muchas veces el adversario es muy vulnerable a los ataques y constantemente se tropieza y cae. Otras veces, con sus propias declaraciones y actos se daña constantemente, minando toda posibilidad de triunfo.

Hay candidatos que, como el caballo negro, vienen de atrás, con una gran inercia e impulso, de esos hay que cuidarse. Hay otros que por más que los atacas más se fortalecen, a estos no hay que hacerlos mártires. Hay otros que de la nada, suman apoyos y votos, pero no tienen posibilidades de triunfo, con ellos se debe buscar las alianzas.

La coyuntura

Los resultados de una elección también dependen de la coyuntura política y económica en la que se realice. Si el partido en el gobierno confronta una elección en medio de una crisis económica, lo más seguro es que haya muchos votos a favor de sus opositores. Por el contrario, si un partido en el gobierno enfrenta una elección en un contexto de auge y crecimiento de la economía, lo más seguro es que obtenga muchos votos a su favor. A los electores les importa mucho sus condiciones materiales y económicas. Al respecto, Maquiavelo decía "se puede decir de los hombres lo siguiente: son ingratos, volubles, simulan lo que no son y disimulan lo que son, huyen del peligro, están ávidos de ganancias; y mientras les haces favores son todos tuyos, te ofrecen la sangre, los bienes, la vida y los hijos cuando la necesidad está lejos; pero cuando ésta se te viene encima, te vuelven la cara. Los hombres olvidan con mayor rapidez la muerte de su padre que la pérdida de su patrimonio."

Las crisis políticas también tienen un efecto sobre la conducta del electorado. Si un partido en el gobierno confronta una elección en medio de una crisis política, lo más seguro es que tenga muchas dificultades para ser reelecto. En cambio, si lo hace en un contexto de estabilidad y paz social, tiene más posibilidades de recibir el apoyo de los ciudadanos.

Al respecto, el caso de las elecciones del 2004 en España es paradigmático. Las explosiones en los trenes de la terminal de Atocha y el manejo maniqueo de la información por el gobierno de José María Aznar, terminaron por sepultar toda posibilidad de triunfo del Partido Popular. En este sentido, bien se puede decir que la crisis política generada a raíz de los atentados produjo un efecto en la conducta del elector, cambiando la correlación de fuerzas a favor del Partido Socialista Obrero Español.

Las crisis políticas y económicas generan, también, un efecto sobre el estado de ánimo del elector y el humor social. Un elector satisfecho, en lo económico y político, muestra una actitud y disposición en las urnas distinta a un elector enfadado. El estado de ánimo del votante incide en su conducta electoral. Si el humor social es positivo, ligado al bienestar y la satisfacción, los votos de castigo hacia el partido que gobierna se reducen, de lo contrario, se incrementan.

El nivel de conflictividad de la campaña, presente en la coyuntura electoral, también incide en la conducta del votante y, por lo tanto, en el resultado de la elección. Un alto nivel de conflicto social genera una mayor participación de los ciudadanos en las urnas y una mayor polarización electoral. Por lo contrario, un bajo nivel de conflicto social genera mayor abstencionismo y menor polarización electoral.

La coyuntura internacional, también, influye y genera un efecto en los comicios locales. Una campaña electoral realizada en un contexto de cambio internacional, seguramente arrojará un resultado diferente en las urnas. Esto ha pasado, en cierta medida, con la actual ola de transiciones hacia la democracia que se vive en América latina, lo que ha generado cambios no sólo de partido en el poder sino de regímenes y sistemas políticos.

El tipo de elección

Finalmente, el tipo de elección de que se trate puede incidir también en su resultado final. Si es una elección concurrente o simultánea, el efecto de arrastre sobre las campañas locales es muy alto. En algunos casos, candidatos a puestos de elección popular (a alcaldes o diputaciones locales) ganar los comicios, sin hacer prácticamente campaña. Los votantes son persuadidos por la campaña general (presidencial o para gobernador), pero tienden a votar en bloque por todos los candidatos del partido de su preferencia.

Si las elecciones no son concurrentes, el resultado final depende del tipo de campaña que se impulse, así como del candidato y estrategias proselitistas utilizadas. Si las elecciones son intermedias, el resultado también depende de otros factores, como de la evaluación que los votantes hagan del partido en el gobierno. De ahí que la mejor estrategia de un partido en el gobierno es hacer y comunicar los logros de gobierno.

Si la elección es extraordinaria, producto de la anulación por los tribunales electorales competentes, o por empate en los comicios o si es primera o segunda vuelta, como existe en muchos países de América latina, la capacidad de conformar alianzas y coaliciones amplias por parte de las fuerzas políticas en competencia, pueden incidir en el resultado final de los comicios.

Comentarios finales

Hasta aquí hemos enlistado los diferentes factores que inciden en el resultado de una elección, bajo reglas democráticas. Sin duda, cada uno de ellos juega un papel diferenciado, dependiendo del tipo de elección, coyuntura política y, sobre todo, dependiendo de la experiencia y madurez de los votantes, así como de su cultura política. Es recomendable elaborar una ponderación de estos factores en cada proceso electoral en lo particular, ya que en algunos casos, el perfil del candidato es determinante para el resultado final de la contienda, pero no para otros.

De igual manera, en cada elección es necesario hacer un análisis sobre los factores de mayor peso en el resultado final de los comicios, tomando en cuenta la complejidad y dinamicidad de la conducta del elector, ya que, muchas veces, el comportamiento del votante es muy incierto, existiendo casos de que partidos fuertes, con buenas campañas y con buenos candidatos, pierden la elección. Sin embargo, esta no es la regla, sino la excepción. De acuerdo al consultor Mario Algoresta, para ganar una elección "se requiere un buen candidato, el desarrollo de una estrategia triunfadora, la organización de una estructura eficaz, capturar la atención del electorado con temas correctos, recaudar fondos necesarios para ganar y trabajar duro.

Para ganar una elección se requiere, además, de los factores anteriormente señalados, tener una clara mística de triunfo. Recordemos, que "el hombre es el arquitecto de su propio destino," por lo que el resultado de la elección dependerá de lo que se haga o se deje de hacer.

ESTRATEGIAS PARA CAMPAÑAS ELECTORALES

Introducción

La palabra estrategia fue usada primeramente por los griegos. Surge del vocablo *strategos* que, inicialmente, significaba general en jefe del ejército. A este término, se le dio el significado de planificar la destrucción del enemigo en razón del uso eficaz de los recursos. El concepto fue evolucionando hasta llegar a convertirse en el arte de ganar la guerra. En la antigüedad, Homero testimonió en su obra clásica (La Iliada) sobre algunas estrategias militares exitosas, como por ejemplo, la narración del Caballo de Troya.[7] Sun Tzu, el gran maestro de la estrategia, escribió su libro, "El Arte de la Guerra," 500 años antes de Cristo, donde se relatan una serie de estrategias orientadas a derrotar al enemigo y ganar la guerra. Otros grandes estrategas fueron Napoleón, Lenin y Mao Tse Tung, por señalar algunos.

Hoy día, el término estrategia connota una forma inteligente y creativa de hacer las cosas para alcanzar los objetivos que se buscan,[8] aplicándose no sólo en el campo militar, sino también, entre otros campos como los negocios, el deporte y, sobre todo, en la política y en las campañas electorales. En este último campo, la estrategia de campaña consiste de un conjunto vinculado y coherente de parámetros de acción que buscando minimizar esfuerzos y optimizar resultados, conduzcan las acciones partidarias al triunfo.[9] De acuerdo a Tony Schwartz, la estrategia adecuada permite tocar las teclas correctas para tocar el "acorde comprensivo", el mensaje que mueve al votante. Las estrategias incluyen el aprovechamiento de oportunidades y fortalezas de la propia campaña, partido (s) y candidato (s), así como, las debilidades y amenazas de los adversarios, minimizando los riesgos, obstáculos y las fuerzas de los contrincantes.

Las campañas electorales se ganan a nivel estratégico y táctico. La batalla por conquistar a los electores se está volviendo más intensa, de forma tal que las formaciones partidistas y, en lo particular, los candidatos están buscando estrategias y aplicaciones tácticas que les generen ventajas comparativas respecto de la oposición con el fin de ganar las elecciones, ya que, en gran medida, el éxito o fracaso de una campaña se determina en términos de la

---

[7] Según la mitología, los griegos vencieron a los troyanos en una guerra por problemas tanto comerciales como maritales, utilizando un truco: construyeron un gran caballo de madera y lo dejaron en las afueras de la ciudad. La curiosidad de los troyanos hizo que el caballo fuera arrastrado al interior de Troya, pensando que el ejército griego se había retirado. Pero lo que no sabían era que dentro del caballo estaban escondidos los soldados griegos, quienes saltaron desde el interior atacando a todos los troyanos y destruyendo totalmente la ciudad.

[8] Otras conceptualizaciones señalan que la estrategia es la guía establecida por los directivos para alinear las actividades con el fin de alcanzar las metas propuestas. Es el arte de aplicar las mejores disposiciones en vista de conseguir los objetivos. Es el arte de explotar condiciones favorables con el fin de alcanzar objetivos específicos.

[9] Véase Alejandro E. Lerma Kirchner, *Como Organizar una Campaña Política*, México: EDAMEX, 1995.

estrategia que utiliza. Es decir, la estrategia usada en la campaña define si la elección se gana o se pierde, pero las estrategias tienen que estar articuladas. Esto es, también una campaña con estrategias desarticuladas es una que fracasa. La estrategia es el plano general, un conjunto de pautas de acción que permite a la campaña alcanzar los objetivos que se ha trazado. La táctica son acciones y movimientos específicos, muy particularizados. Es decir, la estrategia implica cuestiones y enfoques mucho más generales, mientras que la táctica se refiere a cuestiones mucho más particulares. La estrategia, además, es a largo plazo, la táctica a corto. La estrategia es macro y la táctica es micro. Una es el todo y la otra son las partes. La estrategia nos indica qué se debe hacer, mientras que la táctica es la forma de conseguir que se haga lo que se debe hacer.

Teoría de la estrategia

De acuerdo a la teoría política, la estrategia tiene cinco características especiales: Primero, se elaboran antes de que se realicen las acciones; segundo, se desarrollan de manera consciente; tercero, buscan un propósito determinado; cuarto, proporcionan ventajas sobre los competidores y; quinto, siempre deben renovarse. Lo único seguro es que nada es seguro. Por lo tanto, requieren reinventarse frecuentemente, no sólo las estrategias, sino también la forma de pensar sobre la estrategia. Es decir, la estrategia es también objeto de cambio.

Además, hay un debate permanente entre los teóricos de la estrategia sobre la primacía de la estrategia y la estructura de una campaña. El paradigma prescriptivista señala que la estructura sigue a la estrategia, ya que primero se planifica y luego se diseña el organigrama. Por su parte, el paradigma descriptivo señala que la estrategia debe ser posterior a la estructura, ya que una vez que se crea el organigrama se pueden planificar y emprender las acciones.

La teoría de la estrategia ha evolucionado hacia aspectos prospectivos, como la planeación estratégica, donde lo importante ya no sólo es el éxito inmediato de las acciones, sino el triunfo, también, en el futuro. Es decir, su objetivo no es sólo ganar el presente, sino también ganar el futuro.

Tipos de estrategias

En el campo de las campañas político-electorales encontramos diferentes tipos de estrategias. Las hay, por ejemplo, de acuerdo al núcleo donde se articulan los principales esfuerzos proselitistas, las centradas en el candidato, las estrategias centradas en el partido y las estrategias centradas en los gobernantes, Sin embargo, si tomamos en cuenta las acciones, iniciativas y determinaciones políticas tomadas por los principales actores de la campaña encontramos que existen, también, estrategias ofensivas, defensivas o de omisión.

Las estrategias centradas en el candidato son aquellas que se articulan, como su nombre lo indica, en torno al candidato, ya que de cierta manera, el abanderado (sus cualidades, experiencia, imagen y talento) representa el principal mensaje de la campaña, ya que los electores votan mayoritariamente con base a la percepción que tienen de él y su equipo de campaña. Las estrategias centradas en el candidato se subdividen, a su vez, en estrategias de construcción de imagen, estrategias de comunicación, estrategias de organización y estrategias proselitistas (contacto directo, redes, pirámides, etc.).

La estrategia de construcción de imagen incluye la auditoria, diseño, construcción y evaluación de la imagen pública. Las estrategias de comunicación incluyen, desde el diseño y producción hasta la periodización de la presentación de los mensajes de campaña (etapas), los tipos de mensaje (político, apolítico o antipolítico), tipos de medios (televisión, radio, prensa, etc.), los formatos del mensaje (impreso, visual o auditivo), la relación con los medios de comunicación y el *media training*. La estrategia de organización incluye desde el diseño del organigrama de la campaña y la creación de la estructura territorial hasta el proselitismo inteligente.

Las estrategias centradas en el partido son aquellas pautas de acción política de carácter persuasivo y proselitista que se articulan en torno a la institución partidista y que tienen como finalidad dotar de cierta coherencia, apoyo y uniformidad a las campañas de los candidatos postulados bajo sus siglas. Estas estrategias incluyen desde la definición del mensaje, construcción de imagen corporativa, selección del candidato, organización territorial y contacto directo con los electores hasta la defensa legal del voto.

Las estrategias centradas en las estructuras gubernamentales son aquellas impulsadas por los gobernantes en turno, mismas que tienen la finalidad de generar ciertas ventajas comparativas para beneficiar al (los) candidato (s) postulado (s) por su partido. Estás estrategias se elaboran de manera coordinada con los dirigentes partidistas y el mismo candidato, pero bajo los cuidados que el asunto requiere, sin contravenir lo dispuesto por las leyes electorales.

Para eficientar mejor los recursos y lograr grandes resultados estás estrategias (candidato, partido y gobierno) deben guardar cierta coherencia y homogeneidad articulándose adecuadamente en tiempos, formas y procedimientos.

Otro tipo de estrategia de campaña son las de ataque, defensa u omisión. Las estrategias de ataque son, como su nombre lo indica, aquellas orientadas a embestir, desmoralizar, dividir, debilitar o destruir políticamente a los adversarios. Este tipo de estrategia son propias de campañas proactivas. Por su parte, las estrategias de defensa son aquellas orientadas a responder, proteger, sobrevivir y defenderse de los ataques de los adversarios. Este tipo de estrategias son propias de campañas reactivas, aunque, es necesario apuntarlo, en toda campaña ambos tipos de estrategias se alternan constantemente. Las alianzas interpartidistas, por ejemplo, pueden ser consideradas como una estrategia de defensa y sobrevivencia ante enemigos poderosos o de ataque para avasallar a la oposición, según sea el caso. Las estrategias de omisión implican prescindir, ante algún ataque del adversario, de respuesta alguna, ya que se valora que es mejor omitir una respuesta que dar importancia a algo que no la tiene. Es decir, el silencio es la mejor respuesta.

Funciones de la estrategia

La estrategia determina cómo usar los escasos recursos de la mejor manera posible. Su objetivo es lograr más con menos, alcanzar buenos resultados con el menor costo posible. Una estrategia efectiva es aquella que proporciona respuestas en cuanto a cómo y dónde usar los recursos limitados para el logro de los objetivos. Se dice que es el arte de seleccionar las alternativas más inteligentes para derrotar a la competencia. Define, en otras palabras, cómo ganar la elección.

La función de la estrategia persigue, por lo tanto, el acierto en la capacidad, disposición y aplicación de los recursos de la campaña, para alcanzar el éxito. Es decir, la función principal de la estrategia es lograr ventajas competitivas para derrotar a los adversarios utilizando de manera eficiente los recursos con los que se cuentan.

Pasos para construir una estrategia

Toda estrategia implica una serie de pasos o elementos que deben ser considerados para su elaboración, mismos que se renuevan y actualizan de manera constante. Los elementos básicos de toda estrategia son los siguientes:

1. Diagnóstico situacional y percepción inteligente.
2. Definición de objetivos y metas
3. Definir grupos objetivo (*targets y segmentación*)
4. Discusión y selección de alternativas
5. Diseño y enfoque de la estrategia
6. Aplicación de la estrategia
7. Evaluación
8. Renovación y ajuste (reinventarse continuamente)

En la formulación de la estrategia se debe, además, responder puntualmente a las siguientes preguntas:

a. ¿Qué hacer para ganar la elección?
b. ¿Qué hacer de manera diferente para persuadir al elector o hacerlo mejor que la competencia?
c. ¿Cómo traducir las estrategias en tareas operativas concretas?
d. ¿Cuáles son las fortalezas y las debilidades propias y cuáles son las de nuestros adversarios y como aprovecharlas?
e. ¿Cuáles son las áreas y temas de oportunidad, así como las amenazas tanto para nosotros como para nuestros adversarios?
f. ¿Cuáles son las razones que se le darán a los ciudadanos para lograr que voten por nuestra alternativa?

g. ¿Qué piensan los electores de nuestro candidato y partido (s), así como de los otros candidatos y partidos opositores?

En general, se considera que para ganar una elección todo estratega debe cubrir mínimamente los siguientes pasos:

1. Definir una estrategia
2. Articular la estrategia de acuerdo con las circunstancias y tiempos
3. Operarla eficiente e inteligentemente
4. No cometer errores (las campañas no se ganan por los aciertos, sino que se pierden por los errores).
5. Sensibilidad y capacidad de cambiarla, si es necesario.

Consideraciones finales

El éxito o fracaso de la campaña dependerá del tipo y calidad de la estrategia que se diseñe y articule. En toda campaña electoral es importante definir una o más estrategias en la que la totalidad del equipo de campaña, líderes partidistas y candidatos deben conocer y trabajar a favor de la misma.

El estratega de una campaña debe conocer a profundidad el entorno en el cuál se compite, conocer los sentimientos, problemas y necesidades de la gente, además de conocer a la competencia. Para ganar, una elección se deben hacer cosas excepcionales, hacerlas con inteligencia y rapidez y, sobre todo, se deben articular las estrategias mucho mejor que los opositores.

La estrategia se configura como una metodología científica, para encontrar las soluciones más eficientes para alcanzar ventajas competitivas y ganar la elección. Sin embargo, a pesar de que la teoría y la metodología son aspectos importantes, lo más difícil de la estrategia no es crearla, pensarla o diseñarla, sino ponerla en operación, evitando las simulaciones y los cambios bruscos y constantes.

El Decálogo del Estratega

1. Toda campaña debe poseer una o más estrategias. El tipo y calidad de la estrategia puede determinar el triunfo o el fracaso de una campaña. Es la piedra angular para ganar una elección. Si una campaña carece de estrategia, es muy probable, que pierda la elección.

2. Toda campaña debe tener una o más estrategias pensadas y operadas en exclusiva para cada elección. Es decir, la estrategia debe ser distinta en cada campaña. Estrategias que fueron exitosas en otras campañas y otros tiempos, hoy día, pueden fracasar.

3. La estrategia debe partir de un conocimiento profundo de los electores, así como de las debilidades y fortalezas propias, así como también de los adversarios. En conocimiento del entorno, el contexto y la coyuntura política en la que se presenta la elección es también imprescindible.

4. Las mejores estrategias generan ventajas competitivas, motivan a los equipos de campaña, desconciertan a los adversarios, generan más votos y posibilitan ganar la elección.

5. Administrar bien el tiempo y direccionar las actividades proselitistas y de persuasión hacia *targets* específicos debe ser parte de la estrategia.

6. El discurso político tiene dos alternativas: apelar al deseo de tener más, desarrollarse, mejorar o, en caso contrario, apelar al temor de perder lo que se tiene. (Ricardo Homs)

7. Si no eres capaz de poner la estrategia por escrito, lo más seguro es que no la tengas. Cuando una campaña carece de estrategia, el despilfarro es la norma (Jaime Durán Barba).

8. Una buena estrategia es diferenciarse de los demás y lograr una mayor visibilidad social y persuasión política. La recomendación es hacer algo diferente o, hacer lo mismo, pero de diferente forma.

9. Las campañas se ganan a nivel estratégico y táctico. Las estrategias se construyen a través de las tácticas. Los más brillantes estrategas nunca logran nada sino cuentan con el apoyo de las tácticas adecuadas.

10. La triangulación es una estrategia muy usada en las campañas. Consiste en utilizar las soluciones de su propio partido para resolver problemas y compromisos centrales del otro bando, eliminando la razón de ser y disminuyendo las posibilidades de la oposición. Es decir, consiste en "apropiarse" de las banderas de la oposición retomando sus temas centrales para presentarlos como temas propios.

ESTRATEGIAS PARA CAMPAÑAS ELECTORALES LOCALES

Introducción

Podemos definir también a las estrategias como las acciones inteligentes desarrolladas por una organización con el objetivo de superar a los adversarios. Son formas creativas de lograr ventajas competitivas y así alcanzar el liderazgo. En la política, la estrategia puede determinar el éxito o el fracaso de una elección local. Una campaña sin estrategias o, con estrategias inadecuadas o desarticuladas, seguramente será una perdedora. Por el contrario, una campaña con estrategias adecuadas, será, seguramente, una campaña ganadora.

En el campo de la política, existen diversas estrategias que se pueden utilizar en cada una de las etapas de una campaña. Las estrategias de visualización y posicionamiento político usadas por partidos y candidatos son propias de la primera etapa de la campaña. Las estrategias de persuasión y cortejo político-electoral son propias de la segunda etapa de la campaña. Finalmente, las estrategias de movilización de los votantes se impulsan en la etapa final de la elección, con el fin de motivar y movilizar el voto de los ciudadanos. También, existen estrategias postelectorales con el fin de lograr la defensa del voto o el respeto de la voluntad de la ciudadanía manifestada en las urnas.

A continuación, se enlistan y explican las estrategias más comunes usadas en las campañas electorales locales. Su utilización y adecuación, dependerá del tipo de elección de que se trate y, sobre todo, de la coyuntura y circunstancia política, prevaleciente en un momento electoral determinado.

Las estrategias

Una campaña demanda no una estrategia, sino un conjunto o grupo articulado de estrategias que se utilizan en los diferentes momentos y actividades principales de una campaña. Toda estrategia, además, debe estar dirigida hacia un blanco específico y busca alcanzar objetivos y metas determinadas.

Las estrategias más utilizadas en las campañas electorales a nivel local son las siguientes:

1. Retrato hablado del candidato

Esta estrategia de comunicación forma parte de la primera etapa de la campaña, cuyos objetivos son la visualización y posicionamiento político. Contiene una lista más o menos extensa de cualidades deseadas por el electorado para el cargo público buscado. Esto se realiza con el apoyo de estudios cuantitativos y cualitativos. Posteriormente, se hace una campaña de comunicación para mostrar a nuestro candidato como el más cercano a ese candidato ideal de la elección. La idea es valorizar los puntos fuertes que corresponden a ese perfil ideal y tratando de neutralizar los puntos débiles o de divergencia.

De hecho, la gran mayoría de las campañas tratan de presentar a su candidato como la persona ideal para ocupar el cargo, señalando que es una persona honesta, eficiente, responsable, que garantiza el triunfo en los comicios y el ejercicio de un gobierno de resultados. Un candidato cercano a la gente y producto de la cultura del esfuerzo.

2. Fortaleza vs. debilidad

Esta estrategia consiste en enfrentar la fortaleza propia más grande contra la debilidad mayor del oponente. Analicemos el siguiente ejemplo en una campaña interna priísta para lograr la postulación al cargo de gobernador constitucional del estado. El punto central del debate es la militancia y lealtad o no a un partido. Por un lado, tenemos como aspirante a Ramiro Hernández García, quien ha tenido toda una vida de militancia, disciplina, lealtad y apego a su partido. Por el otro, tenemos también como competidor a Arturo Zamora, quien a pesar de ser un añejo militante del partido, siempre se le ha visto como un hombre alejado de la vida partidista, dedicado, más bien, a sus asuntos laborales y académicos y que ha tenido distintos vínculos y tratos con los partidos opositores.

Sí utilizamos esta estrategia de fortaleza vs. debilidad, desde la perspectiva del primer precandidato, bien pudiéramos presentar a Ramiro Hernández como un priísta de verdad, en la que la militancia y lealtad de Ramiro al partido y a los priístas está garantizada. Es decir, de ganarse la elección se asegura que el PRI sea el partido que realmente gobierne. Por el contrario, la debilidad mayor de Arturo Zamora es su lejanía con el partido. De esta forma, bien se pudiera presentar a Zamora como un precandidato que no representa el ideal ni los principios del partido y que más bien pudiera ser el candidato de un partido opositor.

Está estrategia también se puede aplicar para los casos de experiencia para gobernar, inteligencia verbal, carisma del candidato, popularidad y capacidad para ejercer el puesto, entre otras.

3. Redes y modelaje

Este tipo de estrategias se utilizan, generalmente, en la tercera etapa de la campaña con el fin de movilizar a los votantes a las urnas. Sin embargo, también puede ser usada en la etapa de persuasión y cortejo político. Esta estrategia sugiere reclutar en el equipo de campaña a líderes naturales (sociales) que ejercen una gran influencia sobre los electores. Es decir, el foco de interés y atención de la campaña no son los ciudadanos propiamente, sino sus líderes, aquellos que ejercen una influencia (modelo) importante en la decisión sobre la orientación de su voto.

De esta forma, lo que se recomienda es impulsar una serie de redes sociales y estructuras territoriales que garanticen que los ciudadanos, a través de sus líderes, se involucren en la campaña y apoyen a su candidato y partido. Esto pasó en la elección del 2000 en México, ya que por ejemplo, Francisco Labastida del PRI constituyó Redes 2000 y Vicente Fox del PAN la red conocida como Amigos de Fox.

4. Estrategia del rifle

La estrategia del rifle, implica un proselitismo direccionado, focalizado, con rumbo específico; no una campaña general, sin *targets* determinados como pudiera ser la estrategia de la escopeta. Sino una campaña enfocando los esfuerzos de proselitismo en algunos sectores específicos de votantes. Por ejemplo, si se sabe que la mayoría de los ciudadanos de una determinada circunscripción electoral son mujeres, la estrategia del rifle implica apuntar a ese sector, diseñando mensajes persuasivos para tratar de cortejar y conquistar el voto femenino. Por el contrario, si la mayoría de los votantes son jóvenes, se tratará de orientar la comunicación y acciones proselitistas de la campaña hacia ese sector.

Esta estrategia implica, además, ir más allá, profundizando en conocer el tipo, características y conducta electoral de los jóvenes o mujeres. Hay que hacer una segmentación, por ejemplo, de los jóvenes dividiéndolos en universitarios, los que habitan en áreas urbanas, los de zonas rurales, los jóvenes que les gusta la música rock, aquellos que se interesan en actividades deportivas, los jóvenes sin oportunidades educativas o laborales, etc. Esto es, la estrategia del rifle implica el particularizar y profundizar en su conocimiento hasta donde se considere conveniente o los recursos lo permitan.

Muy ligada a esta estrategia se encuentra el "mapamundi," que no es otra cosa, sino la ubicación de los electores por densidad poblacional, de tal forma que se focalicen las acciones proselitistas del partido y candidato, de acuerdo a la importancia numérica de electores por unidades territoriales. Es decir, el mapamundi determinará las zonas o áreas geográficas prioritarias para la campaña de acuerdo al número de electores que viven en una determinada zona geográfica.

5. Estrategia China

Sun Tzu decía que en la guerra, la mejor estrategia es atacar la estrategia del adversario. Esto implica, el estudiar y conocer las estrategias que están utilizando los competidores, para enfocar nuestra estrategia a su destrucción. Este tipo de estrategias ayudan a lograr ventajas competitivas, dejar sin argumentos a los contrincantes y, sobre todo, desmoralizan a los competidores.

Este tipo de estrategia no necesariamente es de carácter reactivo, sino también pro-activo. Es decir, no responde solamente a lo que hacen los competidores, sino que trata de minar o contrarrestar las fortalezas y banderas electorales de la competencia. Para articular este tipo de estrategias, se recomienda conformar equipos *ex profeso*, integrando a personal tanto del área de comunicación, como de investigación de opinión pública, de asesores y estrategia electoral.

Un ejemplo de uso de este tipo de estrategia es el siguiente. Supongamos que el candidato "A" está apelando al voto racional, a la reflexión y ponderación de la voluntad electoral de los ciudadanos. Sabe que si los votantes comparan a los candidatos, él tendrá mucho más ventajas que sus competidores. Por eso, inició una campaña en medios de comunicación señalando que "es muy importante pensar muy bien tu voto". Por su parte, el candidato "B" decide utilizar la estrategia china. En los mismos medios de comunicación inicia otra campaña de spots que señala, a través de testimoniales de diferentes electores (amas de casa, universitarios, padres de familia, obreros, campesinos, etc.) "yo ya pensé muy bien mi voto, mi voto es por el candidato B". De esta forma, se logra el objetivo buscado, destruyendo la estrategia de comunicación del adversario.

6. Razones

Este tipo de estrategia es muy recomendada, aunque realmente poco efectiva en mercados electorales emergentes. El centro rector de esta propuesta señala que siempre será necesario en toda campaña electoral dar suficientes razones a los ciudadanos para motivar su apoyo y lograr conquistar su respaldo. Es decir, toda campaña electoral debe centrarse en una serie de propuestas y alternativas de solución a los problemas que se presenten.

Las propuestas que se hagan deben hacerse en un formato mercadotécnico. O sea, que sean fáciles de entender, cómodos de memorizar y que sean atractivos para los electores. Sin embargo, es importante hacer notar que la presentación de propuestas siempre será necesaria en las campañas, aunque pocos de los electores realmente votan por programas. Esto es, el gran caudal de votos en una elección proviene de una hábil conexión emocional del candidato o partido con los votantes, y sólo un pequeño caudal producto de una reflexión racional.

7. Mercadotecnia comparada

La mercadotecnia comparada apela al voto racional. Investiga las características, atributos y fortalezas, así como las debilidades propias y de los adversarios, para diseñar una estrategia de comunicación tratando de convencer y persuadir a los votantes. Como parte de esta estrategia se contrasta, entre otras cosas, la experiencia, trayectoria, nivel educativo y capacidad del candidato con los opositores, tratando de mostrar que nuestro candidato posee una mejor calificación para desempeñar el cargo que se busca.

La mercadotecnia comparada es muy útil, cuando existen evidentes ventajas competitivas de nuestro candidato respecto de los opositores. Si su nivel de instrucción, su experiencia, su capacidad y su reputación son buenas, entonces será correcto acudir a este tipo de expedientes. Por el contrario, si el estudio comparativo nos pone en desventaja, no sería adecuado acudir a este tipo de estrategias.

8. Obra realizada

La mayoría de los electores quieren gobiernos de resultados. Políticos que no sólo hablen y prometan soluciones a los múltiples problemas que enfrenta la ciudadanía, sino acciones concretas de gobierno. De esta manera, la estrategia fincada en obras realizadas en el pasado es muy persuasiva. Es decir, esta estrategia se centra en diseñar la campaña a partir de los logros obtenidos por el candidato como gobernante en años anteriores. Si fue presidente municipal y quiere ser gobernador, entonces debe poner a su administración como ejemplo a seguir, mostrando los logros concretos realizados durante su gestión.

Esta estrategia es muy común en las campañas electorales. Sin embargo, hay que ser cuidadosos en no sobredimensionar, ya que de no ser verdad lo informado, puede ser fácilmente contrarrestada esta estrategia por parte de los opositores. Por ejemplo, si se dice que se solucionó el problema de agua potable en el municipio, pero los opositores muestran a pobladores de ese municipio quejándose de que el problema de agua no ha sido resuelto, Usted y su partido pueden estar en problemas y quedar como mentirosos. Por ello, es importante informar de lo que realmente se hizo y respaldar su campaña con evidencias y resultados concretos.

9. Valores

Una tendencia nueva en las campañas electorales es sustentar los mensajes proselitistas y de comunicación persuasiva en valores, principios e ideales compartidos por los votantes. Mostrar, por ejemplo, al candidato como alguien que comparte los valores y principios de la gente. Que considera a la familia como el núcleo central de la sociedad, lo más importante que tiene el ser humano. Campañas que se centran también en la honestidad, la cultura del esfuerzo, la espiritualidad y todo aquello que el votante valora como algo importante y necesario.

Los valores más concretos y cercanos a la gente, no sólo aquellos generales como la solidaridad, el nacionalismo, la paz y la autodeterminación de los pueblos, sino algo más próximo al elector como el trabajo, la familia, la escuela, la religión y el alejamiento a los anti-valores.

10. Etiquetas y estereotipos

Los estereotipos son muy comunes en la política. La mayoría de los votantes juzgan y valoran la política con base a estereotipos. De esta forma, para la mayoría de la gente, un político es bueno o malo, corrupto u honrado, eficiente o ineficiente. No hay intermedios o medias tintas. O eres lo uno, u lo otro.

La estrategia basada en estereotipos implica que te conceptualices a ti mismo y a tus adversarios. Decir, por ejemplo, nuestro candidato es un hombre honesto, el adversario es un político corrupto. Nuestro candidato es un hombre de bien, con una trayectoria limpia en la política. Por el contrario, los opositores tienen un negro pasado. Definir al adversario implica ponerle una etiqueta. Nuestro contrincante, por ejemplo se puede decir, es un candidato inconsistente, que dice una cosa y hace otra. No se le puede ni creer, mucho menos, confiar.

Este tipo de estrategias son fáciles de posicionar en la mente del elector. Sin embargo, la etiqueta que se trate de impulsar tiene que estar en relación con el sentido común y la percepción mayoritaria de los votantes. Si la mayoría de los electores percibe a un candidato o partido como corrupto, difícilmente una estrategia de comunicación que lo muestre como un hombre honrado podrá funcionar.

11. Testimonios

Una estrategia altamente persuasiva que se utiliza en las campañas electorales tiene que ver con la presentación de testimonios en la que los electores manifiestan que el candidato en referencia es un hombre honesto y capaz de desempeñar el puesto público con responsabilidad y honradez. Por ejemplo, se estila mostrar testimonios de gente humilde, mujeres, jóvenes y ancianos señalando que un candidato los ayudó a resolver algún problema en concreto y que como presidente, ayudará a las grandes mayorías representando una verdadera esperanza para el pueblo.

Los testimonios, generalmente, son visuales o auditivos y salen de manera espontánea entre la población. Parten del principio que señala que "Si lo dice la gente, es que posiblemente si sean ciertos; si los dice solo el candidato, posiblemente sean falsos."

12. Divide y vencerás

Una estrategia muy común en la política tiene que ver con la división de los adversarios, de tal manera que, se debiliten y atomicen las posibilidades de triunfo de la oposición. Esto ha pasado en muchos países latinoamericanos, donde la oposición, por diferentes razones, no se ha podido unificar, presentándose dividida en las contiendas electorales, lo que permite que el partido gobernante siga en el poder.

La estrategia de la división no surge de la nada, sino que el partido o coalición gobernante, desde diferentes trincheras y a través de distintos mecanismos, opera y estimula la división de la oposición. Sin embargo, este tipo de actividades se realiza de manera discreta, con un tratamiento fino, no percibido con facilidad.

13. Alianzas

Otra estrategia muy socorrida en las elecciones y que la mayoría de los códigos electorales lo contemplan como algo jurídicamente legal, tiene que ver con la constitución de alianzas, coaliciones o frentes partidistas. El principio que parte este tipo de estrategias señala que "sólo unidos podremos vencer". De esta forma, la suma de voluntades genera la expectativa de una mayor fuerza, que finalmente se puede imponer en una contienda electoral.

Las alianzas son estratagemas añejos que generan ventajas en la lucha por el poder político. Sin embargo, estas deben estar bien cimentadas para asegurar su viabilidad en una perspectiva de mediano o largo plazo. Las alianzas efímeras, aquellas impulsadas solo por el pragmatismo de la política, terminan por abortar los proyectos de gobierno y dejan siempre secuelas negativas.

14. Triangulación

Una última estrategia muy utilizada en las campañas electorales locales en América latina, tiene que ver con el concepto de triangulación, aunque es severamente cuestionada, no sin razón, por su perfil poco ético. Consiste en utilizar las soluciones de su propio partido para resolver problemas y compromisos centrales del otro bando, eliminando la razón de ser y disminuyendo las posibilidades de la oposición. Es decir, consiste en "apropiarse" de las banderas de la oposición, retomando sus temas centrales para presentarlos como temas propios.

Si su partido es de orientación conservadora, esta estrategia implicará despojarle la bandera de progresista a la oposición, tomando temas e *issues* que son propios de sus adversarios, pero extraños para su partido. Si su partido es de izquierda, lo indicado es retomar banderas y temas que le son propios de la derecha. La triangulación implica también el hacer campaña con una bandera electoral, pero trabajar con otra. Criticar, por ejemplo, las políticas anti-neoliberales, que son impopulares, para ponerlas en operación una vez en el gobierno.

Comentarios finales

En la política electoral, hay una infinidad de estrategias de proselitismo y de comunicación persuasiva. Hay, por ejemplo, también estrategias para campañas mediáticas, o estrategias para campañas de contacto directo, estrategias sustentadas en la anti-política, estrategias de ataque (negativas) y de defensa, por señalar algunas. En este documento, se han enlistado sólo las más comunes y trascendentes en el ámbito local, pero basta decir que el número de estrategias está en razón de la creatividad y la innovación propia de las campañas inteligentes.

Toda campaña moderna debe tener una o más estrategias, pero siempre tratando de evitar contradicciones, duplicidades e incoherencias. El resultado final de una elección lo determina la calidad y pertinencia de la estrategia, así como, la capacidad de candidatos y partidos para poderlas articular de acuerdo a la circunstancia que se esté viviendo.

Finalmente, valga una necesaria aclaración. El documento describe las estrategias más comunes usadas en la política electoral en el ámbito local en América latina. Eso no significa, que sean las que recomienda necesariamente el autor. Es algo que existe y se presenta en las campañas, no lo que debería ser o lo que es éticamente correcto o incorrecto, como el caso de la estrategia de triangulación. Aquí no valoramos o adjetivamos, solo enlistamos y describimos.

CATÁLOGO DE TÁCTICAS PARA CAMPAÑAS ELECTORALES

Toda campaña electoral se gana a nivel estratégico y táctico. Las estrategias son planteamientos más genéricos que, como se señaló en los capítulos anteriores, responden a la pregunta más amplia ¿cómo ganar la elección? Por su parte, las tácticas son acciones mucho más específicas, actividades concretas que forman parte y están en consonancia con la estrategia general de la campaña. Las tácticas responden a la pregunta ¿qué acciones y actividades concretas en tiempo y espacio hay que realizar para ganar la elección?

A continuación, se enlistan algunas tácticas que se han impulsado en diferentes campañas electorales locales y que han mostrado ser exitosas en el objetivo de lograr una mayor visibilidad y confianza social y, lo más importante, obtener un mayor número de votos. Muchas de estas tácticas pueden utilizarse de manera complementaria para alcanzar el objetivo que se busca, cuidando evitar la saturación y el exceso que puede producir hartazgo o cansancio de la gente.

1. Táctica de la fotografía

Durante las visitas domiciliarias del candidato se toma una fotografía individualizada o en grupo, con el mayor número posible de ciudadanos. El fotógrafo y sus ayudantes contratados por el equipo de campaña, levantan un padrón de nombres y domicilios de cada uno de ellos. Al día siguiente, regresan con un regalo del candidato, para entregar personalmente las fotografías, recomendándoles que la tengan en un lugar visible dentro de sus casas, negocios o centros de trabajo.

Con este planteamiento táctico, se logran tres grandes objetivos. Primero, el de publicidad que harán los votantes en su núcleo familiar y social al tener y exhibir públicamente la fotografía del candidato. Segundo, se consigue manejar el afecto de la gente, ya que la fotografía se relaciona socialmente con una amistad, un ser querido, una persona admirada o alguien como referente de prestigio y poder. Tercero, con esta estrategia se logra reforzar la identidad política y afianzar la lealtad electoral, posibilitando la obtención de su voto.

2. Táctica de la cama pobre

Este planteamiento estratégico consiste en que el candidato duerme uno o dos días a la semana en la casa de uno de sus simpatizantes que viven en los barios, ejidos o colonias más pobres de la circunscripción electoral (municipio, distrito, estado o país). Con este tipo de actividades, el candidato publicita la idea de que está conociendo como viven los sectores más marginados de la población, está compartiendo y viviendo en carne propia las limitaciones, la marginación y la pobreza que flagelan a esa parte de la población y, sobre todo, está refrendando su compromiso de trabajar por los que menos tienen. Si el candidato tiene alguna profesión, como médico, por las noches se darán personalmente algunas consultas médicas gratuitas y se regalarán los medicamentos a la gente humilde.

La aplicación de esta táctica se sugiere en circunscripciones electorales que cuentan con una alta tasa de marginación y pobreza, asegurando, además, una amplia cobertura mediática de todas las acciones desde el arribo del candidato a la colonia, el saludo a vecinos, la convivencia y cena con los anfitriones hasta la despedida de los mismos, muy por la mañana. Es importante, evitar simulaciones, publicitando que se está viviendo o durmiendo en las zonas marginadas, pero saliendo a dormir en su casa o en algún hotel de lujo, muy por la noche. Si esto se realiza y es conocido y documentando por los medios de comunicación, las consecuencias serán desastrosas para la campaña.

3. Táctica de la marabunta

Esta estrategia de contacto directo con el elector consiste en reclutar, organizar, capacitar y motivar a un ejército de simpatizantes de tu campaña, quienes tocarán todas y cada una de las puertas de los votantes, les aplicarán una encuesta informativa, les informarán sobre el perfil del candidato y sus principales propuestas de gobierno y les pedirán su adhesión, así como la firma voluntaria de unas formas en las que aceptan formar parte de la listas de simpatizantes o apoyadores de tu candidatura. En estos listados, que servirán como una especie de padrón electoral o base de datos muy útiles el día de la votación, se incluirá información sobre su domicilio, fecha de cumpleaños, aniversario de bodas, militancia o simpatía con algún candidato o partido, así como un catálogo de principales problemas, necesidades y trabajos que requiere hacer el candidato una vez en el gobierno.

Esta táctica se aplicó en Jalisco en el año 2005, por parte del senador Raymundo Gómez Flores. Para fines de noviembre de ese año, por esta acción se habían visitado 707 mil viviendas y logrado 285 mil adhesiones al programa de gobierno que impulsaba Raymundo Gómez Flores como candidato a la gubernatura del estado.

Esta estrategia permite el contacto directo con los electores, el levantamiento de un padrón de simpatizantes, así como el conocimiento de la problemática que más afecta a los ciudadanos y que pueden formar parte de la agenda programática del candidato. El tiempo que se lleve en el levantamiento de la información no debe rebasar los 15 minutos, predominando la cortesía y el agradecimiento y saludo de mano por parte de los brigadistas.

4. Táctica de los omegas

La táctica de los omegas consiste en reclutar, organizar, capacitar y motivar a un amplio grupo de activistas (los OMEGAS con mayúscula), quienes realizarán las tareas de reclutamiento, organización, persuasión y movilización de 10 o 20 ciudadanos con credencial para votar por cada uno de los OMEGAS con mayúsculas, integrando un listado de sus incorporados (los omegas con minúsculas) en las que se incluye domicilio, teléfonos, dirección electrónica y lugar de trabajo, entre otros puntos. El listado de simpatizantes se integra con familiares, amigos, vecinos, compañeros de escuela o de trabajo, asegurando que realmente exista el compromiso y la certeza de que acudirán a votar el día de la elección.

El objetivo principal de los omegas es asegurarse que todos y cada uno de sus 10 o 20 enlistados, simpatizantes del candidato o partido, acudan a votar el día de los comicios y lo hagan a favor de nuestro candidato. Para ello, el día de la jornada electoral, el OMEGA con mayúscula organizará la logística, las llamadas y visitas domiciliarias necesarias para asegurar que el 100 por cientos de sus omegas (con minúsculas) acudan a votar. Si este objetivo se logra, el candidato o partido asegura un buen porcentaje de votos, que pueden ser definitorios para el resultado electoral.

En este tipo de tácticas, solamente se recomienda evitar la cultura de la simulación, detectando, mediante una auditoria de los listados, a aquellos OMEGAS que proporcionan datos y listados falsos o que no corresponden necesariamente a ciudadanos que han manifestado su compromiso de acudir a votar el día de las elecciones por nuestra alternativa.

5. Táctica de las redes familiares

La familia es la célula social más importante de los latinoamericanos. En ella depositamos la confianza, la credibilidad y cariño que nos es propio a los humanos. Esta institución puede jugar un papel muy importante en materia político-electoral. La estrategia, muy parecida a la de los OMEGAS, consiste en asegurarse que toda la familia en sus múltiples y variadas ramificaciones acudan a sufragar el día de los comicios y lo hagan a favor de nuestros candidatos y partido.

La idea es hacer de la familia una red social de poder que incida e influya en los asuntos de interés público y, en lo particular, en el resultado de las elecciones. Si las familias se mantienen unidas y deciden participar en las contiendas electorales, los candidatos y partidos pueden asegurar un gran caudal de votos.

6. Táctica de las redes sociales

Esta táctica consiste en crear redes sociales o aprovechar las ya existentes con el fin de organizar, persuadir y movilizar a los votantes el día de los comicios electorales. Las redes sociales se constituyen con amigos, colegas de trabajo y todo individuo que coincida con los planteamientos programáticos y el apoyo al candidato. La idea es aprovechar sus amistades y conocidos para hacer proselitismo y ampliar la base de apoyos al candidato. Las redes sociales buscan complementar las estructuras partidistas, nunca sobre ponerse o confrontarse a ellas. Su ventaja es que logran generar mayor credibilidad y confianza departe de los votantes, ya que en muchos lugares, los electores muestran cierta reticencia y rechazo a los partidos políticos.

7. Táctica del cumpleaños.

Esta táctica consiste en construir una base de datos con los nombres, directorios telefónicos y fechas de cumpleaños de los líderes comunitarios, personalidades, formadores de opinión pública y dirigentes sociales, así como de ciudadanos en general. A través de un equipo de comunicadores, perfectamente capacitados y motivados, vía telefónica, se procede a realizar las llamadas de felicitación a nombre del candidato en la misma fecha del cumpleaños de los electores. El objetivo es, utilizando la fecha del onomástico o cumpleaños, gestionar el afecto de la gente, posicionar el nombre del candidato y tratar de obtener los apoyos de los electores el día de los comicios electorales.

8. Táctica de los e mail

Esta táctica consiste en emplear las nuevas tecnologías de la información para persuadir a los electores. Consiste en enviar vía Internet mensajes breves, creativos y persuasivos del candidato hacia los cibernautas, principalmente los jóvenes. La idea es comunicar el mensaje, lograr visibilidad y diferenciación del candidato, así como obtener la adhesión e involucramiento de los ciudadanos en la campaña. Si un 10 por ciento de los votantes puede ser alcanzado por este medio, este porcentaje puede incidir en otro porcentaje igual o mayor de electores mediante el contacto directo, aumentando su efecto de propagación.

9. Táctica de la firma de compromisos de campaña

Esta táctica está orientada a generar credibilidad entre los ciudadanos respecto de los planteamientos y compromisos de campaña de los candidatos. Generalmente, los electores tienden a desconfiar de los políticos, quienes buscan ocupar un cargo de elección popular, por lo que los candidatos no sólo tienen que hablar de promesas y compromisos, sino deben también plantearlos por escrito, ante la presencia de alguna autoridad (notario) que de fe pública de dicho acto. Esta estrategia se puso en práctica en la elección constitucional para gobernador en el Estado de México, por Enrique Peña Nieto, donde firmó ante notario público 131 compromisos en diferentes municipios del estado. Esta estrategia generó una mayor confianza entre los votantes, lo que finalmente, le ayudó a ganar la elección con una diferencia cercana a los 800 mil votos respecto a su más cercano competidor.

10. Táctica del celular

Este planteamiento táctico utiliza los teléfonos celulares para lograr propagar los mensajes del candidato, mediante el operativo conocido como "Pasa la Voz." La idea es formar cadenas de amigos, familiares, compañeros de escuela y de trabajo, así como de vecinos y conocidos los cuales buscan persuadir a los demás. Su implementación implica el envío de mensajes de voz o de texto vía celular, creados especialmente por el equipo de campaña, con el objetivo de ganar votos.

CAMPAÑAS ELECTORALES INTELIGENTES

Introducción

Las campañas electorales son definidas en México por el Código Federal de Instituciones y Procedimientos Electorales (COFIPE) como las acciones que realizan los candidatos y partidos en la búsqueda del voto de los ciudadanos. Comprende todas las actividades de proselitismo y persuasión política orientadas a conquistar los mercados electorales. En toda sociedad democrática, las campañas se orientan principalmente a cortejar al elector, construir consensos sociales y lograr mayorías electorales estables.

Las campañas electorales en México tienen una vieja historia. La primera elección para definir a un representante popular, en lo que hoy se denomina Estados Unidos Mexicanos, se realizó en 1828, época que coincide con el inicio y la construcción del Estado Mexicano. A partir de esta fecha, las campañas empiezan a institucionalizarse en nuestro país, como ejercicios rutinarios para definir el carácter de la representación pública. Sin embargo, por muchos años las campañas se transformaron en meros ritos protocolarios para el acceso al poder político, ya que debido a la predominancia de un partido hegemónico de Estado, las contiendas eran realmente ine-quitativas y desequilibradas.

A partir del inicio del proceso de transición a la democracia en nuestro país, que se dio a fines de la década de los 1980s, las campañas electorales empiezan a ser mucho más competidas y se transforman en mecanismos legítimos férreamente disputados por dos o más actores políticos para el acceso al poder público. De esta forma, de meros ritos protocolarios las campañas se tornan en verdaderas confrontaciones de candidatos y partidos por la disputa del poder.

Hoy día, las campañas se han transformado en ejercicios sofisticados y modernos en los que se involucra e invierten grandes sumas de dinero, tiempo y recursos humanos para tratar de alcanzar o conservar el poder. Estas campañas son ejercicios proselitistas inteligentes, en las que los hombres e instituciones más astutas y capaces, logran conquistar la mente de los electores, para ganar el voto a su favor. De esta forma, la inteligencia se ha convertido en un factor estratégico que permite que los partidos y candidatos obtengan ventajas comparativas para conquistar el poder político.

En el presente capítulo, se enlistas las características más importantes de las campañas inteligentes, describiendo, de manera sucinta, sus principales atributos. Se parte, de una breve descripción conceptual de lo que se entiende por inteligencia y por una campaña electoral perspicaz. Después se señalan sus características distintivas, para finalmente realizar una recapitulación sobre la importancia de desarrollar y profesionalizar este tipo de ejercicios proselitistas propios de las democracias modernas.

El concepto de inteligencia

La inteligencia es un término polisémico, que es definido de diferente forma. Para unos, es la habilidad que poseemos para poder resolver los problemas que enfrentamos. Se dice, además, de la persona informada y capaz de aplicar los conocimientos a situaciones complejas. Una persona inteligente, se señala, es aquella que está capacitada para alcanzar metas y objetivos determinados. Piaget apuntó que la inteligencia es lo que utilizamos cuando no sabemos que hacer.

En el campo intelectual, la inteligencia es definida como la capacidad de razonamiento, reflexión y pensamiento abstracto. También se señala que la inteligencia es la capacidad de encontrar respuestas acertadas a las múltiples opciones que plantea la vida. Se asocia, además, a la capacidad de aprender, ejercer el juicio y ser imaginativos. A la capacidad de anticipar, resolver problemas, así como de crear e innovar para evolucionar.

En el campo gubernamental, la inteligencia se asocia con el espionaje, las labores de investigación para obtener información relevante sobre actores políticos y grupos especiales, así como con las actividades de cuerpos de seguridad nacional. En el ámbito político, la inteligencia implica la astucia, capacidad y habilidad de conseguir los objetivos que se proponen. Por lo tanto, una campaña electoral inteligente es aquella que logra alcanzar las metas y objetivos establecidos, capaz de enfrentar la adversidad y convertir las debilidades en fortalezas. Una campaña inteligente es, sobre todo, aquella que es capaz de vencer a los adversarios, logrando un éxito rotundo.

Las campañas inteligentes

Las campañas inteligentes presentan una serie de características que le son distintivas y que las diferencian de las campañas tradicionales. A continuación, se enlistan y explican brevemente estas características. Se presenta el modelo ideal de una campaña inteligente, con las particularidades más importantes. Sin embargo, no toda campaña exitosa, reúne la totalidad de los atributos distintivos de las campañas inteligentes, pero cualesquier campaña que congregue la mayor parte de las características aquí señaladas, sin duda, que será una campaña triunfadora.

a. Sustentadas en información

Sun Tzu señalaba en su libro El Arte de la Guerra, escrito desde el siglo V a.c.: "conócete a ti mismo y conoce al enemigo y no perderás en mil batallas." Desde entonces, la información se ha considerado como parte esencial del poder. En las sociedades modernas, la información y el conocimiento se han constituido, también, en factores reales de poder. En estas sociedades, la información juega un papel muy importante como insumo estratégico para la toma de decisiones y como sustento de las acciones de comunicación y persuasión política que se desarrollan en las campañas electorales.

La primer característica de una campaña inteligente es aquella que se sustenta en información veraz y oportuna. Este tipo de campañas se sustentan en información, pero no de cualesquier tipo, sino en información de calidad y obtenida con oportunidad para tomar decisiones más racionales, como puede ser en la dirección de la campaña. Para obtener esta información, se debe investigar y diagnosticar el mercado electoral, conocer a la gente, sus principales problemas, preocupaciones, expectativas y necesidades. De igual forma, se debe investigar a la oposición, saber de sus fortalezas, así como de sus debilidades, de las estrategias utilizadas y los apoyos con los que cuenta.

La información de calidad es aquella información veraz que refleja de mejor manera la realidad política que se está viviendo, que es objetiva y se apega a las características distintivas de una determinada circunscripción electoral. Es, sobre todo, aquella que refleja verazmente las percepciones que tienen los ciudadanos constituidos en mercado electoral.

La información oportuna es aquella que se proporciona en tiempo y forma, de acuerdo a lo que demanda la coyuntura o circunstancia política del momento. De nada sirve tener información sobre la que no hay certeza de su veracidad, o que no se apega a la realidad. Tampoco, de nada sirve tener información que aunque sea veraz, llegue demasiado tarde y no pueda ser utilizada para tomar decisiones oportunas. De ahí que la mejor información es aquella de calidad y obtenida con oportunidad.

La investigación debe realizarse de manera profesional, acudiendo a métodos cuantitativos y cualitativos. La investigación debe realizarse antes, durante e, incluso, después del proceso electoral. A partir del conocimiento de la gente y del adversario, se obtiene información que, bien utilizada, se transforma en una ventaja competitiva en la lucha por alcanzar y conservar el poder.

Para obtener información, se debe destinar los recursos económicos, materiales y humanos necesarios que la actividad reclame, tratando de buscar, insisto, que dicha información sea relevante, oportuna y veraz. En toda campaña electoral, nunca se debe desestimar su importancia, ya que la información sigue siendo una fuente de poder.

b. Usa tecnología de vanguardia

Una campaña inteligente, además, de sustentarse en información veraz y oportuna, debe usar tecnología de punta que le permita obtener ventajas comparativas respecto de la oposición. Hoy día, la tecnología aplicada a las campañas electorales está altamente desarrollada. Comprende desde instrumentos para procesar información sobre las características del mercado electoral hasta dispositivos tecnológicos digitales para la transmisión de imágenes, impresos y la elaboración de todo tipo de objetos publicitarios.

El uso de las nuevas tecnologías de la información, como el diseño de páginas web y la Internet para conocer, segmentar el mercado y persuadir a la gente, forma parte de los nuevos desarrollos tecnológicos que están utilizando partidos y candidatos. De hecho, las nuevas campañas electorales son en realidad paquetes tecnológicos usados por partidos y candidatos para obtener o conservar el poder.

c. Estructura organizacional flexible

Las campañas inteligentes presentan organigramas flexibles y adaptables, de acuerdo a la circunstancia y coyuntura que se esté viviendo. Por su parte, una campaña tradicional, generalmente, utiliza organigramas rígidos, que imposibilitan cambios rápidos y oportunos para responder a las necesidades y contingencias que se presentan en toda contienda electoral.

Los organigramas más eficaces son aquellos que se diseñan por función, por sector social a atender y por circunscripción territorial. Por función, de acuerdo a las tareas que se requiere realizar en la campaña, como puede ser la coordinación de prensa y medios, la coordinación de imagen y opinión pública, la coordinación electoral o la coordinación de giras y eventos de campaña, por señalar algunos. Por sector social, se refiere a las estructuras creadas para atender a los grupos de electores importantes para la campaña, como puede ser la coordinación de asuntos juveniles, la coordinación del sector obrero, la coordinación de mujeres, la coordinación de asuntos agrarios, la coordinación para asuntos universitarios, etc. Por circunscripción electoral, se refiere a las estructuras creadas para realizar las actividades proselitistas como son los barrios, colonias, agencias municipales, municipios, secciones electorales, distritos o estados de la república.

Las campañas inteligentes diseñan los organigramas de acuerdo al tipo de elección de que se trate, los recursos humanos y materiales con los que se cuenta, la coyuntura política que se vive y, sobre todo, a las necesidades de la misma campaña. Una campaña inteligente incorpora, además, talentos agregándolos a las estructuras organizacionales de acuerdo a su perfil y su experiencia para desempeñar la función.

d. Evolutiva

Una campaña inteligente avanza hacia el futuro, no se detiene a contemplar el pasado. En este sentido, es evolutiva: cambia y mejora sus procesos, prácticas y estructuras organizacionales de acuerdo a la coyuntura política y a los tiempos que se están viviendo.

Las campañas inteligentes retoman del pasado las experiencias, enseñanzas y aprendizajes, pero siempre con la idea de progresar, de incorporar nuevas enseñanzas y fijar nuevos derroteros, para alcanzar los objetivos políticos buscados. En este sentido, son campañas con visión de futuro, capaces de dilucidar entre lo importante y lo urgente, así como entre lo estratégico y lo coyuntural.

e. Evalúa y se retroalimenta

Toda campaña inteligente incorpora la evaluación como parte de sus procesos para tomar decisiones y, de ser necesario, corregir el rumbo. La evaluación puede ser interna o externa, dependiendo de quien la realice. La primera suele ser más objetiva, mientras que la segunda genera más sospechas al interior de los equipos de campaña.

La evaluación debe ser diagnóstica y debe realizarse no sólo al final de la elección, sino también durante la misma. El objetivo no es castigar o señalar a nadie, sino evaluar avances, problemas e insuficiencias para hacer los cambios que se requieran.

Las campañas inteligentes tienen la humildad para reconocer errores, carencias y limitaciones, pero son capaces de retroalimentarse y recomponerse, para alcanzar los objetivos organizacionales propuestos.

f. Sensitiva al cambio del entorno

Una campaña inteligente es sensitiva a los cambios que se presentan en el medio ambiente en la que se desarrolla. Tiene la capacidad de detectar desde las más mínimas hasta las grandes transformaciones que se presentan en el mercado electoral, los cambios en las estrategias de los adversarios y, sobre todo, en los gustos, emociones, necesidades y expectativas de los electores.

El cambio del medio ambiente puede implicar desde transformaciones en la legislación electoral, las nuevas reglas de la competencia política, nuevos temas de interés de los ciudadanos o, incluso, cambios que se presentan a nivel internacional como pueden ser las grandes transformaciones sociopolíticas de carácter democrático que hoy día se presentan en el mundo.

g. Prospectiva, propositiva y proactiva

Toda campaña inteligente debe planear escenarios futuros, definir la agenda y el debate central de la contienda, evitando que la oposición tome el liderazgo y la iniciativa sobre los temas y asuntos que se tratarán como relevantes durante la campaña.

Las campañas inteligentes, además, son propositivas, sustentadas en propuestas y ofertas electorales atractivas para los ciudadanos. Por medio de las propuestas, los candidatos y partidos deben dar a los electores las razones y motivos suficientes para que les confíen su voto y la alta responsabilidad de gobernar.

Estas propuestas deben presentarse en lenguaje accesible para la mayoría de los electores, en un formato breve y conciso y, sobre todo, adecuadas a lo que la ciudadanía requiere y espera de los candidatos y partidos.

Una campaña inteligente es, también, proactiva, porque genera una fuerte inercia de trabajo, energía y dinamismo en todos los integrantes del equipo de trabajo, principalmente en el candidato. Ser proactivo implica, además, el poseer una actitud positiva ante la adversidad, el buscar la solución práctica de los problemas y la enmienda autocrítica de los errores.

h. Regida por la administración científica

Una campaña inteligente se rige por los principios de la administración científica. Es decir, utiliza la planeación, la dirección, la organización, la evaluación y el control, de manera tal que optimiza sus procesos para alcanzar sus objetivos.

Como parte de la planeación, el esfuerzo proselitista se rige por un plan de campaña que le da direccionalidad y rumbo. La dirección implica un liderazgo dinámico, incluyente y sensitivo. La organización involucra el diseño y creación de estructuras políticas operativas, que suman voluntades para ganar votos. La evaluación permite conocer avances y detectar insuficiencias e ineficiencias. El control ayuda a evitar errores, desviaciones y excesos en las acciones realizadas, a la vez que permite una mejor fiscalización de los recursos utilizados.

i. Usa racionalmente los recursos

Una campaña inteligente usa racionalmente los recursos con los que dispone, sean estos humanos, materiales, económicos o el recurso tiempo.

Al usar racionalmente el capital humano, incorpora talentos, asigna responsabilidades de acuerdo a perfiles y usa las capacidades y conocimientos de sus activistas y simpatizantes para alcanzar los objetivos propuestos. El uso racional de los recursos económicos implica la optimización de los mismos, gastando sólo lo necesario en las tareas imperiosas, evitando el despilfarro y los gastos innecesarios.

La racionalización del tiempo implica el jerarquizar acciones de la campaña, priorizar actividades del candidato y el equipo de campaña, así como determinar las áreas geográficas que serán sujetas de especial atención para el proselitismo electoral.

j. Capaz de solucionar los conflictos internos

Una campaña inteligente sabe procesar positivamente los conflictos que se presentan a su interior, evitando desgastes innecesarios, confrontaciones estériles y, lo más importante, logrando la unidad del equipo de campaña con base a objetivos comunes. De esta forma, los conflictos y desavenencias internas, que inevitablemente se presentan en toda campaña, se orientan a generar una sana competencia entre actores y grupos, evitando un desbordamiento de pasiones.

Una campaña inteligente sabe generar, más bien, conflictos a sus adversarios, es capaz también de disciplinar a los integrantes del equipo de campaña, teniendo la habilidad y voluntad para superar cualesquier diferencia interna.

k. Creativa e innovadora

Una campaña inteligente es creativa e innovadora. La creatividad tiene que ver con lo nuevo, lo diferente, lo moderno y lo excepcional. La innovación, por su parte, tiene que ver con la imaginación, las ideas y el progreso. La innovación implica hacer otras cosas o las mismas cosas, pero de manera diferente. La creatividad implica creación, construcción y edificación. La creatividad es una habilidad para generar respuestas nuevas a problemas y desafíos. Implica flexibilidad y fluidez de ideas, una apertura al cambio.

Una campaña inteligente creativa e innovadora parte de reconocer la tradición, pero siempre buscar superar esquemas, paradigmas y estereotipos para alcanzar los objetivos buscados.

l. Multiclasista

Una campaña inteligente no sólo se dirige a las elites, sino también a las masas. Es decir, enfoca su atención en varios grupos y clases sociales, quienes con su voto determinarán el carácter de la representación pública. Las campañas del pasado, enfocaban su atención a las elites, las campañas del presente y el futuro en los ciudadanos.

Una campaña inteligente sabe que no es posible obtener la victoria persuadiendo sólo a una pequeña parte del mercado electoral. Por lo tanto, sus estrategias de comunicación las enfoca a amplios sectores sociales, usando la "estrategia de la escopeta."

m. Sustentada en la mercadotecnia política

Una campaña inteligente se sustenta en la mercadotecnia política como instrumento moderno para estudiar, conocer, persuadir y lograr el voto de los electores. La mercadotecnia política proporciona una serie de conocimientos, técnicas, estrategias y métodos que posibilitan obtener ventajas competitivas para lograr mayorías electorales estables.

La mercadotecnia, de esta forma, se constituye como un instrumento estratégico de frontera que permite organizar, dirigir y desarrollar una campaña de manera más profesional y, sobre todo, el poder construir una mejor imagen y comunicar los mensajes, así como movilizar las emociones y sentimientos de los ciudadanos para motivar el voto a su favor.

n. Con *targest* muy específicos

Una campaña inteligente se apoya en la segmentación de mercados para atender necesidades y grupos específicos. En este sentido, utiliza también la "estrategia del rifle" para direccionar los mensajes y esfuerzos proselitistas. De esta forma, se apoya en el marketing personalizado y el marketing para nichos específicos, con la idea de que se puede ganar, sumando mucho y agregando a los pequeños.

Este tipo de campañas identifica con precisión las características de los electores, los clasifica de acuerdo a sus características distintivas, sus coincidencias y semejanzas, para tratar de cortejarlos y persuadirlos.

o. Con excelente conectividad

Una campaña inteligente tiene la habilidad de entablar una excelente conectividad y sintonía con los ciudadanos, capaz de conocer a profundidad su cultura, sus valores, costumbres e idiosincrasia. Una campaña que ha afinado y perfeccionado sus procesos de comunicación con el mercado electoral.

Una campaña inteligente sabe de las formas más apropiadas para tocar las cuerdas más sensibles de los ciudadanos, que apela a sus emociones, sentimientos y razones. Sabe sintonizarse con las aspiraciones, necesidades y problemas más apremiantes de la gente. Una campaña que penetra no sólo en el corazón del electorado, sino incluso hasta las entrañas más profundas de su humanidad.

p. Con un diseño organizacional de vanguardia

Una campaña inteligente se sustenta en una arquitectura política de avanzada, trazada bajo los principios más modernos del diseño organizacional, con estructuras innovadoras, flexibles y adaptables, que funcionan como un sistema integral bien comunicado e interrelacionado.

Una campaña inteligente se sustenta en un organigrama delineado *ex profeso*, que tiene la visión para reclutar e integrar a los mejores talentos y para lograr sintonizar los diversos esfuerzos de un equipo de campaña altamente profesionalizado. Un diseño organizacional que permite la división del trabajo, la delegación de tareas, respeta el principio de jerarquía, la unidad de mando y se administra por resultados.

q. Con una dirección dinámica, ejecutiva e incluyente

Una campaña inteligente es dirigida por un ejecutivo dinámico y eficiente, hábil para la negociación, la interlocución y la toma de decisiones, un ejecutivo que tiene visión de conjunto, que conoce las bondades y fortalezas de los demás miembros del equipo, que comulga con los principios, objetivos y formas de hacer política del candidato y el partido, un ejecutivo que aporta ideas, trabajo, soluciones y propuestas para alcanzar los objetivos buscados.

Una campaña inteligente permite la integración y sintonía de los liderazgos formales e informales que se presentan en toda organización, que sabe trabajar en equipo y que es capaz de superar los retos y los momentos difíciles por lo que pasa todo esfuerzo proselitista.

r. Sustentada en un equipo de trabajo altamente motivado

Una campaña inteligente se sustenta en un equipo de trabajo altamente motivado, que trabaja con entusiasmo, entrega y pasión, que vive no necesariamente de la política, pero si para la política. Un equipo que renueva su motivación constantemente, que encuentra razón de su existencia social en la vida partidista y el servicio a la comunidad.

Una campaña inteligente no sólo se automotiva, sino que también desmotiva a sus adversarios, asentándole golpes y derrotas psicológicas constantemente. Una campaña que sabe superar la adversidad, sacar fortalezas de las debilidades y seguir siempre adelante.

s. Que tiene mentalidad triunfadora

Una campaña inteligente tiene siempre una mentalidad de éxito, nunca se siente derrotada, ni ante los peores reveces, ya que su misma existencia y participación se constituye ya, en si, como un triunfo. La mentalidad triunfadora de su candidato, implica que píense como ganador, actúe como ganador y sea un ganador, nunca un derrotado.

Una campaña inteligente genera sinergias positivas, contagia a los militantes y simpatizantes con vibras que mejoran su desempeño y el trabajo proselitista.

t. Una campaña emotiva

Una campaña inteligente se sustenta en la mercadotecnia de las emociones, aquella que sabe movilizar los sentimientos y emociones de la gente para ganar el voto a su favor. Una campaña que sabe que los electores no votan, necesariamente, con la mente (la razón), sino con el hígado y/o el corazón (emoción).

Una campaña que conoce la psicología del elector, su conducta, cultura política y hábitos de votación, que sabe como construir lealtades electorales, como convencer a los electores y generar emociones contrarias de los ciudadanos hacia sus adversarios.

A manera de conclusión

Hoy día estamos viviendo una *guerra*: una verdadera confrontación de grupos, proyectos políticos, ideologías y partidos, que se disputan la voluntad del elector como medio para alcanzar o mantener el poder. Estas confrontaciones son propias de sistemas democráticos, en la que los mejor armados, preparados y equipados tienen ventajas competitivas para derrotar a sus adversarios.

En estas sociedades democráticas, solo hay dos tipos de campañas: las exitosas y las fracasadas. Las exitosas son campañas inteligentes que cubren la mayor parte de las características señaladas con anterioridad. Las campañas fracasadas, por su parte, son aquellas que no han incorporado el talento y el conocimiento, aquellas que rechazan la innovación y la creatividad, aquellas que pierden las *guerras*.

Las campañas inteligentes son ejercicios proselitistas sofisticados que se sustentan en la información y el conocimiento, capaces de adoptarse con rapidez a los cambios coyunturales y que utilizan las nuevas tecnologías para la comunicación y persuasión del electorado.

Las campañas poco inteligentes son reactivas, caóticas, desinformadas y tradicionales. Por su parte, las campañas inteligentes son ejercicios proselitistas prepositivos, diseñados y dirigidos por profesionales, hombres y mujeres que han estudiado el proceso de intercambio político y que conocen a la perfección las nuevas estrategias de comunicación y persuasión electoral.

Las campañas inteligentes permiten alcanzar una mayor competitividad política, ayudan a racionalizar el uso de los recursos, generan una sinergia positiva, se hacen notar y, lo más importante, ayudan a avanzar los objetivos políticos, permiten ganar las confrontaciones.

Finalmente, las campañas inteligentes no sólo logran llevar a las posiciones de poder a los candidatos y partidos, sino incluso ayudan a mejorar la política y desarrollar a las instituciones partidistas. Toda campaña inteligente para serlo, debe ser dirigida e impulsada por hombres inteligentes.

CAMPAÑAS EXITOSAS Y CAMPAÑAS FRACASADAS

Introducción

Una forma simple, pero práctica, de clasificar las campañas político-electorales, que no se abordaron en el apartado denominado "las campañas en México, tiene que ver con el resultado obtenido. De esta forma, encontramos campañas exitosas que lograron alcanzar los objetivos organizacionales propuestos y campañas que no lo hicieron, las cuales se denominan campañas fracasadas. Cada uno de este tipo de campañas, presentan una serie de características, que analizaremos más en detalle, y que hacen la diferencia entre este tipo de ejercicios políticos.

De antemano, sabemos que los términos éxito y fracaso son muy relativos, además de que admiten diferentes interpretaciones. Por eso, procederemos a hacer una aclaración inicial. Sabemos que las campañas exitosas, como su nombre lo indica, no sólo lo son aquellas que logran obtener el espacio de la representación pública que se desea (obtener el puesto), sino que lo son, básicamente, porque lograron alcanzar los objetivos trazados. Es decir, un partido pudo haber proyectado alcanzar un 20 por ciento de los votos en una determinada elección y aunque ese porcentaje no fuera suficiente para lograr el triunfo electoral, se puede clasificar como campaña exitosa, siempre y cuando obtuviera dicho porcentaje o la rebasara. Pasar de un 10 a un 20 por ciento de una elección a otra, también puede interpretarse como un éxito en materia de campañas político-electorales.

Por su parte, las campañas fracasadas no son sólo aquellas perdedoras, sino también aquellas que lograron llevar al candidato y al partido al puesto de representación, pero cuyo margen de victoria fue mucho muy bajo. Es decir, si un candidato se fijó la meta de ganar la elección con un 52 por ciento, pero obtuvo tan sólo un 41 por ciento de los sufragios, a pesar de que pueda ganar la elección, sin duda este tipo de campaña no puede ser clasificada como exitosa si se compara con los objetivos trazados con anterioridad.

Para fines del presente capítulo, cuando hablemos de campañas exitosas vamos a referirnos a aquellas que lograron alcanzar el triunfo electoral no importando el margen de diferencias respecto de los otros partidos o candidatos participantes. En el mismo sentido, cuando hablamos de campañas fracasadas nos referiremos a aquellas que no lograron obtener el triunfo electoral. Una vez hecha esta precisión, pasaremos a explicar las características distintivas de estos dos tipos de campañas.

1.- Campañas exitosas

Son trece las características distintivas de este tipo de campañas: La selección de un buen candidato, la conformación de un buen equipo de trabajo, la postulación por un partido con un alto nivel de posicionamiento y con presencia en toda la circunscripción electoral de que se trate, una estrategia política adecuada, un partido unificado y disciplinado, una experiencia de gobierno exitosa o plagada de errores (para partidos gobernantes o para partidos de oposición), recursos económicos suficientes, el diseño de una campaña creativa e innovadora, participación dentro de una contienda polarizada, una coyuntura favorable, una plataforma electoral sensitiva, una competencia desorganizada y una campaña bien cuidada hasta en los más pequeños detalles. A continuación se enlista una forma más amplia de estos conceptos:

Un Candidato Carismático

Una campaña exitosa generalmente se asocia con un candidato que reúne las cualidades emocionales, de experiencia, capacidad, liderazgo y reconocimiento social. Es decir, ante la creciente competitividad de los procesos electorales el partido se tiene que preocupar por postular candidatos carismáticos, que tengan experiencia no sólo política sino también en el ejercicio de gobierno, que sean ampliamente reconocidos por la sociedad y que estén capacitados para poder ejercer con eficiencia y eficacia el puesto para el cual fueron nominados.

Un buen candidato, además, es aquel que tiene sensibilidad para entender y atender los problemas de sus electores, que está capacitado en materia de retórica, que conoce los problemas, necesidades y aspiraciones de los pobladores de la circunscripción electoral de que se trate y, sobre todo, que tiene arraigo y presencia social.

Un buen candidato no debe tener antecedentes delictivos o de acciones relacionadas con la deshonestidad o la pedantería. En pocas, palabras debe ser un candidato con buena imagen, que inspire confianza y seguridad en el electorado. Las encuestas de opinión sobre las preferencias electorales y sondeos sobre imagen, realizadas bajo una metodología científica, son instrumentos muy útiles para conocer con mayor objetividad el grado de aceptación de los candidatos por parte de los electores.

Un Buen Equipo de Trabajo

Una campaña exitosa no sólo demanda candidatos carismáticos, sino también un equipo de trabajo amplio, eficiente y de buena reputación, ya que de nada sirve el postular un buen candidato si sobre toda una amplia parte de la planilla, o de su equipo de trabajo y de su futuro gabinete pesa una sospecha social de carácter negativo. Es decir, se necesita que exista consonancia entre las cualidades, habilidades y destrezas del candidato principal y el futuro equipo de trabajo, que lo acompañará en los trabajos cotidianos propios de su responsabilidad pública.

Una buena fórmula electoral no sólo se distingue por sus capacidades técnicas y su reputación pública, sino también por la capacidad de trabajar en equipo, sujeto a altos niveles de estrés y de alta demanda de su tiempo, ya que no sólo durante la campaña se demandará jornadas agotadoras de trabajo, sino también, muy seguramente, a lo largo del período de su ejercicio de gobierno.

La percepción que tiene la sociedad de un candidato y su equipo de colaboradores en conceptos como prestigio, fama, mitos, anécdotas y rumores, así como, la apariencia física, el perfil psicológico, las cualidades y características de todos y cada uno de estos personajes son cuestiones muy importantes en la aceptación del elector y, en última instancia, para determinar la orientación de su voto.

Un Partido con Alto Posicionamiento y Estructurado Regionalmente

Una buena campaña también se asocia, aunque no necesariamente, a un partido político que goza de una gran aceptación social y que el elector identifica como una alternativa benéfica para la integración del gobierno. Muchas veces, las fórmulas electorales reúnen las condiciones ideales para pronosticar un triunfo electoral. Sin embargo, debido a la reputación del partido que los postula, estas campañas no logran obtener la victoria ante la desconfianza social sobre estos partidos políticos.

Algunas veces, las campañas no son exitosas porque los partidos sólo se han preocupado por tener presencia y realizar trabajo político en los núcleos centrales de la circunscripción electoral, pero han descuidado la periferia y las áreas del interior. Sin embargo, muchas veces, los votos que proporcionan las zonas urbanizadas no son suficientes para alcanzar el triunfo electoral. De ahí, la necesidad de construir una estructura partidista en todos los núcleos de la población que se encarguen de realizar trabajo proselitista y de propaganda no sólo en tiempos electorales sino en forma permanente. Es decir, se requiere rebasar el modelo del "partido oso" en el que los institutos sólo trabajaban en los periodos electorales, que son muy cortos, pasando invernando o en letargo una mayor parte del tiempo, para construir un modelo de partido activo que realice trabajo permanente.

Una Estrategia Política Adecuada (alianzas y coaliciones)

Una campaña exitosa, generalmente, está asociada a una estrategia política adecuada, la cual puede incluir el considerar las necesidades de coaligarse o hacer alianzas políticas con otras fuerzas partidistas, o deslindarse de ciertas posturas y actitudes electoralmente no son benéficas. Por ejemplo, Al Gore, en los Estados Unidos de Norteamérica, trató de distanciarse de la tutela y cercanía con el presidente Bill Clinton, para formarse una imagen como candidato que piensa y actúa por sí mismo.

La estrategia comprende toda una serie de acciones proselitistas para lograr un mayor número de votos y acercar la posibilidad del triunfo electoral.

Un Partido Unificado y Disciplinado

Una campaña exitosa reclama un partido unificado y, sobre todo, disciplinado. Muchas de las derrotas políticas, se deben a los conflictos que se dan al seno de los partidos en la disputa por los espacios de poder al interior de la organización o por la candidatura a los puestos de elección popular, ya que estos conflictos desdibujan la credibilidad social del instituto político y afectan la imagen partidista. De hecho, el conflicto al seno de las formaciones políticas es inevitable, sin embargo, lo que se debe buscar es incrementar la capacidad para procesar la serie de conflictos que se presentan al interior de la organización. Aquellos partidos que han tenido la capacidad interna de procesamiento de dichos conflictos, son aquellos que más usualmente logran la victoria.

Uno de los errores más comunes, en materia de conflictos es que éstos tratan de dirimirse en la prensa o a través de acciones de protestas callejeras o públicas, lo cual genera que se trasciendan los marcos institucionales propios del partido y pasen a ser activos de la competencia.

Una Experiencia de Gobierno Exitosa

La campaña exitosa de un partido en el poder, está ligada a una buena experiencia de gobierno, ya que, de cierta manera, los procesos electorales representan una especie de plebiscito sobre las acciones de gobierno. Es decir, los electores tienden a aprobar o desaprobar con su voto las acciones de los gobernantes en turno. Por ello, existe una especie de relación positiva entre calidad y eficiencia gubernamental y posibilidad de continuar en los espacios de representación pública.

Por otro lado, si el partido o candidato que participa en las contiendas electorales no se encuentra en el poder, una mala experiencia de gobierno se constituye en una gran oportunidad para alcanzar los objetivos buscados, siempre y cuando se sea lo suficientemente hábil para transmitir al elector la sensación de un gobierno mediocre o abusivo. Las experiencias malas de gobierno tienen que ver con actos de deshonestidad en el manejo de los recursos y asuntos públicos por parte de los gobernantes, con actos de prepotencia y abuso de autoridad, con crisis económicas y políticas y con toda una serie de acciones y errores gubernamentales que generan molestia en la ciudadanía. De hecho, casi siempre la alternancia en el poder está asociado a crisis políticas o económicas y escándalos donde están involucrados los gobernantes o sus allegados.

Recursos Económicos Suficientes

Para que una campaña sea exitosa, también, se requiere contar con una serie de recursos económicos que estén destinados al pago de propaganda, para la organización de eventos masivos, la contratación de servicios especializados y, sobre todo, para asegurar el traslado del candidato y su equipo de colaboradores. Al respecto, una máxima de la política mexicana señala que "un político pobre es un pobre político", lo cual significa que sin recursos económicos es muy probable que una campaña electoral no sea exitosa.

Para la obtención de recursos económicos, que complementen los recursos recibidos como parte de las prerrogativas de los partidos, se pueden realizar una serie de actividades de recolección de fondos que van desde rifas, comidas, tardeadas, festivales, visita a empresarios y hombres prominentes de los negocios, así como colectas entre amigos y simpatizantes. Sin embargo, se tiene que ser muy cuidadoso con respeto a lo señalado por la normatividad electoral, en cuanto al origen y monto de los recursos recibidos.

Innovación y Creatividad Mercadológica

Una campaña exitosa es aquella que logra incorporar la innovación y la creatividad en los esfuerzos proselitistas en la búsqueda del éxito electoral. Es, en cierto sentido, una campaña moderna y atractiva para el elector, que logra movilizar los sentimientos benévolos y sabe apelar a la sensibilidad estética y emocional del ser humano.

Las campañas modernas privilegian los medios más populares y comunes con los que el elector está en contacto de manera cotidiana como la televisión, la radio y la prensa. Sin embargo, ante una sociedad tan heterogénea y con costumbres tan distintas, una campaña que aleja físicamente al candidato de la gente no puede ser exitosa. Por ello, toda campaña exitosa realiza trabajos complementarios que acercan al candidato y al partido con el elector, como lo pueden ser las visitas domiciliarias, los mítines y concentraciones públicas, las asambleas comunitarias y las redes de amigos en apoyo de la causa partidista.

Este tipo de campañas se caracterizan por la incorporación de las nuevas y modernas técnicas y estrategias que el marketing político proporciona, así como de profesionales expertos en persuasión, imagen y proselitismo político.

Una Polarización Electoral

Se dice, que las mejores campañas son aquellas que logran polarizar el voto y son capaces de motivar el interés de los electores. Toda estrategia de mercadotecnia comprende las cuatro etapas de la técnica AIDA, (la Atención, el Interés, el Deseo y la Acción). Esto implica en el ámbito político-electoral, que las campañas exitosas parten de motivar la atención del elector para concluir en la captación de un gran caudal de votos y hacer posible el triunfo electoral.

Una campaña polarizada es aquella que impone un dilema en la mente del elector. Por ejemplo, el cambio o la continuidad, la honestidad o la deshonestidad, la capacidad o la improvisación, lo cual se logra transmitir con creatividad y atino, al mercado electoral.

Una campaña polarizada es aquella que sabe aglutinar y articular, en base a referentes positivos, a un electorado heterogéneo y disperso en torno de una idea, un candidato o un partido. Este tipo de campañas favorecen, generalmente, al partido retador y desfavorecen a los partidos gobernantes.

Una Coyuntura Favorable

El contexto favorable para una campaña exitosa se caracteriza por una percepción social de identidad y respaldo ciudadano. Una coyuntura favorable, para un partido gobernante, puede ser una bonanza económica, un jubilo ciudadano por logros específicos de la administración, de celebridades o equipos deportivos, por la recepción de una distinción especial o, incluso, por un momento deseado de tranquilidad y paz social.

Si se es un partido de oposición, una coyuntura favorable implica errores y desprestigios del gobierno en turno, un desgaste prematuro en su acción de gobernar, una crisis económica, un escándalo público o una fractura partidista de la competencia.

Una Plataforma Electoral Sensitiva

Una campaña exitosa es sabia para diagnosticar los problemas, necesidades y aspiraciones de los electores y luego transformarlas en plataformas programáticas, en propuestas y agendas del candidato o partido. Es decir, una campaña exitosa es una campaña sensitiva de las aspiraciones del elector, que conoce su idiosincrasia, sus formas de pensar, sus problemas y necesidades.

Una plataforma electoral sensitiva implica, también, la capacidad para poder convertir en propuestas de gobiernos las manifestaciones sociales de descontento e inconformidad, traduciéndolas en lenguaje sencillo y entendible, apegadas a las filosofías, principios y valores de los mismos partidos.

Una Oposición Desorganizada

Una campaña exitosa no sólo se construye sobre las fortalezas propias, sino también sobre las debilidades de la competencia. Es decir, ante un escenario de desorganización, conflicto y desprestigio social de los adversarios, las posibilidades de éxito se incrementan. Esto implica, capacidad para diagnosticar situaciones de disfuncionalidad organizativa y caos en la competencia, para poderlos capitalizar a favor de la causa política que se busca.

La desorganización implica, también, la incapacidad de la competencia para hacer llegar el mensaje adecuado al elector y motivar el voto a su favor.

Una Campaña Bien Cuidada

Una campaña exitosa, es, sobre todo, una campaña muy bien cuidada hasta en los más mínimos detalles, que utiliza la mercadotecnia como referente permanente en la acción del partido y sus dirigentes en toda la etapa del proceso político. Es una campaña con el mínimo de errores y escándalos políticos, un ejercicio proselitista profesional, impulsado por hombres y mujeres con experiencia, sensibilidad y espíritu de servicio.

2.- Campañas fracasadas

Contrariamente a las campañas exitosas, las campañas fracasadas son todas aquellas que no concluyen en el triunfo electoral. Las características de este tipo de campañas son, principalmente, trece y están, un tanto, relacionadas, aunque a la inversa, con las propiedades de las campañas exitosas. A continuación se señalan las características de este tipo de campañas:

Un Mal Candidato

Una campaña que fracasa está asociada con un mal candidato, pobre en cualidades discursivas y que goza de mala reputación e imagen pública. De hecho, muchas de las campañas que se realizan, a pesar del monto de los recursos económicos que se inviertan en los esfuerzos proselitistas, fracasan por dos tipos de cuestiones asociados al proceso de selección de candidatos. Por un lado, una selección equivocada o poco afortunada del candidato, quien no goza de arraigo y de reconocimiento social o, por otro lado, por que fue producto de un proceso viciado, que generó resentimiento en la mayoría de la membresía partidista.

Un mal candidato es todo aquel individuo que tiene antecedentes de deshonestidad y señalamientos públicos de abuso de autoridad, prepotencia e insensibilidad política. Es todo aquel que comete errores de todo tipo en el proceso de proselitismo político y no cuida las formas y métodos más elementales que recomiendan los cánones de la política. Se debe recordar que el candidato es el centro articulador de los esfuerzos partidistas en la búsqueda del triunfo electoral, de ahí que una de las preocupaciones centrales debe ser el seleccionar un candidato que asegure el éxito.

Una Pobre Fórmula Electoral

Si ante la selección de un mal candidato, se acumula además la selección de un mal equipo de trabajo o fórmula electoral, las cosas pasan a empeorarse, ya que los electores no sólo están atentos sobre las cualidades de quienes encabezan las formulas electorales, sino también sobre los personajes más cercanos y allegados de estos candidatos. Por ello, se debe ser siempre muy cuidadoso en la integración de los equipos de trabajo. Muchas veces los "amigos" en la política ayudan más estando alejados que cerca del proceso político, por lo que el partido debe ser sensitivo a este tipo de cuestiones, para evitar un fracaso electoral.

Un Partido Desgastado y sin Presencia

A veces el candidato postulado goza de muy buena reputación, pero el electorado desconfía del partido que lo postula, por sus antecedentes en otras experiencias de Gobierno. Ante este escenario, muchos de los candidatos tratan de omitir el nombre y logotipo de la formación política que los postula. No obstante, esta disociación no logra cuajar, ya que en las boletas electorales, el día de los comicios, es inevitable el poder suprimir el nombre del partido postulante.

En otras ocasiones, una campaña fracasa porque el partido no tiene presencia real ni estructura política que le permita estar en contacto con las bases electorales. Es decir, las campañas que fracasan, generalmente están asociadas a partidos "electoreros" que sólo realizan trabajo proselitista en tiempos electorales, pero se alejan de la comunidad una vez que pasan los comicios.

Una campaña fracasada también se asocia a un partido muy desgastado, que ha pasado de escándalo en escándalo y no logra cuajar una identidad propia y positiva de acuerdo a la percepción de los votantes.

Un Partido Dividido e Indisciplinado

Una campaña fracasada se asocia también a un partido con serios problemas internos y de disciplina, que no sólo afectan la imagen, sino también, la capacidad operativa de la organización. Es decir, ante las fracturas internas y las luchas intestinas, una gran parte de la energía partidista se canaliza hacia la búsqueda de soluciones de los conflictos internos, descuidando las acciones proselitistas en la búsqueda del éxito electoral.

De igual forma, un partido indisciplinado origina dinámicas destructivas al seno de su organización, ya que al interior se desarrollan sentimientos y actitudes que tienden a favorecer más a la competencia que a alcanzar los objetivos electorales propuestos.

Una Errónea Estrategia Política

 Campaña fracasada es también aquella que se respalda en estrategias políticas equivocadas o desfasadas, que bien pudieron ser útiles en el pasado, pero que no son las más adecuadas para la coyuntura específica que se está viviendo. Una estrategia equivocada puede ser una política de enfrentamiento y crítica con los medios de comunicación con los grupos de poder (iglesia, ejército, grupos empresariales o sindicatos) o con líderes y personalidades que gozan de la simpatía de los electores.

Una Experiencia de Gobierno Altamente Cuestionada

Una campaña fracasada de un partido gobernante, la mayoría de las veces, está asociada con un ejercicio mediocre y deshonesto de la función pública. Esto sucede, por que el partido descuida a los individuos que lo llevó al poder y no existe una especie de compromiso para gobernar en base a los principios éticos y normativos que profesa la organización.

Ante el afán de conquistar el poder, muchos partidos ofertan las candidaturas a individuos ambiciosos y desleales, que una vez en el poder se alejan de los más mínimos criterios de decencia y civilidad política, buscando satisfacer sus intereses particulares por encima de los intereses de los demás.

Escasez de Recursos Humanos, Económicos y Materiales

Una campaña fracasada carece de lo más elemental y, a su vez, de lo más importante en un esfuerzo de esta naturaleza: un capital humano altamente calificado, recursos económicos para promover al candidato y recursos materiales para realizar los trabajos de proselitismo electoral.

Como se comentó anteriormente, una campaña exitosa demanda dinero. Sin embargo, el dinero no lo es todo, sino está acompañado de un capital humano que le de calidad y profesionalismo a la campaña y genere nuevas dinámicas que motiven el apoyo del electorado.

Una Campaña Tradicional

Una campaña fracasada se apega a las fórmulas y métodos tradicionales de hacer política y desdeña los avances tecnológicos y nuevas herramientas y técnicas para la persuasión de los votantes. Son campañas sustentadas en el empirismo y la falta de innovación, que rechazan a los consultores especializados en mercadotecnia política y a todo aquello que implique una forma diferente de conseguir los votos de los ciudadanos. Son campañas que viven en el pasado y que no logran trascender hacia nuevos esquemas en el ejercicio político.

Sólo se interesa en las élites, desdeñando a las masas electorales, que en última instancia serán quienes determinen el carácter y tipo de representante público que acceda a las posiciones de gobierno.

Una campaña Insípida

Una campaña fracasada es una campaña insensible e insípida para el elector, carente de propuestas para la solución de los problemas, necesidades y aspiraciones de la mayoría de los electores. Es un tipo de campaña que se articula en base a la difamación y calumnia de los adversarios, que destruye no construye, que está cargada de un profundo sentido de negatividad y agresividad.

Una Coyuntura y Contexto Electoral Desfavorable

Una campaña fracasada se asocia a un contexto desfavorable que motiva a que el elector vote por todas menos por la opción que representa su candidato. Generando una coyuntura asociada con el desprestigio del partido o candidato, así como, con la deshonestidad y el abuso de autoridad. Una coyuntura desfavorable puede ser creada por una crisis económica, un desastre natural, una epidemia, o un escándalo en el que se vean envueltos los gobernantes o candidatos en turno.

Una Plataforma Electoral Desfasada

Muchas veces, los candidatos postulados desconocen la problemática y características distintivas de las circunscripciones electorales en la que están compitiendo. Hablan del ejido, cuando están en localidades donde predomina la pequeña propiedad, hablan de campesinos ante comunidades urbanas, hablan de la construcción de una sociedad socialista ante una organización empresarial. En fin, son campañas con plataformas electorales desfasadas que no representan un discurso atractivo y sensible para el elector.

Una Oposición Organizada

Una campaña fracasada no necesariamente es aquella sumergida en el caos y la improvisación, sino que, no logró el triunfo electoral porque la competencia fue más hábil y tuvo los recursos, la creatividad y capacidad para atraer un mayor número de votos. Es decir, una campaña fracasada puede ser una que se encuentra organizada profesionalmente, pero superada por otro ejercicio político, mucho mejor y más agresivo.

Una campaña Plagada de Errores

Muchas veces, una campaña fracasa por el cúmulo de errores que se comenten a lo largo del proceso electoral. Este tipo de errores van desde escándalos en los que participan o se ven involucrados los candidatos o equipos de campaña, omisiones o declaraciones desafortunadas que perjudican la causa buscada. Un desempeño mediocre en un debate público con otros candidatos, una decisión equivocada o una campaña insípida en medios, puede constituirse en errores que restan votos y pesan en el resultado final de una elección.

Consideraciones Finales

Las características antes señaladas, tanto de una campaña exitosa como de una fracasada, son parte de un modelo ideal, que no necesariamente están presentes en forma agregada en un sólo tipo de campaña, sino que, incluso, la presencia de una sola característica de los modelos antes descritos puede ser determinante para asegurar el triunfo o la derrota en las elecciones. Es decir, la selección de un mal candidato puede ser suficiente para perder los comicios, a pesar de que se cuente con toda la serie de otras características distintivas de las campañas exitosas.

Las campañas fracasadas, además, traen consigo una serie de experiencias y aprendizajes para candidatos, partidos y equipos de campaña que permiten en el futuro retroalimentar la práctica política y convertirse, en su momento, en éxitos electorales. Este proceso de aprendizaje de experiencias exitosas se denomina benchmarking, el cual será abordado, de manera más amplia, en el próximo capítulo.

LOS ERRORES EN LAS CAMPAÑAS ELECTORALES... Y COMO EVITARLOS

Introducción

En las campañas electorales, los errores son fenómenos recurrentes, que se presentan constantemente en toda elección, que se cometen tanto por candidatos y partidos, como por miembros de los equipos de campaña. Los errores pueden ser aislados o pequeños, los cuales no tienen un efecto importante en el resultado de una elección. Sin embargo, hay otro tipo de errores, de los cuales hay que tomar las precauciones necesarias, debido al efecto que estos pueden tener en el resultado final de una elección. De hecho, sin temor a equívocos se puede afirmar que "las campañas electorales no se ganan por los aciertos, sino que se pierden por los errores."

De ahí, la imperiosa necesidad de conocer cuales son los errores más frecuentes y más peligrosos que se presentan en una campaña electoral, para tratar de evitarlos o procesarlos adecuadamente, de tal forma que se evite infringir un daño grave que lleve a la perdida de la elección.

Un error es conceptualizado como una decisión o acción equivocada que comete un individuo u organización, mismo que genera efectos contraproducentes. En una campaña los errores son aquellos actos, decisiones y actitudes que cometen candidatos, partidos o miembros de un equipo de campaña que reducen el nivel de aceptación de los ciudadanos o generan rechazo de los electores. Los errores en una campaña, generalmente, benefician a los adversarios y perjudican a quien los comete.

Las campañas no pueden dirigirse bajo la premisa del ensayo y el error. En política, los errores se pagan y pueden ser contraproducentes, generando secuelas y efectos de largo plazo. Las consecuencias de los errores, no sólo pueden ser la pérdida de las elecciones, sino incluso el fin de una carrera política.

En toda campaña electoral se presentan tres tipos de errores: los errores estratégicos, los errores coyunturales y los errores periféricos. Los errores estratégicos comprenden todos aquellos ligados al tipo de estrategia proselitista y de comunicación que se impulsa por candidatos y partidos, el tipo de candidato postulado y los errores de cálculo en la planeación y desarrollo de una campaña. Este tipo de errores son los más graves, políticamente hablando, ya que pueden generar la perdida de la elección.

Los errores coyunturales son aquellos que se presentan al calor de la contienda electoral y comprenden todo tipo de incidentes menores negativos que se cometen por candidatos, partidos y equipos de campaña. Este tipo de errores por separado no son muy graves, pero acumulados pueden llevar a la perdida de la elección. Finalmente, los errores periféricos son aquellos incidentes que se cometen por simpatizantes de partidos o candidatos debido al encuentro de pasiones que genera todo proceso electoral de esta naturaleza.

Los errores tienen que ver con actos, decisiones, declaraciones u omisiones por parte de los partidos, candidatos y sus equipos de trabajo. La gran mayoría de los errores son involuntarios, pero una vez realizados generan una serie de daños y retrocesos a los esfuerzos proselitistas de candidatos y partidos. Sin embargo, los errores también pueden ser revertidos, dependiendo de la habilidad, pericia y capacidad que se tenga para darle la vuelta, de tal forma que un error de campaña puede convertirse en fortaleza.

Tal fue el caso del llamado "error de la terquedad" de Vicente Fox Quesada, candidato en aquel entonces a la presidencia de la república mexicana, quien en una discusión con los otros dos candidatos (Francisco Labastida y Cuauhtémoc Cárdenas) se empeñaba en que el debate público que sostendrían se realizara ese mismo día, pronunciando insistentemente la frase: hoy, hoy, hoy... A la luz de los acontecimientos, Vicente Fox apareció como el candidato testarudo, terco y empecinado, incapaz de llegar a acuerdos con los demás, lo que era impropio de un buen candidato presidencial. Este error le significó una reducción de las preferencias electorales de cerca de 6 por ciento en tan sólo cuatro días.

Ante este nuevo escenario, los estrategas de la campaña presidencial de la Alianza por el Cambio, transformaron el "hoy de la terquedad" en el "hoy de la oportunidad," al señalar que se requerían soluciones inmediatas a los grandes problemas nacionales y no la tradicional posposición de las soluciones que por años habían caracterizado al añejo sistema político mexicano. De esta forma, el ¡hoy! se transformó en el lema central de la última parte de la campaña de Vicente Fox, quién, a la postre, logró derrotar al otrora poderoso PRI.

En el presente capitulo se enlistan y describen los principales errores que se cometen en una campaña electoral que pueden conllevar a la perdida de la elección. Se parte del principio de que todo error se puede evitar, siempre y cuando se analicen anticipadamente las decisiones que habrán de tomarse, se incorporen personas con talento y experiencia en la dirección de la campaña y se actué con sentido común.

Los errores más comunes

Son 20 los errores más frecuentes que se cometen en las campañas. Estos van desde errores de cálculo y estimación del candidato o partido sobre los momentos políticos que se están viviendo, hasta aquellos errores que tienen que ver con la forma como se dirige y administra la campaña. A continuación, se enlistan estos errores y se explica brevemente el impacto negativo que generan en las campañas.

1. Anarquía

El primer error tiene que ver con la falta de planeación y administración de la campaña. No hay etapas de la campaña, ni cronograma de actividades. Se impone el caos, la improvisación, el amiguismo y la de des administración. Este es uno de los errores más frecuentes que se cometen en las campañas, despreciando la profesionalización, e imponiéndose el empirismo en la conducción de la campaña.

La falta de planeación y control genera caos, no hay un rumbo claro de las acciones proselitistas, las actividades se realizan des coordinadamente, hay duplicidad de mandos y funciones. Se carece, por lo tanto, de un plan de campaña, muchos militantes y simpatizantes se decepcionan ante la falta de orden, coordinación y responsabilidad tanto del candidato como de los responsables de la campaña. En pocas palabras, impera la anarquía, la desorganización y el descontrol en la campaña, lo que desmotiva al equipo, genera una mala imagen y, sobre todo, refleja poca capacidad de gobierno.

Para evitar este tipo de error se recomienda que toda campaña cuente con un plan, se integre un organigrama funcional de la misma con tareas y responsabilidades concretas y existan los controles necesarios para evitar escándalos, excesos y, sobre todo, la desorganización propia de un ejercicio político de la magnitud de una gran campaña electoral. Es decir, al caos hay que relevarlo por el orden, a la des administración por la alta gerencia, a la improvisación con la planeación, al amiguismo con la profesionalización y a la anarquía con el control.

2. Desatención del calendario y legislación electoral

Un segundo error, que comúnmente se comete en las campañas, tiene que ver con el incumplimiento de la agenda electoral, es decir, de los tiempos y formas que determinan las leyes y órganos electorales. Esto es, muchas fechas señaladas por el calendario electoral para realizar acciones precisas que contempla la ley se dejan pasar, lo que a la postre resultan contraproducentes.

De hecho, muchas de las impugnaciones que se rechazan por los tribunales electorales tiene que ver con la falta de cumplimento de los tiempos y las formas para hacerse, debido a que en su momento el partido o los candidatos no observaron lo estipulado por la legislación electoral. Este tipo de errores ha llegado a tal nivel, que por ejemplo, algunos partidos no han podido registrar a sus candidatos porque les faltaba algún documento solicitado por la legislación o porque desconocían los calendarios estipulados para el registro de los mismos.

Este error puede superarse con una correcta y oportuna coordinación entre el representante del partido en los órganos electorales, el candidato y/o el equipo de campaña y, sobre todo, con el conocimiento preciso de la normatividad electoral, de tal forma que se cumpla cabalmente con los calendarios que se establecen para toda elección.

3. Un mal candidato

Un tercer error que se comete en las campañas tiene que ver con la forma en la que se nomina a un candidato, así como con sus capacidades o debilidades como político. Es decir, este tipo de errores incluye desde la imposición por parte de la burocracia partidista que muchas veces se presenta de un candidato, pasando por encima de la normatividad interna del partido y de los consensos de los militantes, hasta la postulación de un candidato con fama pública cuestionable.

Como parte de este tipo de errores se encuentran, además, la postulación de un candidato con poca preparación política, sensibilidad, carácter y talento; un candidato con falta de tiempo para el proselitismo y las actividades de campaña; un candidato con problemas familiares que derivan en escándalo público o la nominación de un candidato impuntual e irresponsable. Todo este tipo de errores genera muchos problemas a la campaña, llevándola, muchas de las veces, por el acantilado de la desgracia.

De ahí, la imperiosa necesidad de los partidos de cuidar escrupulosamente la postulación de sus candidatos, ya que ellos son la cara más visible del esfuerzo proselitista y representan el punto de referencia más observado por parte de la ciudadanía. Recuérdese que el tipo de candidato postulado puede ser crucial para determinar el éxito o fracaso de una campaña, por lo que no se pueden permitir errores. Lo recomendable es postular candidatos que aseguren una alta rentabilidad electoral, un adecuado y responsable ejercicio de gobierno en caso de ganar la elección, así como un candidato que garantice la unidad del partido y el desarrollo de una buena campaña.

4. Una campaña reactiva

El cuarto error cometido en una campaña tiene que ver con la capacidad de iniciativa que muestre, la forma en que es conducida y la manera que responde a los nuevos escenarios electorales. Esto es, tiene que ver con la forma en la que se actúa, ya sea con base a lo que los adversarios hacen y proponen (reactiva) o con una actitud autogestiva.

Las campañas fracasadas son esfuerzos proselitistas reactivos, que hacen lo que los adversarios quieren que hagan y responden a las reglas del juego que fijan los otros contendientes, siendo incapaces de generar sus propias acciones, carecen de iniciativa y, lo más grave, se dejan llevar por las decisiones e intereses de los otros competidores. De esta forma, este tipo de campañas nunca llegan a ser líderes de la contienda, no son generadoras de nuevas ideas, estando siempre a expensas de lo que se establezca por fuera.

Es un grave error el no ser autogestivo, el no tener iniciativa propia, el participar en una campaña donde los temas del debate público y las acciones que se realizan han sido generados por otros, de acuerdo a sus tiempos, intereses y formatos. De ahí, la necesidad de evitar este tipo de errores diseñando y desarrollando campañas creativas, propositivas y, sobre todo, con iniciativa propia, adecuadas a las circunstancias y momentos que se estén viviendo.

5. Una campaña dividida

Un error muy frecuente que se genera en las campañas tiene que ver con la división y el canibalismo político que se presenta al seno del equipo de campaña o del partido mismo, dejando que se anteponga el interés particular por encima del interés general. Este tipo de errores resulta fulminante para los objetivos políticos que se buscan, ya que todo partido dividido y altamente confrontado internamente genera desconfianza social, se aleja de las posibilidades de éxito y, lo más grave, genera un fuerte resentimiento al interior de la organización, lo que trasciende más allá de los tiempos electorales.

Una campaña fracasada es una campaña dividida, que aparece ante los ojos de los ciudadanos como una confrontación entre caníbales, que sólo buscan el beneficio y supervivencia personal, olvidando los principios y postulados de su partido. Una campaña caracterizada por las luchas intestinas entre fracciones y grupos, que no pueden superar las inercias propias de los procesos de nominación de candidatos y que son incapaces de anteponer el interés general por encima del interés personal o de facción.

Es difícil el poder superar este tipo de errores, pero lo recomendable es que todo partido tenga la capacidad para poder procesar y superar sus diferencias el seno de la organización y no a través de los medios de comunicación. Por lo tanto, debe contemplar medidas disciplinares ejemplares para los disidentes sin caer en los extremos, así como diseñar mecanismos institucionales que permitan la integración de las minorías y fomenten la unidad partidista. La unidad a toda costa debe ser el objetivo estratégico que busque alcanzar toda formación política durante los procesos electorales. Antes y después de esto, es válido toda disidencia y confrontación, más no durante el tiempo de campaña. Recuérdese que los adversarios reales están fuera de casa, no dentro de la organización.

6. Burocratización partidista

Un sexto error comúnmente cometido durante las campañas tiene que ver con el alto burocratismo que prevalece en las estructuras de dirección del partido, de tal forma que perjudica los esfuerzos proselitistas de sus candidatos y genera ventajas para sus adversarios. De hecho, es muy frecuente que el partido retenga los recursos económicos y propagandísticos de la campaña, sin hacer entrega oportuna porque no se han cumplido con los formalismos que se requieren o simplemente no se han tomado las previsiones necesarias para elaborarlos. De esta forma, mientras que la campaña pierde las oportunidades para ocupar, por ejemplo, los mejores lugares para publicitarse, los adversarios logran avanzar debido a los atrasos generados por la burocracia del partido.

El alto burocratismo y la falta de una oportuna previsión genera una serie de problemas a la campaña, convirtiéndose en un error que puede evitarse si existe en la directiva la capacidad de planear y prever lo que será requerido en toda elección, de tal forma que los recursos materiales y económicos necesarios para la campaña lleguen oportunamente. La falta de planeación y el exceso de burocratismo pueden dar al traste con una campaña: el hubiera en política no existe, sólo los hechos del presente.

7. Escándalos

Otro error, también, muy frecuente en las campañas tiene que ver con los escándalos, litigios y problemas en los que se ven inmersos candidatos, el partido y/o sus dirigentes durante las campañas electorales, lo que genera desconfianza social, desprestigio y, consecuentemente, votos opositores.

Los escándalos van desde asuntos de índole meramente personal del candidato como puede ser una desavenencia conyugal, demandas legales entabladas por particulares en su contra, asuntos controvertidos del pasado, declaraciones controvertidas, así como conflictos legales de familiares o amigos cercanos. Los escándalos mal manejados no sólo desprestigian a quienes los protagonizan, sino también, a los institutos que los postulan, ya que la gente juzga con base a estereotipos ubicando a candidatos, por ejemplo, como revoltosos y proclives a la violencia para referirse a los del PRD, como corruptos y autoritarios a los del PRI o "mochos" o santurrones a los del PAN.

Muchos escándalos son generados por declaraciones desafortunadas, poco meditadas o excesivas, por lo que es recomendable la prudencia y la cordura en su lenguaje. Recuerde que el hombre es dueño de las palabras que calla, pero esclavo de las que pronuncia.

Por eso, es importante evitar, en lo posible, la presencia de escándalos durante la campaña, que generan incertidumbre y confusión en el electorado y que terminan por alejar las simpatías hacia su candidato y el partido que lo postula. Para evitar este tipo de incidentes, el partido debe conocer a profundidad los antecedentes de sus militantes y no postular a personas que tienen un pasado turbio o que son proclives a participar en escándalos, que al hacerse públicos, reducen las posibilidades de éxito de la campaña.

8. Falta de Estrategia

Un octavo error que también se presenta frecuentemente en las campañas es la carencia de estrategias, por lo que no hay un rumbo claro, ni un mensaje central que comunicar a los electores. Jaime Durán Barba señala que si usted no es capaz de poner por escrito la estrategia de su campaña es que simplemente no tiene estrategia. En el mismo sentido, este estratega ecuatoriano apunta, que cuando una campaña carece de estrategia, el despilfarro es la norma.

La falta de estrategia no sólo genera caos y desorden al interior de la campaña, sino incluso provoca la pérdida de la elección. Por ello, es indispensable tener bien definida la estrategia o las estrategias de campaña, no cambiar cada día de opinión y de estrategia y, lo más importante, evitar que los planes del candidato muten frecuentemente. La carencia de estrategia lo llevará por los senderos de la derrota, por lo que es muy importante, antes de que de inicio la campaña, determinar la estrategia que se utilizará y hacer adecuaciones, si es necesario, durante el transcurso de la misma.

9. Falta de información

Un noveno error que se comete en las campañas es el tomar decisiones importantes careciendo de información o siendo está de poca calidad. Esto implica desarrollar las campañas sin hacer ninguna tipo de investigación de mercados, diagnóstico de la problemática de la circunscripción electoral, del posicionamiento del partido y candidato, ni una revisión estadística de las tendencias electorales. Es decir, participar en una campaña a ciegas, estando desinformado sobre el terreno en el que se peleará.

La falta de información en una campaña genera el despilfarro de recursos, la definición de estrategias equivocadas, la perdida de tiempo y, lo más grave, la falta de comunicación con el electorado. Por su parte, una campaña sustentada en información oportuna y de calidad, genera las bases para poder conocer a profundidad a los ciudadanos e impulsar estrategias adecuadas para la conquista del mercado electoral.

Recuerde que la información es poder. Por ello, siempre debe dedicar recursos para tener información que le permita tomar decisiones más acertadas y saber, con cierta precisión, sobre las necesidades, carencias y expectativas de los electores, así como conocer las debilidades y fortalezas de sus adversarios.

10. Falta de seguimiento a promesas de campaña

Un error, también, común que se presenta en las campañas es prometer mucho y no dar seguimiento a la gestión de servicios y obras que se compromete el candidato. De hecho, es muy frecuente que cuando se visitan barrios, colonias y delegaciones durante la campaña, los ciudadanos se acerquen al candidato y le hagan peticiones verbales o por escrito sobre alguna problemática en concreto que estén viviendo, creyendo que el candidato les podrá resolver su asunto con oportunidad. Sin embargo, pasa el tiempo y el candidato no ha prestado la atención suficiente a lo demandado, lo que genera que otros candidatos, mucho más habilidosos, atiendan las peticiones de la gente y ganen su voto.

Por ello, es necesario que toda campaña tenga una estructura especial para dar seguimiento y respuesta oportuna a las peticiones que los electores hacen a los candidatos. Muchas veces, lo que la gente quiere no es necesariamente una solución inmediata a su problema, pero si la certeza de que su asunto se está tratando y se le está dando la importancia que el mismo requiere. Por eso, es necesario que la campaña lleve una bitácora pormenorizada sobre las actividades y compromisos adquiridos día tras día, así como, el realizar las gestiones necesarias, informando a los ciudadanos sobre sus avances y logros.

11. Falta de liderazgo

Otro error que comúnmente se presenta en las campañas es la falta de liderazgo, de trabajo en equipo y una adecuada dirección de la campaña. De esta forma, quien dirige la campaña, sea el candidato o su coordinador, carece de las habilidades y los talentos necesarios para dirigir un esfuerzo de la magnitud que representa una campaña electoral. Este error se comete debido a que, muchas veces, predomina el amiguismo, la camaradería y el compadrísimo en el reclutamiento del equipo de campaña y en la determinación de sus órganos de dirección. Este tipo de errores genera falta de trabajo en equipo, poca profesionalización en las acciones de la campaña y una pésima dirección de la misma, lo que a la postre redunda en magros resultados.

Por ello, se recomienda incorporar a los órganos de dirección de la campaña a profesionales de la política, gente con talento, experiencia y capacidad de dirigir empresas de alta demanda y conflictividad, conocedores del proceso de intercambio político y actores con alta sensibilidad y pericia política.

12. Mala comunicación

Otro error en la conducción de una campaña es la falta de una correcta comunicación entre el candidato, el partido o la campaña misma con los electores. De esta manera, se presenta el candidato con un lenguaje altamente sofisticado, muy técnico o un candidato encartonado y que se ve lejano de la gente, así como con una serie de actitudes elitistas y soberbias que lo distancian de los electores.

Este error se presenta por el desconocimiento del propio candidato de la importancia que tiene cada uno de los electores en una sociedad democrática, ya que considera que el problema no es de él, sino de los ciudadanos que por su bajo nivel cultural y educación no lo entienden, cuando lo adecuado es que el candidato se preocupe por ser entendido por la mayoría de los electores.

Un ejemplo de este tipo de errores se presentó en 1997, en la campaña de Jesús Silva Herzog para ocupar la jefatura del gobierno del Distrito Federal, quién en su primer discurso de aceptación de su candidatura por el PRI señaló que "los problemas del DF, se debían a la macrocefalia de la ciudad." Un reportero de Televisa, conocedor del proceso de comunicación y de la semiótica, preguntó a 10 ciudadanos del DF. qué entendían por macrocefalia. Siete de ellos, desconocieron el término y sólo tres de ellos pudieron señalar que se refería a "niños cabezones o con agua en la cabeza." De esta manera, el candidato priísta estaba señalando, de acuerdo a lo que entendían los electores de la gran capital, que los problemas del DF tenían que ver con niños cabezones o niños con agua en la cabeza, queriendo decir que los problemas de la ciudad de México se debía a su tamaño, al nivel de crecimiento desproporcionado a la que había llegado la ciudad.

13. Mala reputación de colaboradores

Otro error común en las campañas tiene que ver no sólo con la reputación y fama pública del candidato, sino también con la de sus principales colaboradores. De esta forma, los electores no sólo ponen atención sobre el candidato, sino sobre el equipo que lo acompaña, aquellos que están detrás de su candidatura y que serán también beneficiarios, de una u otra forma, del triunfo del candidato. Estos aliados y "amigos" del candidato, más que ayudar a la campaña, generan el rechazo del elector, la antipatía de lideres y personalidades, así como una gran sospecha ciudadana debido a su pasado.

De esta forma, los electores juzgan como un hombre de buena fe y conducta intachable al candidato, pero señalan que sus apocadores son verdaderos "delincuentes," personajes del más bajo nivel, quienes se han aprovechado de los cargos públicos para obtener un lucro personal y amasar fortunas a costa del erario público, lo cual es rechazado por los electores.

Por ello, en toda campaña se debe ser cuidadoso en los personajes que se invitan a colaborar en los esfuerzos proselitistas, ya que si son individuos con muy mala reputación y fama pública, lo más seguro es que sean rechazados por los ciudadanos, lo que repercute negativamente en la campaña. Todos pueden ayudar, pero unos deben estar más retirados y apoyar de forma indirecta, sin ser vistos por la gente, pues de lo contrario en lugar de sumar se resta.

14. Sobreoferta

Un décimo cuarto error que se comete en las campañas tiene que ver con la sobreoferta electoral y la demagogia en la que caen muchos candidatos en la búsqueda afanosa del poder público. De esta manera, con el fin de ganar simpatías que se puedan convertir en votos, los candidatos prometen cosas irrealizables, muchas de las cuales ni siquiera están facultados legalmente para resolver.

Tal fue el caso de la campaña para gobernador en Jalisco de Alberto Cárdenas Jiménez postulado por el PAN en 1995 y el caso de Vicente Fox Quesada en la elección del 2000. El primero, sustentó su campaña en dos grandes ofertas políticas muy sentidas por la población, pero en las cuales no tenía incumbencia como gobernador del estado. La primera fue el esclarecimiento del asesinato del ex cardenal Posadas Ocampo y la segunda, el castigo a los responsables de las explosiones del 22 de abril de 1992 en el sector Reforma de Guadalajara. Sin embargo, ambos asuntos era de competencia federal, por lo que hasta hoy día, después de 9 años de la campaña, no han podido ser resueltos a satisfacción.

En el caso de la campaña presidencial de Fox, se prometió un crecimiento de un 7 por ciento del PIB anual, solucionar el problema de la guerrilla zapatista en Chiapas en 15 minutos, crear millones de empleos, desterrar la corrupción y acabar con la pobreza y la marginación. Sin embargo, debido a lo complejidad de los asuntos y la dependencia, de algunos de ellos de variables externas, no se ha podido cumplir con ninguna de ellas, lo que ha generado decepción y desencanto en miles de electores que creyeron en el candidato del cambio.

Por ello, es poco conveniente acudir al expediente de la demagogia con el afán sólo de ganar una elección, si se sabe de antemano que no se puede cumplir con las promesas de campaña. Al respecto, es importante recordar a Rudolph Gulianni, ex alcalde de Nueva York, quien atinadamente señaló que "un buen político es aquel que promete poco y hace mucho, mientras que un mal político es aquel que promete mucho y hace poco."

15. Le falta partido

Otro error común en las campañas electorales que lleva invariablemente a la derrota y el fracaso político, tiene que ver con la aceptación de la postulación como candidato por parte de un partido desacreditado, con falta de estructura, con bajo posicionamiento social y con poca o nula capacidad de propuesta. De hecho, algunos intelectuales de renombre y personalidades de prestigio han caído en la tentación del poder aceptando ser postulados como sus candidatos por partidos pequeños, muchos de ellos de reciente creación, que no tienen la estructura ni la capacidad de permear en la sociedad y logran algunos espacios de poder político.

Tal ha sido el caso, por ejemplo, de Sergio Aguayo, Gilberto Rincón Gallardo y Jorge Alcocer, entre otros quienes han sido postulados por partidos políticos nuevos y pequeños, pero que no han tenido éxito en sus empresas debido a la poca aceptación del electorado de este tipo de propuestas. Por ello, antes de aceptar una candidatura se debe evaluar la pertinencia y posibilidad de éxito que se tiene, la trayectoria, posicionamiento y capacidad del partido que lo postula, así como de la fama pública de sus dirigentes.

16. Indecisión y titubeos

Un décimo sexto error que se comete frecuentemente en las campañas tiene que ver con la indecisión y los titubeos en el que caen algunos candidatos, quienes aceptan la postulación del partido en primera instancia, pero poco después, por diferentes motivos, deciden renunciar a la nominación, aunque finalmente regresan a la contienda. Esta inseguridad que muestran los candidatos repercute negativamente en la campaña, afectando sus posibilidades de triunfo y desmotivando al equipo de apoyadores.

Al respecto, hay muchos casos de indecisión, que se pueden citar aquí, en la que caen algunos candidatos. Sin embargo, a guisa de ejemplo, basta citar a Ross Perot en los Estados Unidos en 1993, Roberto Domínguez Castellanos en la Universidad Autónoma Chapingo en 1987 y Tarcisio Rodríguez en Guadalajara en el 2003. Todos ellos, aceptaron la candidatura, después se retiraron y finalmente volvieron a la contienda. Esta indefinición resultó contraproducente, por lo que todos perdieron la elección.

Por lo tanto, es importante evitar este tipo de errores. Si usted participa en política, debe saber que siempre habrá gente que lo apoya y gente que lo criticará. Gente que está con Usted y gente que estará en su contra. Gente que lo sigue y gente que lo detesta. Esta es una especie de ley en la política. Por ello, es importante que esté preparado para enfrentar todo tipo de escenarios, tener la fuerza para seguir adelante, a pesar de la adversidad y nunca titubear en sus decisiones. Si acepta una candidatura siga adelante hasta al final y seguramente alcanzará el éxito buscado.

17. Pelearse con los medios

Otro error común en las campañas se presenta cuando el candidato, el partido o los directivos de la campaña se enfrentan con los medios de comunicación, generando un clima noticioso adverso hacia la propia campaña. Este error se presenta más frecuente de lo que se cree, ya que existen innumerables casos en los que el candidato desestima la importancia de los periodistas y el poder que tienen los medios para moldear la voluntad política del elector.

Un caso muy sonado, por ejemplo, fue el de Carlos Castillo Peraza, postulado por el PAN como candidato a jefe de gobierno del Distrito Federal en 1997, quién se enfrentó a los medios durante la campaña, a raíz de un incidente de "banqueta" con algunos periodistas. A parir de este enfrentamiento, el porcentaje de preferencias electorales cayeron drásticamente perdiendo la elección de manera abrumadora en contra del perredista Cuauhtémoc Cárdenas Solórzano. El enfrentamiento de Diego Fernández de Cevallos y Antonio Lozano Gracia con TV Azteca, por no señalar el de la cantante Lucero, son otros ejemplos en la que la popularidad de políticos se viene abajo por el poder que tienen los medios de comunicación, a pesar de que puedan o no tener la razón.

Por ello, es recomendable mantener una muy buena relación con los medios de comunicación y sus representantes, atendiendo sus requerimientos noticiosos y facilitándoles su labor informativa.

Otro error muy similar a este es el enfrentarse con los grupos de interés que permean a toda sociedad como la iglesia, los empresarios, los sindicatos y las universidades, por señalar algunos. Estos enfrentamientos en etapas electorales restan votos, en lugar de sumar, por lo que se deben evitar, en lo posible.

18. Ser extremista

Otro error también común en las campañas es adoptar posiciones extremas en la política, con plataformas y discursos radicales, proclives a la violencia y el conflicto. En este tipo de error caen muchos de los candidatos generalmente de izquierda, quienes consideran que los cambios políticos se deben dar de inmediato y los problemas se tienen que terminar de raíz, a pesar de que la cultura política y las inercias e interés creados recomiendan realizar cambios más bien paulatinos, graduales.

A guisa de ejemplo, se pueden señalar las campañas de muchos perredistas, quienes han impulsado como parte de sus acciones de campaña desde el cierre de carreteras, toma de instalaciones públicas hasta la quema de autobuses y el secuestro de funcionarios gubernamentales, lo que les ha restado popularidad ante las clases medias y sectores más conservadores de la sociedad. De hecho, este tipo de acciones ha ayudado para que los electores se formen una idea de un partido confrontado, extremista y proclive a la violencia al que difícilmente se le apoyará como una opción real de gobierno.

Por ello, es recomendable la mesura, los equilibrios y la prudencia de los militantes y candidatos tratando de evitar, en lo posible, las confrontaciones innecesarias y la adaptación de postura extremas. Recuérdese que los electores prefieren el centro y votan por candidatos, más bien centristas que radicales.

19. No delegar

Un décimo noveno error que se presenta frecuentemente en las campañas tiene que ver con el estilo de dirección o gerenciamiento de la campaña. Es decir, se impone la sinrazón, ya que los candidatos no forman equipos de campaña, no dividen el trabajo y dan funciones y tareas específicas a sus colaboradores, no descentralizan, no delegan, no reconocen, ni motivan el trabajo en equipo.

Este error se presenta un muchas campañas a nivel municipal y local, donde el candidato monopoliza no sólo el control de la campaña, sino todo; convirtiéndose en un mil usos, un sabelotodo, lo que es contraproducente para la misma campaña. De hecho, ha habido casos de una campaña presidencial en la que el candidato asume además la función de coordinador general de campaña, cuestión que técnicamente no es recomendable. Tal fue el ejemplo de Francisco Labastida Ochoa, candidato del PRI a la presidencia de México, quién señaló que el único coordinador de sus campaña era el mismo y no Esteban Moctezuma, lo que generó problemas internos serios y desmotivación en su equipo central de campaña.

Aquí lo recomendable es usar el sentido común, saber delegar, dividir el trabajo y las responsabilidades y, sobre todo, saber demandar resultados.

20. Exceso de confianza

El último error que en este documento se comenta tiene que ver con el exceso de confianza de los candidatos y partidos, así como la creencia de que las simpatías y resultados de las encuestas electorales se convierten automáticamente en votos, por lo que en la jornada electoral y antes de la elección se desatiende el operativo de promoción del voto.

Esto le pasó al PAN en la elección del 2003 y al PRI en el municipio de Guadalajara en el mismo año. Empecemos por este último caso. Jorge Arana, el abanderado priísta en la capital tapatía, creyó que su alta popularidad se convertiría automáticamente en votos por lo que trato de "nadar de muertito durante la campaña," creyendo que su triunfo era irreversible, ya que las diferentes encuestas lo daban como seguro ganador. Sin embargo, Arana no supo administrar su ventaja, ni convertir las simpatías electorales en votos. Al final, perdió la elección. Algo similar, le pasó al PAN en la elección federal del 6 de julio del 2003, ya que este partido creyó que la alta popularidad de Fox se traduciría en votos, lo cual no ocurrió.

Para evitar este tipo de errores, es recomendable más bien la desconfianza, el trabajar más duro si se va a delante y trabajar triple si se va en desventaja. Recuérdese que la incertidumbre es la característica distintiva de toda democracia moderna. Nadie sabe de antemano quien ganará la elección, porque sólo los ciudadanos tienen la última palabra y sólo ellos saben por quién votarán.

A manera de conclusión

Sin duda, que en las campañas se presentan más de los 20 errores aquí señalados, como puede ser la desatención por el candidato o partido de la defensa legal del voto o un pobre seguimiento a lo contencioso electoral o un acto de corrupción cometido por el gobernante en turno de su partido, por señalar algunos.[10] Sin embargo, los errores aquí enlistados son las más comunes, por lo que se deben analizar y, sobre todo, evitar que se presenten en su campaña y así generen efectos negativos. Recuérdese que entre menos errores se cometan, más se incrementa las posibilidades de éxito de su campaña. Para evitarlos, busque profesionalizar su campaña, incorporar talentos y perfiles. Recuerde que una campaña exitosa es una campaña bien cuidada, unida, compacta y capaz de movilizar las emociones y sentimientos de los electores.

Cuando participe en política electoral, recuerde también que hay campañas que tienden a autodestruirse, que acumulan error tras error. Tal fue el caso, por

---

[10] Gary Nordlinger apunta otros seis errores: el no evaluar si el mensaje está llegando a la gente, el usar demasiados mensajes dispersando la atención de los ciudadanos, no mantener los anuncios el tiempo suficiente en los medios para permitir su posicionamiento.

ejemplo, de la campaña para ocupar la presidencia municipal de Guadalajara en el año 2003 de Jorge Arana Arana, postulado por el PRI, quién contando con más de 20 por ciento de preferencias electorales por arriba de su más cercano competidor, el pianista Emilio González Márquez, a sólo tres meses de la elección, perdió la contienda por los innumerables y persistentes errores que cometió.

Finalmente, recuerde, como dice Joseph Napolitan, que los errores suceden. Lo importante es no emplear tiempo en lamentaciones, sino lo que hay que hacer de inmediato es decidir cómo afrontarlos.

LOS ERRORES Y LA PÉRDIDA DE LA ELECCIÓN

Introducción

Hay una creencia generalizada en el campo de la ciencia política y la sociología electoral de que el tipo, intensidad, estrategia, creatividad e inteligencia de las campañas electorales que impulsan los candidatos y partidos políticos incide determinantemente en el resultado final de una elección,[11] de tal manera que el resultado de los comicios es determinado por la campaña (Noélle-Neumann, 1983).[12] Es decir, en un sistema de cuño democrático, las campañas electorales sí importan y definen el carácter de la representación pública, en la que las preferencias de los votantes se rigen por las circunstancias de cada elección (Patterson 1980; Iyengar, Peters y Kinder 1982; Page, Shapiro y Dempsey 1987, Bartels 1988 y Fan 1988). De esta forma, de dice que las tendencias sobre preferencias electorales que muestran las encuestas sobre la intención del voto pueden ser modificadas por las campañas, por lo que una encuesta electoral no puede, necesariamente, predecir el resultado final de una elección (Graber, 1980, Campbell et al. 1992, Geer 1988, Butler y Kavanagh, 1997, Norris et al. 1999).

Esta enraizada concepción, conocida como la teoría de los efectos contradice las teorías que señalan que las campañas no son determinantes para el resultado electoral, cumpliendo solamente un papel de reforzamiento de predisposiciones electorales, generada por una previa identidad partidista e ideológica (Lazarfeld, Berelson y Gaudet 1944). En este sentido, las campañas electorales son importantes sólo porque activan predisposiciones latentes existentes entre los votantes, lo cual no resulta en la ganancia de nuevos adherentes, sino más bien, ayudan a la prevención de la pérdida de los votantes ya inclinados o anclados favorablemente, generando efectos mínimos sobre la conducta del elector (Heath et al, 1991).

La teoría de los efectos contradice, también, los postulados principales de la teoría económica o de elección racional, la cual señala que las utilidades esperadas por los votantes de los resultantes de su acción política generan preferencias sobre

---

[11] Por ejemplo, Jaime Sánchez Susarrey señala "insistir en que serán los candidatos, las campañas y los debates los que definirán al ganador (de la elección) es correcto." Véase el artículo denominado "Calderón Entrampado," periódico Mural, Guadalajara, Jalisco, 4 de febrero del 2006, p. 7.

[12] Por ejemplo, en una encuesta realizada por el CEO de la Universidad de Guadalajara a 300 habitantes de la zona metropolitana de Guadalajara sobre los efectos de los medios en la construcción de opinión pública, el 48.3 por ciento de los entrevistados consideró que los personajes públicos pueden influenciar a la sociedad con lo que comunican a nivel masivo, un 33.7 por ciento señaló que si, pero solo influyen a algunas personas, el 11.6 por ciento afirmó que no y el 6.4 por ciento dijo que no sabía o que no le interesa (Véase Ingrid Michelle Mendoza Gallardo, *La mediatización y la construcción de opinión pública*, en Gaceta Universitaria No. 418, p. 4, 12 de diciembre del 2006).

los diversos cursos de acción (Down, 1957). Los electores prefieren los candidatos y partidos que le generan real o perceptivamente mayor utilidad (Kreps, 1990). El ciudadano reconoce su propio interés, evalúa a todos los candidatos y partidos según sus intereses personales y vota por el que mejor valora (Enelow y Hinich, 1984).

Sin embargo, existen múltiples casos y diversas evidencias empíricas que sugieren que el éxito o fracaso de una campaña en escenarios de alta o cerrada competencia electoral no depende propiamente de la campaña que se impulse (las acciones de comunicación, organización, movilización y proselitismo electoral), sino fundamentalmente de la existencia o ausencia de errores cometidos por los candidatos, equipos de apoyo o partido postulante durante la misma campaña. Es decir, el factor determinante del éxito electoral está en relación al tipo, intensidad y magnitud de los desaciertos que se cometan durante la campaña más que de los aciertos.

En este sentido, la tesis principal que trataré de probar en el presente capítulo apunta que las campañas no se ganan por los aciertos, sino que se pierden por los errores, por lo que toda campaña exitosa, para ser ganadora, debe evitar los errores o saber gestionarlos de forma adecuada para evitar que traigan como consecuencia la pérdida de la elección.

Los errores en las campañas

Podemos conceptualizar el error como una acción, omisión, conducta, actitud, valoración y decisión generada por algún individuo o grupo que generan consecuencias negativas y contrarias al objetivo buscado. Un error es conceptualizado, también, como una decisión o acción equivocada que comete un individuo u organización, mismo que genera efectos contraproducentes.

En una campaña electoral, los errores son aquellos actos, decisiones, omisiones o actitudes del pasado o del presente, en la que incurren candidatos, partidos o miembros de un equipo de campaña que reducen su nivel de aceptación de los ciudadanos, generan rechazo de los electores y permiten avanzar a sus competidores. Los errores en una campaña, generalmente, benefician a los adversarios y perjudican a quien los comete.

Los errores que se pueden cometer en una campaña son diversos. Por el origen de los mismos, estos errores se pueden clasificar en errores de partido, errores del candidato y errores del equipo de campaña. Los primeros son errores que cometen las instituciones partidistas, ya sea en la forma de nominar a sus candidatos, en las estrategias proselitistas que impulsan o en las decisiones políticas que toman, entre otras. Los errores del candidato, generados por el aspirante, van desde el exceso de confianza sobre sus ventajas electorales, las declaraciones desafortunadas, el mal manejo de la información, la información falsa, contradictoria o inexacta, así como por el ocultamiento de información, entre otros. Los errores de los equipos apoyadores son acciones u omisiones que desprestigian a la campaña como puede ser el abuso de confianza, la prepotencia y el desorden o desorganización.

Ahora bien, por la magnitud de sus consecuencias que generan, los errores se pueden clasificar en poco significativos, medianamente significativos y altamente significativos o perjudiciales. Desde el punto de vista del impacto que estos generan en la opinión pública y la conducta del votante, los errores pueden clasificarse en tres tipos: los errores estratégicos, los errores coyunturales y los errores periféricos. Los errores estratégicos comprenden todos aquellos ligados al tipo de estrategia proselitista y de comunicación que se impulsan por candidatos y partidos, el tipo de candidato postulado y los errores de cálculo en la planeación y desarrollo de una campaña. Este tipo de errores son los más graves, políticamente hablando, ya que pueden generar la pérdida de la elección.

Los errores coyunturales son aquellos que se presentan al calor de la contienda electoral y comprenden todo tipo de incidentes menores negativos que se cometen por candidatos, partidos y equipos de campaña. Este tipo de errores, por separado, no son muy graves, pero acumulados pueden llevar a la perdida de la elección. Finalmente, los errores periféricos son aquellos incidentes que se cometen por simpatizantes de partidos o candidatos debido al encuentro de pasiones que genera todo proceso electoral de esta naturaleza.

Estudios de Casos

Como lo hemos apuntado, los errores tienen que ver con actos, decisiones, declaraciones u omisiones por parte de los partidos, candidatos y sus equipos de trabajo antes o durante el proceso electoral.[13] La gran mayoría de los errores son involuntarios, pero una vez realizados generan una serie de daños y retrocesos a los esfuerzos proselitistas de candidatos y partidos. Sin embargo, los errores también pueden ser revertidos, dependiendo de la habilidad, pericia y capacidad que se tenga para darle la vuelta, de tal forma que un error de campaña puede convertirse en fortaleza.

Tal fue el caso del llamado "error de la terquedad" de Vicente Fox Quesada, candidato de la Alianza por el Cambio (PAN-PVEM) en aquel entonces a la presidencia de la república mexicana, quien en una reunión preparatoria con los otros dos candidatos (Francisco Labastida y Cuauhtémoc Cárdenas) se empeñaba en que el debate público que sostendrían se realizara ese mismo día, pronunciando insistentemente la frase: hoy, hoy, hoy... A la luz de los acontecimientos, Vicente Fox apareció como una persona testaruda, terca y empecinada, incapaz de llegar a acuerdos con los demás, lo que era impropio de un buen candidato presidencial. Este error le significó una reducción de las preferencias electorales de cerca de 6 por ciento en tan sólo cuatro días.

---

[13] Los errores no sólo se cometen durante la campaña, sino que los candidatos pueden haber incurrido en actos indebidos, ilegales e inmorales en el pasado, como en actos de corrupción, que al ser reveladas en el presente generan problemas serios a la campaña.

Ante este nuevo escenario, los estrategas de la campaña presidencial de la Alianza por el Cambio, transformaron el "hoy de la terquedad" en el "hoy de la oportunidad," al señalar que se requerían soluciones inmediatas a los grandes problemas nacionales y no la tradicional posposición de las soluciones que por años habían caracterizado al añejo sistema político mexicano. De esta forma, el ¡hoy! se transformó en el lema central de la última parte de la campaña de Vicente Fox, quién, a la postre, logró derrotar al otrora poderoso PRI.

Sin embargo, la mayoría de los errores no son gestionados adecuadamente, por lo que generan consecuencias negativas, perjudicando la imagen, posicionamiento y posibilidades de éxito de quienes los cometen. A continuación, se exponen dos casos de campañas electorales, una del PRI y otra del PAN, cuyos errores llevaron a la derrota a candidatos y partidos altamente posesionados al inicio del proceso electoral, mismos que muestran la importancia y poder destructivo que tienen los errores.

La campaña de Jorge Arana en Guadalajara

Jorge Arana Arana fue el candidato del PRI a la presidencia municipal de Guadalajara en el 2003, quien se impuso en la elección interna priísta con un amplio margen, en una relación de tres a uno, a su contendiente Enrique Ibarra Pedroza. En el inicio del proceso electoral constitucional, de acuerdo a diferentes encuestas sobre preferencias electorales, Jorge Arana llevaba 24 puntos porcentuales de ventaja sobre su más cercano competidor, el panista Emilio González Márquez. Sin embargo, al final de la contienda Arana resultó ser el perdedor, debido a una serie de errores, escándalos y conflictos que se generaron en su campaña. Los más relevantes fueron los siguientes:

1. Exceso de confianza

Jorge Arana creyó que por el amplio margen de ventaja que reflejaban las encuestas, el proceso electoral estaba ya definido a su favor, por lo que se confió demasiado, bajando significativamente la intensidad del trabajo proselitista. Durante más de un mes, prácticamente no realizó actividades de campaña, a pesar de que no estaban prohibidas por la ley electoral.[14] Por su parte, Emilio González intensificó sus actos de campaña, lo que redundó en una mayor visibilidad mediática y un mayor posicionamiento electoral. De esta forma, la diferencia de las preferencias electorales se fue reduciendo.

Una muestra de este exceso de confianza, se refleja en las cifras que dio la autoridad electoral, quien realizó un monitoreo de las campañas en medios electrónicos de comunicación. De acuerdo al Consejo Electoral del Estado de

---

[14] Desde el 23 de febrero al 16 de abril, Jorge Arana mantuvo un perfil muy bajo de su campaña, deteniendo la inercia de trabajo que había mantenido en la pre campaña, lo que permitió un fuerte repunte del candidato del PAN.

Jalisco, entre el 14 de abril y el 11 de mayo del 2003, el PAN y Emilio González Márquez pagaron en radio un total de 1,024 anuncios de 30 segundos cada uno, mientras que Jorge Arana y el PRI, sólo transmitieron 246 mensajes radiofónicos. En el mismo período, Emilio y el PAN pagaron 145 mensajes televisivos, por 13 de Arana y el PRI, para una diferencia favorable al albiazul de 11 por 1.

2. Terreno y temas escabrosos

El 22 de abril de 1992, se presentó una trágica explosión en el sector reforma de Guadalajara en la que murieron decenas de personas y muchos más quedaron heridos.[15] Debido a este suceso, que fue mal manejado por el gobierno en turno, derivó en la renuncia del gobernador del Estado, Guillermo Cosío Vidaurri y el encarcelamiento del alcalde de Guadalajara, Enrique Dau Flores, marcando fuertemente, políticamente hablando, al PRI como responsable de estos sucesos. Desde entonces, los damnificados y/o sus familiares habían luchado por evitar que este suceso fuera aprovechado por los partidos y por los candidatos.

Sin embargo, Jorge Arana asistió el 22 de abril del 2003 a una misa por motivo de la conmemoración luctuosa del 11 aniversario de las trágicas explosiones, lo que fue fuertemente criticado por los mismos agraviados, ya que algunos asistentes a dicha ceremonia religiosa, consideraron la presencia de Arana poco grata, primero, porque fue bajo gobiernos priístas cuando se dio dicha explosión y, segundo, porque partidizaba el evento. Al final, más que beneficios la presencia de Arana fue agriamente criticada por la opinión pública restándole popularidad y credibilidad a su campaña.

3. La dinámica del conflicto, el escándalo y la anarquía

La campaña electoral de Jorge Arana se mantuvo dentro de la dinámica de conflicto, el escándalo y el desorden a su interior, no habiendo semana en la que la prensa local no hablara de algún tipo de incidente negativo. A guisa de ejemplo, se señalan sólo algunos:

a. Se documentó por la prensa un enfrentamiento callejero entre militantes panitas y priístas generados por los segundos, por lo que se publicitó a los Aranistas como violentos y autoritarios;

b. Se presentó el incidente, ampliamente publicitado, en la que un automóvil "propiedad" de una candidata suplente a regidora por el PRI en Guadalajara fue detenido, con reporte de robo, lo que daba la idea de que el equipo de Arana estaba integrado por delincuentes;

---

[15] Véase Silvia Gómez Partida, Ecos del 22 de abril: testimonios de la tragedia y proceso del Movimiento Civil de Damnificados, editorial La casa del mago, 2003.

c. Los vehículos de la comitiva de campaña del propio Arana fueron sancionados varias veces por los "oficiales de tránsito" por estar mal estacionados en la vía pública, lo que trascendió como actos de prepotencia y autoritarismo;

d. Se denunció ante la opinión pública que estudiantes de la Universidad de Guadalajara se les había forzado a apoyar la campaña de Arana, a cambio de acreditarles horas de servicio social, lo que trascendió como un acto autoritario e ilegal;

e. La prensa documentó que un funcionario de la Universidad de Guadalajara (Ramón Balpuesta) usó un vehículo oficial en apoyo a la campaña de Jorge Arana, lo que hablaba de uso de recursos públicos a favor de un candidato;

f. Jorge Arana entregó personalmente dinero en un acto público a damnificados de las cajas populares, lo que fue publicitado por sus adversarios y los medios de comunicación como una acción tendiente a la compra del voto, propio de los tiempos del predominio del partido hegemónico de Estado;

g. Jorge Arana ocultó en su declaración patrimonial que poseía un permiso de taxi para laborar en el aeropuerto de la ciudad de Guadalajara, lo que fue publicitado por sus opositores como un acto de deshonestidad y mentira;

h. Trascendió a la opinión pública que Jorge Arana privilegiaba la reunión con sus amigos y las fiestas de diversión por encima de los actos de campaña con los ciudadanos, dejando muchas veces "plantados" a diferentes grupos y contingentes de simpatizantes;

i. Arana se rodeó de un equipo de colaboradores con baja reputación y una muy cuestionada fama pública. El mismo equipo de regidores en la planilla registrada por el PRI, ante la autoridad electoral era de muy bajo perfil, producto de los compromisos y componendas políticas;

j. La desorganización, el desorden y la falta de estrategia fueron otros de los errores cometidos en la campaña de Jorge Arana, lo que redundó en una real pérdida de brújula de la campaña. Al respecto, el columnista Pedro Mellado señaló lo siguiente: "Sus mismos colaboradores reconocen que Jorge Arana tiene una proclividad natural hacia la anarquía, hacia el desorden, que políticamente no reconoce normas, ni está dispuesto a hacerle caso a alguien; es, por simplificar el concepto, un espíritu rebelde y silvestre, respaldado por una tremenda aceptación y popularidad.[16]" Después agregó, desde el mes de abril la campaña de Arana ha navegado a la deriva, sin una estrategia definida, sin personalidad,"[17] lo que generó una caída libre en los últimos meses de la campaña."

---

[16] Mural, 17 de marzo del 2003, p. 2B.
[17] Pedro Mellado, Caída Libre, Mural 26 de junio del 2003, p. 4B.

En fin, Arana no pudo, ni supo, romper el círculo en el que se estaba viviendo, segado por el exceso de confianza en un triunfo que no estaba, de ninguna manera garantizado, cometió error tras error hasta perder la elección. En este sentido, los errores de Jorge Arana, más que los aciertos de Emilio González, llevaron a este último a ganar la elección para la alcaldía de la ciudad más importante del occidente de México (Guadalajara).

4. La elección en el Estado de México

Otro caso que ejemplifica la importancia de los errores en el fracaso de las campañas electorales es la elección para gobernador constitucional celebrada en el año 2005 en el Estado de México. En esta elección, se enfrentaron Enrique Peña Nieto, candidato del Partido Revolucionario Institucional (PRI) en Alianza con el PVEM, Rubén Mendoza Ayala, abanderado del Partido Acción Nacional (PAN) y Yeidckol Polevnsky Gurwitz, candidata del Partido de la Revolución Democrática (PRD), en alianza con el Partido Convergencia y el Partido del Trabajo.

Durante el mes de marzo de ese año, al inicio de la campaña y después de los procesos de selección de los candidatos por parte de los partidos políticos, el candidato del PAN estaba mejor posesionado ante los electores que sus adversarios. De acuerdo a una encuesta levantada por el periódico El Universal, la intención del voto a favor de Rubén Mendoza Ayala era de 37 por ciento, cinco puntos porcentuales arriba de Enrique Peña Nieto, su principal opositor. Sin embargo, comenzaron los errores y escándalos que lo llevaron directo a la derrota.

En primer lugar, su estrategia de comunicación se centró en comparar sus atributos poco estéticos con respecto del contrincante priísta, publicitándose como el candidato feo, pero que sabía gobernar.[18] Diversos espectaculares y gallardetes mostraban la leyenda "soy feo, pero se gobernar," introduciendo como tema de campaña la imagen y estética de los candidatos, situación que le resultó más perjudicial que benéfica, ya que ha sido demostrado que los votantes toman en cuenta, en su decisión electoral, consideraciones más de tipo emocional (el afecto, el caer bien, el agradar, el confiar, el creer, etc.) que racional (las propuestas y capacidades de gobierno). [19]

En segundo lugar, Mendoza Ayala cayó en una provocación de los priístas en un mitin organizado el 4 de junio por su partido en la comunidad de Jiquipilco Estado de México. Resulta que una camioneta cargada con pelotas con la impresión de propaganda del PRI se acercó al mitin del PAN, cuyos tripulantes empezaron a distribuirlas entre los niños asistentes. La reacción del candidato fue inadecuada porque trató de evitar violentamente que dichas pelotas fueran repartidas. La

---

[18] En una conferencia de prensa organizada por su partido, señaló "Aquí yo no voy a estar apoltronado en Toluca, porque soy feo como muchos mexicanos, porque tengo mis labios grandotes y tengo mi nariz aguileña y porque soy prietito, pero no soy bonito, soy mexicano, esto no es concurso de belleza."

[19] Véase Andrés Valdez Zepeda, Mercado y Democracia: La política en la era moderna, Editorial Instituto Electoral del Estado de Chihuahua, 2005.

televisión captó y transmitió a nivel nacional escenas en la que el candidato se mostraba agresivo forcejeando con los priístas. Al dar una rueda de prensa, el candidato señaló que "Unos canijos del PRI me pusieron una camioneta con pelotas en Jiquipilco y fui por ellas, porque tengo las pelotas grandes y van a tiznar a su madre. Tuvieron la pelota de Peña pero con mi autógrafo."

Lo que trascendió en la prensa local y nacional, fue que Mendoza Ayala era un ebrio que encabezó un grupo de panistas que robaban y agredían a otros ciudadanos para quitarles las pelotas que se encontraban en una camioneta con propaganda de Enrique Peña Nieto. Este escándalo, redujo significativamente las posibilidades de éxito de la campaña de Rubén Mendoza Ayala, dañando seriamente su reputación y credibilidad.

En tercer lugar, la dirigencia nacional del PAN fue poco inteligente en la gestión del "escándalo de las pelotas," ya que apoyó las declaraciones y palabras altisonantes que pronunció su candidato a gobernador, lo que rebajaba el nivel de debate de las campañas políticas. Por ejemplo, Manuel Espino, secretario general del comité ejecutivo del PAN, apuntó "Nunca ha sido inmoral mentarle la madre a alguien que lo merece, y Rubén Mendoza no llegó a eso. Se quedó corto en transmitir el enojo de los mexiquenses."

Por su parte, Yeidckol Polevnsky Gurwitz, candidata del PRD, se vio envuelta, también, en un escándalo debido a las dudas y cuestionamientos sobre su real identidad y nombre verdadero, ya que aparecía con tres actas de nacimiento distintas, lo que le generó problemas de credibilidad y confianza entre la población.

Al final del proceso, el PRI con Enrique Peña obtuvo el 47.75 por ciento de la votación contra el 24.77 de Rubén Mendoza del PAN y el 24.05 de Yeidckol Polevnsky del PRD. Es decir, los candidatos perredista y panista, perdieron la elección tras los errores y escándalos que cometieron en la campaña. En este sentido, no es exagerado decir que Enrique Peña Nieto no ganó por sus aciertos, sino por lo errores que cometieron sus adversarios.

5. Comentarios finales

Podríamos enumerar diferentes casos más que muestran como los errores cometidos en las campañas son variables determinantes del éxito o fracaso electoral, pero por cuestiones de espacio solamente se describen los casos de la elección en Guadalajara y Estado de México. Sin embargo, es importante aclarar que el error por si mismo no es la determinante del fracaso, sino la mala gestión del mismo, ya que una intervención adecuada e inteligente puede mitigar su efecto destructivo como fue el caso ya comentado del "error de la terquedad" de Vicente Fox en la elección presidencial del 2000 en México.

Hay otras variables que, ciertamente, inciden en el resultado final de una elección, como puede ser el perfil del candidato, los recursos presupuéstales con los que se cuenta, la estructura organizativa que ha construido el partido, las alianzas políticas que ha forjado y el tipo de estrategia impulsada, entre otras. Sin embargo, los errores y su inadecuada gestión, pasan a ser la variable determinante del éxito o fracaso electoral.

A partir de esta conclusión, podemos enlistar cuatro grandes principios a tomar en cuenta en toda campaña electoral:

Primero, el éxito o fracaso de una campaña no se determina necesariamente por los aciertos, sino por el tipo, magnitud e (in) capacidad de gestión de los errores que se cometen antes y durante la campaña.

Segundo, los errores se pueden evitar si se actúa con visión, prudencia, sabiduría e inteligencia. Reacuérdese que como en la vida, en una campaña electoral es exitoso el que menos se equivoca, incrementándose la posibilidad de ganar la elección cuando menos errores se cometan.

Tercero, los errores, como los escándalos, que se ven y se oyen (video-grabados) tienen un poder más destructivo de la reputación y credibilidad de los candidatos y partidos.

Cuarto, los errores siempre se cometen en las campañas, pero es posible convertirlos en fortalezas, sabiéndolos gestionar adecuadamente.

Finalmente, sólo resta decir que todo político está sujeto a cometer diferentes errores y escándalos. De hecho, sobre esto último es imposible que en la política no se presenten escándalos, ya sea por abuso, omisión o actuación inmoral o ilegal por parte de los personajes de la política.[20] Es decir, prácticamente no hay político, que en alguna etapa de su vida no haya tenido que enfrentar algún tipo de escándalo, ya sea de carácter familiar, personal, institucional o grupal, sobresaliendo aquellos relacionados con los manejos indebidos de los asuntos y recursos públicos. El problema no es que se presente, sino el que no se sepa gestionar adecuadamente.

---

[20] Los escándalos se presentan en todas las latitudes y niveles de gobierno y de la política. Algunos ejemplos de estos escándalos son los siguientes: Bill Clinton (caso Mónica Lewinsky) en los Estados Unidos, Gerhard Shroder (caso financiamiento ilegal de su campaña) en Alemania, Tony Blair (información falsa para justificar la guerra en Irak) en Inglaterra, Alejandro Toledo (hijo fuera del matrimonio) en Perú, Andrés Manuel López Obrador (caso del jugoso salario de su chofer) en el Distrito Federal, Martha Sahagún (caso sobre los manejos de los fondos de la fundación "Vamos México"), Jorge Emilio González Torres del Partido Verde Ecologista de México por tráfico de influencias y soborno o del ex alcalde Fernando Garza Martínez en el municipio de Guadalajara por el caso de los bonos económicos de fin de período.

GERENCIA DE CAMPAÑAS ELECTORALES

Introducción

Las campañas electorales son ejercicios intensos de proselitismo y persuasión política, cada día más sofisticados y competidos, en las que el tipo de dirección, estrategia y capacidad organizativa de los partidos y candidatos determina, en gran medida, su éxito o fracaso. Es decir, el tipo de modelo administrativo que se imponga en la campaña determinará su éxito o fracaso, ya que una campaña caótica o desorganizada, generalmente, es una campaña perdedora, mientras que una campaña bien administrada y dirigida es una campaña usualmente ganadora.

Hasta hoy, la mayoría de las campañas electorales, principalmente las de carácter local, han sido dirigidas y coordinadas bajo modelos administrativos vernáculos. Sin embargo, un más alto nivel de competencia interpartidista por los espacios de representación pública ha hacho necesario su profesionalización y modernización, demandando nuevos estándares de desempeño.

La gerencia de campañas es el proceso administrativo orientado a generar ventajas competitivas mediante un uso inteligente de técnicas, conocimientos, capacidades y recursos con los que cuenta toda campaña, planeando, dirigiendo, ejecutando, evaluando y controlando las acciones que se emprenden tanto por el (los) candidato (s), el partido o los equipos de campaña.

La gerencia de campañas, preveniente del mundo anglosajón, representa una vertiente de modernización, inscrita dentro de la corriente racionalista, que busca eficientar los procesos políticos y mejorar su nivel de competitividad. De hecho, el término gerencia connota un cierto manejo estratégico y profesional de la política, cuyas líneas principales son ejecutivas y operativas, aunque con una visión holística. Esta nueva disciplina representa una nueva forma de estudio y de ejecución de las campañas electorales bajo parámetros más sofisticados y profesionalizados, en la búsqueda o conservación del poder.

El término gerencia, también, se utiliza como sinónimo de administración, dirección, liderazgo o gestión especializada de campañas electorales. Es decir, de cierta manera, se usa como equivalente de liderazgo, pero con un perfil profesional, técnico y operativo en la que lo que importa son los resultados y la eficacia de las acciones.

En la presente entrega, se desarrolla en Voz y Voto las principales líneas conceptúales de lo que se entiende por gerencia de campañas electorales, así como se describe, brevemente, el proceso gerencial y los objetivos y ventajas que se obtienen al adoptar un perfil gerencial en la conducción y organización de una campaña político-electoral.

La gerencia

A diferencia de la perspectiva administrativista, la gerencia implica un uso racional y eficiente de los recursos con los que se cuenta en toda campaña electoral, tanto humanos, materiales, tecnológicos, cognitivos, económicos y el recurso tiempo. No se trata de un modelo burocrático que enfatiza sólo en el control de los recursos, sino que hecha mano de la planeación, la organización, la dirección y la evaluación, pero con un sentido práctico y operativo buscando centrarse en los objetivos y los resultados.

Gerenciar una campaña electoral implica la elaboración de un plan que determine los rumbos y orientaciones estratégicas a seguir para alcanzar los objetivos electorales buscados. Implica, también, una dirección ejecutiva y proactiva, con una visión integral del proceso político, con sensibilidad para entender las coyunturas y momentos electorales, con un espíritu emprendedor y vocación de trabajo en equipo. Es decir, la gerencia implica, de cierta manera, la incorporación de una visión empresarial a la dirección de las campañas, privilegiando una vocación práctica y la eficiencia de sus procesos.

El gerente planifica, investiga, crea, dirige, diseña estrategias y coordina los esfuerzos de proselitismo, comunicación y persuasión de los equipos de campaña, con el único objetivo de ganar la elección o posicionar al candidato y su (s) partido (s). Es un estratega con habilidades operativas, que se apoya en las nuevas tecnologías existentes en el mercado, tiene destrezas para la dirección de grupos, la negociación y solución de conflictos. Es un líder diestro en la comunicación y las relaciones públicas, hábil para la toma de decisiones estratégicas con facilidad de trabajar bajo condiciones de estrés y con equipos complejos altamente demandantes. Estos gerentes son estrategas que buscan maximizar resultados, eficientar procesos y racionalizar el uso de recursos, buscando siempre alcanzar los objetivos buscados.

Una campaña exitosa demanda distintos gerentes, dependiendo de su estructura organizacional y tipo de elección, los cuales tiene como principal actividad el dirigir y coordinar las acciones y programas de la campaña, generado, a su vez, un clima de trabajo interno armonioso y dinámico.

Los objetivos centrales

Los objetivos que busca alcanzar el nuevo enfoque gerencial de campañas son básicamente cuatro: Primero, imprimir cierto orden, coherencia y sentido de dirección profesional a los esfuerzos proselitistas y de persuasión de la campaña, alejándose del caos y la desorganización típica de muchas campañas tradicionales.

Segundo, generar cierta certidumbre, unidad, capacitación y motivación a los equipos de campaña para realizar las tareas y labores encomendadas de acuerdo a su perfil, área de ubicación y experiencia profesional.

Tercero, logran un alto posicionamiento del candidato y partido postulante en la mente y corazón de los electores, así como generar una corriente de opinión pública y social favorable a la campaña.

Cuarto, el objetivo final y central es convertir las simpatías y preferencias electorales en votos reales que aseguren ganar las elecciones. Es decir, el objetivo estratégico de la campaña es la búsqueda de votos para obtener o conservar los espacios de poder.

El proceso gerencial

La gerencia de una campaña implica la aplicación inteligente y pragmática de los elementos centrales de las ciencias administrativas, como lo son la planificación, la organización, la dirección, la evaluación y el control. Es decir, toda campaña se debe planificar, necesita contar con un diseño organizacional funcional, requiere de una dirección ejecutiva con capacidades técnicas y operativas, que evalúa y, a su vez, controla sus procesos y recursos.

El plan debe contener un diagnóstico de la situación y contexto donde se desarrolla la campaña, un listado de las fortalezas y debilidades del candidato y de sus adversarios, las oportunidades y riesgos de la campaña, así como un diagnóstico de las necesidades, problemas y expectativas de los electores. En dicho plan se debe incluir, además, los objetivos, las metas, las estrategias, el organigrama, los presupuestos, el plan de medios y proselitismo, así como los programas especiales de búsqueda de votos que se impulsarán en la campaña.

La evaluación, que puede ser interna o externa, se realiza de manera periódica tanto al conjunto de la organización como a cada una de las partes con el fin de conocer avances y problemas, tratando de corregir errores y superar insuficiencias. Siempre debe ser una evaluación diagnóstica, sin el fin de recriminar o castigar a nadie, sino con el objetivo central de mejorar y retroalimentar a la misma campaña.

La organización implica el diseño de una arquitectura política funcional y operativa adecuada a los requerimientos de la campaña y de acuerdo a la circunscripción electoral o tipo de campaña (municipal, distrital, estatal o nacional) de que se trate. Para el reclutamiento y selección de los individuos que ocuparán la responsabilidad de las áreas de coordinación y dirección se recomienda sea con base en el mérito, sus competencias profesionales y sus habilidades directivas y no sólo por cuestiones de amistad, confianza o camaradería partidista.

En la dirección de una campaña se debe privilegiar un perfil ejecutivo, práctico y operativo, por encima de los enfoques teóricos o filosóficos, mismos que se sugiere se incorporen y procesen, en todo caso, en el área de asesoría de la campaña. La dirección implica capacidad y habilidad en materia de comunicación oral y escrita, negociación y solución de conflictos, relaciones públicas, toma de decisiones, creatividad, pensamiento estratégico, trabajo en equipo, manejo del estrés y habilidad para dirigir grupos.

Toda campaña debe contar, además, con un sistema de control para evitar excesos y violentar el marco normativo, que luego resulte contraproducente. El control no sólo debe ser presupuestal y administrativo, sino también requiere incluir las acciones de los integrantes del equipo de campaña e, incluso, de los simpatizantes. Lo que se trata es de evitar errores, escándalos o problemas que puedan repercutir negativamente en la campaña, ya que muchas de las elecciones no se ganan por los aciertos sino que se pierden por los errores cometidos por candidatos, lideres partidistas o miembros de los equipos de campaña.

La gerencia de campañas electorales se sustenta en los principios de la administración por resultados, en la que, sin desmeritar, la importancia de los procesos y los insumos, se enfatiza más en los productos. Es decir, la gerencia fija su mirada en el número y porcentaje de votos que se obtienen, ya que las campañas se ganan o se pierden de acuerdo al número de sufragios que se obtienen en los comicios y no sólo con simpatías electorales o encuestas de intención favorables de votos.

Las ventajas

El enfoque gerencial permite a las campañas electorales obtener una serie de ventajas respecto de aquellas que se administran de forma tradicional, las cuales están muy ligadas a los objetivos anteriormente señalados. Las siguientes son las más importantes.

Primero, una campaña dirigida bajo un enfoque gerencial proporciona ventajas competitivas respecto a aquellas que no lo utilizan, en la medida que permite un uso más racional y eficiente de los recursos.

Segundo, el enfoque gerencial permite un mayor profesionalización, ayudando a que las tareas y acciones de proselitismo y persuasión se realicen por profesionales y expertos, bajo parámetros técnicos y científicos.

Tercero, un enfoque gerencial, inspirado en objetivos y dirigido a resultados, genera un mayor nivel de certidumbre y confianza a la misma campaña, elevando la moral y la integridad del equipo de campaña, del partido y el mismo candidato.

Cuarto, un enfoque gerencial posibilita un trabajo más armonioso entre los integrantes del equipo de campaña y el ejército de colaboradores y voluntarios; permite, además, una mejor división del trabajo, fomenta la delegación de tareas y responsabilidades, así como plantea mecanismos para una solución de las divergencias internas de manera más rápida y eficiente.

Quinto, un enfoque gerencial reduce el nivel de conflicto interno y limita la sobre politización de la campaña, ya que lo que privilegia son las soluciones técnicas y operativas tomadas por personas con experiencia, talento y sensibilidad.

Comentarios finales

En una sociedad democrática, las campañas son ejercicios proselitistas cotidianos, orientados a persuadir a los ciudadanos para constituir mayorías electorales y alcanzar o conservar el poder. Por su naturaleza y temporalidad, las campañas, generalmente, se ven envueltas en una serie de inercias y prácticas anárquicas, en la que confluyen diferentes actores, visiones e intereses. Para dotarlas de cierta coherencia, orden y dirección, surge el enfoque gerencial aplicado a las campañas electorales.

Este enfoque de gerencia puede ser determinante para el éxito o fracaso de una campaña. El enfoque gerencial considera el conocimiento, la estrategia, la tecnología y el capital humano profesionalizado como activos importantes para lograr ventajas competitivas. Recuérdese que hoy día, ganan las campañas que son más capaces de incorporan nuevos conocimientos, talentos, técnicas y estrategias de vanguardia en sus procesos.

La gerencia de campañas es una nueva disciplina inspirada en ciertas tendencias neoempresariales como la calidad total, justo a tiempo (just on time) y administración por resultados, todo centrado en el cliente y el mercado. Comprende desde el diseño, ejecución y supervisión de cada fase de la campaña hasta la planeación de rutas estratégicas, así como el reclutamiento, la capacitación y motivación del equipo de campaña.

Sus determinaciones se alejan de lo que se conoce como la tradición, los presentimientos y la superstición, apoyándose más en los conocimientos científicos y las habilidades técnicas y operativas de equipos suficientemente motivados y capacitados que muestran altos estándares de desempeño.

Este enfoque gerencial se ha convertido no sólo en una alternativa, sino en una real necesidad para los partidos, los candidatos y sus equipos de campaña en la lucha incesante por los espacios de poder público.

Decálogo sobre Gerencia de Campañas

1. El candidato debe tener habilidades gerenciales, pero no debe ser el gerente. La gerencia de toda campaña recae en personal capacitado con habilidades técnicas y operativas para planear, organizar, dirigir, controlar las campañas y generar   resultados.

2. El gerente es el general de la campaña. El candidato el jefe supremo de la misma. Entre ambos existe plena confianza, comunicación y afinidad de intereses, objetivos y formas de hacer y entender la política.

3. El gerente elabora siempre un plan que contemple el diagnóstico situacional, los objetivos, metas y estrategias a usarse en la campaña. Incorpora, además, en las tareas de coordinación a individuos con perfil, experiencia y talento. El éxito de la campaña se construye con la suma de los éxitos individuales de todos sus integrantes y directivos.

4. El éxito de la campaña depende de la calidad y secrecía de la estrategia. Sun Tzu decía que la mejor estrategia es aquella que está orientada a destruir la estrategia de tus adversarios. Por su parte, Jaime Durán Barba señala que "quien no es capaz de poner por escrito su estrategia es que, muy seguramente, no la tiene."

5. En una elección gana quien tiene mejores ventajas competitivas y el que comete menos errores. De hecho, las campañas no se ganan por los aciertos, se pierden por lo errores. El buen gerente busca siempre estar adelante de la competencia. La prontitud y la innovación son las claves para ir por delante.

6. El éxito de toda campaña depende fundamentalmente del tipo y calidad de liderazgo, información, preparación, organización, comunicación, motivación y ejecución.

7. Un buen gerente tiende a actuar más que a planificar, a hacer más que a teorizar, aunque no desdeña la importancia de la planificación y la teorización.

8. Una campaña inteligente usa el conocimiento, la tecnología y el capital humano profesionalizado como activos importantes para lograr ventajas competitivas y ganar las elecciones.

9. En la política, la percepción (imagen) es la realidad. La gente vota imágenes. Un buen gerente se preocupa y ocupa en construir, difundir y consolidar una buena imagen de su candidato y de la campaña.

10. La política, hoy día, es esencialmente mediática. El media training y la agenda setting ofrecen a los gerentes y candidatos conocimientos y técnicas precisas

para dominar el arte de ser exitosos frente a los medios y persuadir a los electores.

COMPORTAMIENTO DEL ELECTOR

Introducción

La preocupación por conocer la conducta del votante se remonta al año 63 antes de Cristo, cuando Quintus Cicerón escribió el libro intitulado Manual de Campaña Electoral, en el que le proveía una serie de consejos y recomendaciones a su hermano, Marco Tulio Cicerón, para que ganara un espacio de elección en el Consulado Romano. Conocer a la gente era una de las principales recomendaciones que le hacía Quintus a Marco Tulio en aquellos tiempos.

En la época moderna, los primeros estudios sobre el comportamiento del elector se realizaron a mediados de los años cuarenta del siglo XX en los Estados Unidos de Norteamérica. Estos primeros tratados sobre el tema fueron escritos por Paul Lazarsfeld en 1944 y Berelson en 1954. Los trabajos buscaban identificar los factores de mayor influencia en la decisión del votante. Sin embargo, hasta hoy día, todavía sigue siendo una incógnita el conocimiento preciso de las razones que motivan a los ciudadanos a participar en política y a determinar la orientación de su voto. Se ha llegado, ciertamente, a aproximaciones, pero no a resultados concluyentes, sobre todo en sociedades en cambio, como la mexicana.

Como campos especializados del conocimiento, tanto la sociología electoral como la ciencia política han tratado de identificar los factores que inciden en la decisión político-electoral del ciudadano, buscando establecer una ponderación de los mismos. Las teorías que se han construido, desde estos campos del conocimiento, y a las que más frecuentemente se acude para tratar de explicar la conducta del votante son la teoría racional (*rational choice)* y la teoría cultural (*cultural theory*). La primera señala que la participación del ciudadano en la política y la orientación de su voto responden a un cálculo y evaluación racional que el elector hace sobre las ventajas y "desventajas," reales o imaginarias, que obtendría de su participación.

De esta forma, la gente evalúa las consecuencias, costos y beneficios de su colaboración y con base en esta evaluación decide participar o no en la política, orientando su voto, también, de acuerdo al resultado de esa ponderación. Por su parte, la teoría cultural enfatiza en aspectos históricos, inerciales y tradicionales (por ejemplo, la tradición familiar), así como de hábito del sufragio, la cultura política o la pertenencia a un determinado grupo social, cofradía o comunidad como elementos que predisponen el voto.

Sin embargo, estos no son los únicos supuestos teóricos que se han construido para tratar de explicar la conducta del elector. Ciertamente, el voto puede ser racional o cultural, pero también hay votos emocionales, que responden, a otra lógica más allá de los esquemas racionales o culturales.

En este ensayo, se describen y analizan los tres paradigmas más utilizados para tratar de entender la compleja y evolutiva conducta del elector. Se parte de la idea de que la política es un campo dominado por la complejidad, la incertidumbre y el dinamismo, por lo que ninguna teoría (racional, cultural o emocional), por si sólo, es suficiente para explicar la gran diversidad de factores que inciden en la conducta del elector.

Paradigmas tradicionales

Así como la mercadotecnia comercial, se preocupa por estudia la conducta del consumidor, la mercadotecnia política también analiza y estudia la conducta del elector. El objetivo es conocer y ponderar los factores que inciden, por un lado, en motivar la participación en la política y, por el otro, en la orientación del voto de los ciudadanos. Al respecto, existen dos modelos pioneros en el estudio del comportamiento del votante.

Por un lado, encontramos el modelo Michigan, que nace precisamente en la universidad norteamericana de Michigan (Campbell, 1960). Este es un paradigma conductista, mismo que se construye y fundamenta en las actitudes políticas que toman los votantes. De esta forma, se señalan tres tipos de actitudes como las de mayor peso en la determinación de la orientación del voto del elector. Primero, la identidad partidaria; segundo, la actitud frente a los temas debatidos en la campaña y, tercero, la simpatía por el candidato.

Por otro lado, encontramos el modelo Columbia, también surgido al seno universitario (Lazarsfeld, 1944 y Berelson, 1954), el cual privilegia las características sociales de los individuos como principales variables explicativas de su conducta electoral. De esta forma, la afiliación religiosa, la clase social e, incluso, el tipo de residencia (rural o urbana) predisponen el voto del elector.

Sin embargo, en los últimos años estos modelos han evolucionado y se han reorientado dentro de lo que hoy día se conoce como la perspectiva racional y la perspectiva cultural. A continuación se describen los fundamentos centrales y modalidades de este tipo de supuestos teóricos, que han sido los más utilizados para explicar el comportamiento del votante.

a. La teoría racional

De acuerdo a esta teoría, el elector evalúa, por un lado, los costos (tiempo, dinero y esfuerzo) y, por el otro, los beneficios o gratificaciones (materiales o intangibles) que implican su participación en la política y la elección de un determinado partido o candidato. Es decir, después de un proceso de evaluación, el votante decide el carácter de su participación y la orientación de su voto, ya sea por la percepción de la utilidad (factor funcional) que recibe por sufragar en un determinado sentido o por el hecho de cumplir con su deber cívico como ciudadano o por apoyar al sistema político vigente (Morrow, 1994). Si los beneficios percibidos por el elector sobre una opción partidista son más altos que los de otras opciones o los costos son menores, entonces habrá una mayor votación por esa alternativa.

El voto de clase social, el voto orientado por *issues* (temas) políticos, el voto económico, el voto estratégico, el voto útil y el voto de miedo son algunas formas específicas, más comunes, que adapta el voto racional.

El voto de clase se determina con base a la ubicación del elector en la estructura social. Es decir, el votante orientará su voto de acuerdo a la clase social a la que pertenece y favorecerá al partido o candidato que mejor represente sus intereses de clase.

El voto por temas electorales se determina con base a la agenda programática y la oferta electoral de los candidatos y partidos. De esta forma, los electores analizan las propuestas y compromisos de campaña de partidos y candidatos y con base a su evaluación e identificación con alguna de estas causas (como puede ser, por ejemplo, la defensa del medio ambiente, el respeto a los derechos humanos o el crecimiento del empleo), deciden la orientación de su voto.

El voto económico se determina de acuerdo a la evaluación que hacen los votantes de las opciones políticas que se le presentan y los posibles beneficios económicos que puede obtener. Un cuestionamiento central de este tipo de voto es el siguiente. ¿Con que tipo de gobernantes me ha ido mejor en el pasado o me puede beneficiar en el futuro, desde la perspectiva económica? ¿Con los del partido A o con los del partido B?. Con base a los análisis, reflexiones y evaluaciones que se derivan de esta interrogante, el elector decide la orientación de su voto. [21]

El voto estratégico, también llamado diferenciado, se produce cuando se celebran elecciones concurrentes o simultaneas para elegir a diferentes representantes populares, como puede ser, por ejemplo, los comicios para presidente de la república, senadores y diputados federales. Este voto se denomina estratégico porque busca generar equilibrios entre las diferentes fuerzas políticas, tratando de evitar que una de ellas tenga un control absoluto o monopólico del poder. De esta forma, este voto se orienta a apoyar, por un lado, a un candidato de un determinado partido o coalición para un puesto de gobierno específico y, por el otro, a candidatos de otros partidos diferentes. Así, por ejemplo, un elector puede decidir votar para presidente de la república por el candidato del partido A, pero vota también para diputados por los candidatos de otros partidos, como puede ser el partido B o el C.[22]

---

[21] Como parte de los modelos económicos que tratan de medir la racionalidad de la decisión del elector están el modelo teórico decisional del voto individual (Buchanan y Tulloc, 1965), la teoría de juegos (Riker, 1962), los modelos espaciales de competición partidaria (Downs, 1957) y los modelos de asignación de recursos en las campañas electorales (Brams, 1978, Kramer, 1966).

[22] Por su parte, el voto inercial, a diferencia del voto estratégico, se produce cuando un elector decide votar en bloque por todos los candidatos de un mismo partido o coalición de partidos.

Se apela al voto útil, como parte del voto racional, cuando, por un lado, no existen posibilidades de triunfo de un determinado partido o candidato que participa en la contienda, y, por el otro, existe una opción política que puede lograr el triunfo si recibe el apoyo de los electores que simpatizan con el partido o candidato que no tiene posibilidades de ganar. De esta forma, el voto, se dice, no se "desperdicia" y, al ser reorientado, ayuda a que una segunda opción gane la contienda electoral. Este fenómeno se presentó en la elección presidencial del año 2000 en México, cuando el entonces candidato de la Alianza por el Cambio, Vicente Fox Quesada, hizo un llamado a los simpatizantes de Cuauhtémoc Cárdenas Solórzano, a la sazón candidato de la Alianza por México, para que no desperdiciaran su voto, sufragando por la opción, la que él encabezaba, que tenía más posibilidades de derrotar al entonces poderosísimo PRI.

Algunos de los planteamientos de campaña, que difunden a través de los medios de comunicación masiva diferentes partidos y candidatos, están orientados no sólo a generar respaldo a una causa o emblema partidista por parte de la ciudadanía, sino también a provocar temor, explotando la resistencia al cambio que muestran muchos electores. De esta forma, algunos mensajes de campaña y actos de los candidatos están direccionados a generar cierto miedo entre la ciudadanía creando el temor de perder lo que se ha logrado o a retroceder a etapas traumáticas, ya superadas. Así, los ciudadanos, principalmente los pertenecientes a las clases más favorecidas económicamente hablando, deciden votar por una opción que les garantiza la conservación del *status quo*, dando origen a lo que se denomina como el voto de miedo.

Este tipo de sufragio es un tipo de voto racional, ya que el elector evalúa las opciones políticas que se le presentan y decide por aquella que le asegura el mantenimiento de la situación que actualmente conserva, sea su empleo, su nivel de vida, su estatus social o incluso, un determinado tipo de convivencia pública, tratando de conservar los beneficios o logros que ha tenido en el pasado, evitando ponerlos en riesgo en el futuro.

Finalmente, tenemos el sufragio circunstancial, que es un tipo también de voto racional, que toma en cuenta la circunstancia del momento que se vive, así como los beneficios que se pueden obtener a corto o mediano plazo. El recibir una despensa, un objeto utilitario o una gestión o promesa de un bien o servicio público puede ser razón suficiente para que el elector decida inclinar su voto hacia una determinada opción política.

La teoría racional, hasta aquí descrita en sus diferentes modalidades y expresiones, supone que los electores saben lo que quieren y determinan la orientación de su voto con información suficiente y de calidad. Sin embargo, este planteamiento no considera aspectos históricos e inerciales que también inciden en el comportamiento del votante. A continuación se describen los supuestos más importantes del paradigma cultural.

b. La teoría cultural

Hemos comentado que la teoría racional resulta insuficiente para explicar, en su complejidad, amplitud y diversidad, todos los casos, razones y motivos que tiene el elector para determinar la orientación de su voto. Ante esta realidad, surgen otros paradigmas que tratan de explicar dichas motivaciones, muchas de las cuales quedan fuera del marco de la elección racional.[23] Uno de ellos es la teoría cultural que enfatiza principalmente en el voto inercial. Este paradigma no es que considere que los votantes sean irreflexivos o que no exista cierta racionalidad detrás de su decisión político-electoral, sino que toman en cuenta otros parámetros, dentro de la esfera cultural, para determinar la orientación de su voto.

De acuerdo a la teoría cultural, el elector decide la orientación de su voto por cuestiones de tradición, hábito o costumbre, porque así lo han hecho sus familiares (tradición electoral de su familia), el mismo o su comunidad a través de los años (las lealtades partidarias tradicionales de grupo). En consecuencia, este tipo de conducta del votante no es resultado de la evaluación y el análisis de la oferta electoral, de los planes programáticos y la calidad de los participantes en la contienda electoral.

Al contrario, este es un tipo de voto inercial y rutinario, que no considera la circunstancia, las campañas, el trabajo proselitista, el tipo y carácter de los candidatos, o las coyunturas específicas del momento, sino que apela a la costumbre o, incluso, a la ideología. El argumento detrás de este tipo de comportamiento electoral es que, a pesar del tipo de candidatos, la oferta electoral existente y la calidad de las campañas, así ha votado en el pasado él y la cofradía a la que pertenece, por lo que no puede traicionar su historia y, mucho menos, sus principios. El llamado voto duro entra como parte de este voto cultural. El voto blando, por su parte, es un tipo de voto más racional.

El voto cultural aduce, también, elementos de pertenencia a una determinada comunidad o grupo, como puede ser la edad y el género o incluso el lugar de residencia. De esta forma, por ejemplo, se dice que los jóvenes tradicionalmente votan por una determinada opción, mientras que los viejos por la otra. Las mujeres prefieren a un partido y los hombres a otro. Casos de votos culturales existen muchos. En México, por ejemplo, el voto campesino ha favorecido tradicionalmente al PRI. Por su parte, las clases medias han tendido a votar por el PAN. En los Estados Unidos, el voto hispano habitualmente favorecía a los demócratas.

Paradigmas emergentes

De acuerdo al paradigma cultural, las campañas cumplen un papel secundario en la formación de la decisión del voto del elector. Se vota por inercia, se dice,

---

[23] Aquí es necesario precisar que esto no implica que el voto cultural no responda a cierta racionalidad.

subestimando el esfuerzo proselitista realizado durante las campañas, así como el impacto de la comunicación política. Sin embargo, en los últimos años han surgido otros modelos teóricos que tratan de explicar el comportamiento del votante, desde una perspectiva diferente, como es el caso del enfoque emocional. A continuación se describe este nuevo enfoque que trata, también, de explicar la conducta del votante.

a. El voto emocional

El principio central de este paradigma, sostiene que el elector es un ser humano emocional, cuyas "cuerdas sensibles" son movilizadas, más bien, desde la perspectiva emotiva, por lo que el partido o candidato que sea capaz de activar y movilizar sus emociones a su favor tendrá mayores posibilidades de ganar la elección.

El sufragio emocional es consecuencia de una identidad partidaria del elector generada a nivel de sus sentimientos, emociones y valores.[24] Si el voto racional dependía de los pensamientos y razonamientos del votante, el voto emocional depende de sus emociones, de la dimensión espiritual y sensitiva de la gente.

La teoría emocional, establece que la gente decide la orientación de su voto con base a ciertas filias y fobias, simpatías o antipatías que se generan al calor de la contienda electoral, así como por las coincidencias con determinados valores, actitudes o estilos de vida con los candidatos. El elector vota, muchas de las veces, por lo que le "dicta" el corazón o el hígado, no necesariamente como reflejo de un acto de evaluación racional de las opciones que se le presentan. La aversión o el afecto del elector hacia los candidatos, emblemas, colores, equipos de trabajo y partidos son factores que determinan la orientación de su voto.

El "voto ganador" que se emite como resultado de la evaluación de las posibilidades de éxito de un determinado contendiente y que se fomenta, en gran medida, ante el conocimiento de los resultados de las encuestas sobre las preferencias electorales de los ciudadanos, es considerado como un sufragio emocional. Se genera la emoción del orgullo de sentirse triunfador, exitoso y ganador, alejándose de la imagen de derrota o inferioridad. No se vota por el programa o la propuesta, sino simplemente por el que tiene más posibilidades de ganar la elección.

El voto emocional es, de una u otra forma, un tipo de sufragio reactivo. El caso de la elección española de mayo del 2004, donde miles de electores decidieron, de última hora, dar su voto al PSOE después de las explosiones perpetradas por terroristas de Al Quaeda en las estaciones de tren de Atocha, es un claro ejemplo de este tipo de voto reactivo.[25] En esta elección, la emoción o el sentimiento del

---

[24] La emoción no está exenta de cierta racionalidad.

[25] Días antes de las elecciones, diferentes encuestas nacionales señalaban como seguro ganador al Partido Popular. Después de los atentados, el PSOE fue el ganador.

elector acalló a la razón, imponiéndose una reacción a las explosiones y al sentimiento de que el Partido Popular y el presidente Aznar habían equivocado el camino de participar, al lado de los Estados Unidos, en la guerra en Irak.[26]

El cuestionamiento que se hace al voto emocional es que es de naturaleza, esencialmente, irreflexivo. Sin embargo, hoy día una gran parte de los candidatos y partido focalizan sus esfuerzos para tratar de movilizar y persuadir al electorado desde la perspectiva emocional. De esta forma, un gran número de votantes son influenciados en sus preferencias y decisiones electorales por el tipo, calidad e intensidad del trabajo proselitista y por las campañas de comunicación persuasiva que desarrollan los partidos, así como por el carisma o imagen del candidato o por la identificación del votante (identidad emocional) con el candidato.

A manera de conclusión

Al votar, el elector basa su decisión en diferentes motivaciones. Algunos, todavía los menos, lo hacen reflexivamente tomando en cuenta la calidad de los candidatos, sus propuestas, ideas, y programas.[27] Otros votantes apelan a la tradición y la costumbre, formándose un hábito de voto a través de los años. Sin embargo, los más deciden la orientación de su voto producto de la emoción que ellos genera la contienda, el carisma y simpatía de los candidatos, el trabajo proselitista de los contendientes y el tipo e intensidad de la comunicación persuasiva que impulsan los partidos.[28] Es decir, la razón, la cultura y, sobre todo, la emoción son los factores determinantes del voto del elector.

El tipo de voto, racional, cultural o emocional, que emite el ciudadano, refleja la etapa de desarrollo de los mercados electorales. Un voto cultural es propio de un mercado en emergencia. Un voto emocional refleja un mercado en semidesarrollo. Por su parte, un voto racional indica una etapa de mayor madurez del mercado electoral.

Finalmente, no resta más que decir que el ciudadano es un sujeto que aprende, madura conforme pasan los años y franquea diferentes experiencias político-electorales. No es lo mismo, políticamente hablando, el elector de la contienda del 2003, que el de la justa presidencial del año 2006. De ahí, la necesidad de

---

[26] Los electores españoles también le recriminaron al gobierno de Aznar por haber intentado manipular la información sobre los autores de las explosiones. Aznar declaró que detrás del los actos terroristas estaba la mano del grupo separatista ETA, cuando las evidencias apuntaban hacia Al Quaeda.

[27] Aquí hay que precisar que a principios de los noventas, iniciamos una nueva época en la política nacional. No sólo los partidos y candidatos adoptaron un perfil más pragmático en la política, desatendiendo su orientación doctrinal, sino que también los ciudadanos adoptaron un perfil menos ideológico y más práctico. De esta forma, el porcentaje de votos duros decreció significativamente, aumentando el número de votos blandos y de indecisos. Esta metamorfosis electoral incidió en la pluralización del sistema político mexicano.

[28] En consecuencia, el partido o candidato que sea más hábil para lograr una conectividad emocional con los votantes y sepa movilizar sus sentimientos y pasiones, será seguramente quien triunfe en los comicios.

profundizar en el estudio de la conducta del ciudadano y de sus motivaciones en materia político-electoral.

INTELIGENCIA EMOCIONAL EN LAS CAMPAÑAS ELECTORALES

Introducción

El concepto de inteligencia emocional (IE) fue acuñado por primera vez en 1990 por Peter Salovery y John Mayer, quienes la describían como una forma de inteligencia social que implica la habilidad para dirigir los propios sentimientos y emociones y las de los demás, saber discriminar entre ellas y usar esta información para guiar el pensamiento y la propia acción.

Sin embargo, ya desde 1920 Thorndike había usado el termino inteligencia social, como una especie de sinónimo de lo que hoy se entiende por IE, para referirse a la habilidad para comprender y dirigir a las personas y actuar sabiamente en las relaciones humanas. Por su parte, Gadner en 1983 hizo referencia a las inteligencias múltiples de la persona, señalando la existencia, entre otras, de la inteligencia intrapersonal y interpersonal como un tipo de competencia social de los individuos.

Recientemente, este constructo psicológico (la IE), fue utilizado y socializado por Daniel Goleman en 1995, aplicado principalmente a las empresas y su entorno laboral. Su tesis principal señala que quienes alcanzan altos niveles dentro de las organizaciones son aquellas personas que poseen un gran control de sus emociones, están motivadas y son generadoras de entusiasmo, además de saber trabajar en equipo, tienen iniciativa y logran influir en los estados de ánimo de sus compañeros.

A partir de estos años, los principios de la IE y su complemento, las competencias emocionales, se han venido desarrollando y aplicando no sólo en las organizaciones empresariales, sino prácticamente en todos los campos de la vida, como lo son el desarrollo personal o la actividad política.

En el campo de las campañas electorales, los principios de la inteligencia emocional usualmente no se han aplicado de manera sistemática o deliberada, aunque si existen algunos casos de su incorporación de manera fortuita y ocasional, tanto por candidatos como por partidos políticos y equipos de campaña.

En el presente capítulo se presentan los principios centrales de lo que se conoce como la inteligencia emocional y su aplicación a las campañas electorales. Se parte de la idea de que el éxito o fracaso de una campaña electoral dependerá, en gran medida, de la incorporación y uso adecuado de los principios de este nuevo paradigma.

El concepto de inteligencia emocional

La inteligencia emocional ha sido conceptualizada de diferente forma. Para Abel Cortese, la inteligencia emocional es un conjunto de destrezas, actitudes, habilidades y competencias que determinan la conducta de un individuo, sus reacciones, estados mentales, etc., y que puede definirse como la capacidad de reconocer nuestros propios sentimientos y los de los demás, de motivarnos y de manejar adecuadamente las relaciones.[29]

De acuerdo a Daniel Goleman (1995), la inteligencia emocional es la capacidad para reconocer sentimientos y emociones en si mismo y en otros, siendo hábil para gerenciarlos al trabajar y relacionarnos con los demás. Es un factor clave para lograr una adaptación exitosa en las diferentes contingencias de la vida. Es un conjunto de metahabilidades que pueden ser aprendidas y mejoradas.

Por su parte, para Ramón Arana la inteligencia emocional consiste en la capacidad para captar las emociones de un grupo y conducirlas hacia un resultado positivo. Este tipo de inteligencia constituye un soporte importante en la dirección de las organizaciones y aporta una serie de guías y recomendaciones que ayudan a la mejora sucesiva y progresiva de la capacidad de liderazgo.[30]

La inteligencia emocional implica el conocimiento de las propias emociones, la capacidad de controlarse a si mismo, el reconocimiento de las emociones ajenas, así como el control y mejora de las relaciones interpersonales. Estrechamente ligado al concepto de IE, se encuentran el de competencias emocionales (CE), que se refiere a su expresión práctica u operativa. Las CE más importantes para lograr el éxito son la auto-conciencia, la autorregulación, la empatía, al motivación y la socialización.

La autoconciencia sirve para reconocer y comprender los propios estados emocionales y sentimientos, así como los ajenos. Ayuda a conocerse a si mismo y a conocer a los demás. La competencia emocional es lograr la autoconciencia y saber despertar estados emocionales positivos (alegría, felicidad, etc.) en uno mismo y en los demás, reprimiendo los sentimientos negativos. Ayuda a mejorar la autoconfianza, a conocer las fortalezas propias, así como las limitaciones.

La autorregulación sirve para controlar y redimensionar los impulsos y estados emocionales negativos. Ayuda a asumir las responsabilidades del propio desempeño, la adaptabilidad al cambio y a aceptar la innovación. La competencia es lograr el autocontrol, la confianza en uno mismo, lograr adaptabilidad, tener iniciativa y orientar el esfuerzo hacia resultados.

---

[29] En www.gestiopolis.com
[30] Véase Ramón Arana, Inteligencia emocional y experiencia directiva en www.capitalemocional.com/articulos/iemodir.htm

La empatía ayuda a sentir y palpar las necesidades de otros, comprender a los demás y tratar de servir y ayudar a nuestros semejantes. La competencia emocional que se mide es la conciencia organizacional, la solidaridad y la orientación al servicio.

La motivación se refiere a las tendencias emocionales que guían o facilitan el cumplimiento de las metas establecidas. Sirve para impulsar con optimismo el trabajo, refrendar los compromisos, iniciar y concluir las empresas propuestas y mejorar el desempeño.

La socialización implica la capacidad para relacionarse con los demás y construir relaciones afectivas estables y duraderas. Las competencias tienen que ver con el desarrollo de la persona, la capacidad de comunicarse con los demás, la capacidad de influir y persuadir, el trabajo en equipo y la cooperación, el liderazgo, el catalizar los cambios, la construcción de redes y el manejo de conflictos.

Emociones y política

Una de las características distintivas del ser humano es que es un ser social y un "animal político." La política, en un sentido amplio, lo determina todo en su vida. Sin embargo, el ser humano es también un animal racional y emocional, que piensa, siente, se emociona y se apasiona constantemente.

En su rol de electores los seres humanos actúan principalmente como individuos emocionales, que son movilizados sentimentalmente por los partidos y candidatos a través de las campañas electorales. Las campañas se convierten así en choques de pasiones, en juegos de poder, en búsqueda de la persuasión del ciudadano y la "conquista de su corazón."

El elector articula su vida política con base en emociones y sentimientos. De ahí la importancia de usar la IE como instrumento para alcanzar los objetivos electorales de los partidos y candidatos, ya que el político que esté más cerca del sentimiento de la gente y de su espacio público será el que pueda alcanzar el futuro.

De esta forma, las campañas más competitivas serán aquellas que han incorporado los principios y sugerencias de la IE en sus procesos. Es decir, el mejor uso de la inteligencia emocional determinará el resultado de la elección. Las campañas exitosas serán aquellas que han sabido incorporar y aplicar los principios de la inteligencia emocional en los procesos de proselitismo y persuasión política. El objetivo central de la aplicación de estos principios será lograr el éxito y hacer las cosas de mejor manera a través del gerenciamiento de nuestros estados anímicos y de las emociones colectivas.

En este orden de ideas no es descabellado definir a la política en la era moderna como el arte de manejar con inteligencia y creatividad las emociones y sentimientos de los demás. En consecuencia, el mejor político es aquel que sabe realizar apelaciones emocionales y logra una conectividad emocional con la gente.

La IE en las Campañas

La inteligencia emocional puede utilizarse en toda campaña electoral, ayudando a mejorar su nivel de competitividad e incrementando las posibilidades de éxito de la misma. Prácticamente en todas las áreas y actividades de una campaña es posible la incorporación de los principios y recomendaciones que proporciona este nuevo paradigma. Sin embargo, en las siguientes esferas es donde mayor utilidad puede proporcionar.

a. Formación y motivación de equipos de campaña

Las campañas electorales son esfuerzos de proselitismo político que realizan equipos de trabajo. No puede concebirse una campaña electoral impulsada por un solo individuo, ya que detrás de toda campaña exitosa se encuentra siempre un gran número de colaboradores, militantes y simpatizantes, ya sea del partido político postulante y/o del propio candidato.

Sin embargo, a pesar de lo que se aparenta, trabajar en equipo durante una campaña no es fácil, ni es una práctica común. Al contrario, los individualismos siempre tratan de imponerse por encima de la cooperación; la centralización de acciones y decisiones sustituye la delegación de tareas y la concentración del poder debilita el *empowerment* y la confianza que se les debe dar a los miembros del equipo de campaña.

La IE ayuda a estos individuos a trabajar en equipo creando la sinergia grupal para alcanzar las metas colectivas. Es decir, a través del conocimiento de las emociones propias, así como de las ajenas y el fomento de buenas relaciones interpersonales se fomenta la cooperación y el trabajo en grupo.

La IE ayuda, además, en la motivación de los equipos de campaña, ya sea convocándolos a realizar un mayor esfuerzo para mejorar o alcanzar las metas buscadas o logrando que los miembros del equipo se identifiquen con los objetivos y propósitos del partido, así como que persistan en la consecución de los objetivos, a pesar de los obstáculos y los contratiempos. Esto es, motivándolos emocionalmente a ser productivos y convenciéndolos de que las tareas y acciones que realicen las hagan con entusiasmo y compromiso.

b. Comunicación y relaciones interpersonales

La política es comunicación. No puede haber política sin comunicación y sin el fomento de las relaciones interpersonales. El mejor político es aquel que sabe comunicarse con los demás y tiene la habilidad para cultivar una serie de relaciones con la gente.

La IE ayuda también a las campañas a lograr una mejor comunicación con los electores y a construir una red de relaciones con grupos amplios de ciudadanos. Esto es, ayuda a escuchar, relacionarse con los demás y a establecer vínculos afectivos con otras personas, creando una serie de redes sociales y el involucramiento del individuo en los asuntos de interés común.

A través de la IE se pueden utilizar tácticas de persuasión e influencia adecuadas y eficaces, emitir mensajes claros y convincentes, movilizar las emociones y sentimientos de los demás, así como establecer relaciones duraderas con determinados públicos. A través de la comunicación emocional es posible conocer, también, el mundo sentimental y emotivo de los electores, ayudando en el proceso de persuasión política.

De acuerdo a los principios de la IE, toda comunicación política para ser efectiva debe tener una orientación emocional, buscando persuadir al elector desde su perfil humano, atendiéndolo como persona, no sólo como elector.

c. Solución de conflictos

Los conflictos son consustanciales a la existencia misma de las organizaciones. Es decir, en toda organización, sea empresarial o política, siempre se presentarán diferentes tipos de conflictos. El problema no es que se presenten, sino que no exista la capacidad para poderlos procesar adecuadamente.

En las campañas electorales, los conflictos a su interior adquieren dimensiones mayores, ya sea por la falta de una cultura del trabajo en equipo, por los intereses divergentes que se congregan en toda campaña o por la imposición de las individualidades de sus integrantes. Los conflictos en las campañas reducen sus posibilidades de éxito, desmotivan a los integrantes de los equipos de trabajo y generan una imagen negativa al exterior, ahuyentando los votos de los ciudadanos.

La IE ayuda a resolver conflictos con creatividad y a generar un espíritu de colaboración entre todos, adiestrando a la gente en la negociación funcional y ayudando a que las personas interpreten adecuadamente los sentimientos, emociones e intereses de la otra parte. A través de la IE se enseña, además, a valorar la diversidad y respetar el disenso, ayuda a manejar con diplomacia y tacto situaciones tensas y personas difíciles, auxiliando a alentar el debate constructivo y la discusión franca.

La IE ayuda, también, a llegar a acuerdos y consensos, así como a formar el espíritu de triunfo que siempre debe predominar en todo equipo de campaña; mejora la comunicación, el clima laboral y las relaciones interpersonales; afianza el compromiso de la gente con los propósitos de la campaña y fomenta el optimismo y la iniciativa entre sus miembros.

La IE puede auxiliar, además, a las campañas a articular una mejor agenda política, tratando de dar razones suficientes a los electores para que depositen su confianza y su voto a favor de una determinada causa partidista. La agenda emocional de una campaña inteligente debe contemplar la solución a problemas y necesidades funcionales, emocionales y simbólicas de los votantes.

En fin, las campañas que se sustentan en la IE son más competitivas, logran una mayor adaptación a las circunstancias de la coyuntura política del momento y se adaptan a los cambios que se presentan durante el proceso electoral.

Campañas que fracasan

Las campañas que fracasan son ejercicios políticos caóticos y con falta de control. Son incapaces de poderse comunicar y persuadir a los demás. Sus estructuras son generalmente rígidas, por lo que no son capaces de adaptarse a los cambios del entorno.

Cultivan relaciones muy pobres y endebles con la gente. No logran construir equipos sólidos y motivados de campaña. La conectividad emocional con los electores es prácticamente inexistente o es de carácter negativa. Es decir, generan el rechazo y la critica de los electores. No establecen ningún tipo de *rappor*t y empatía con los demás.

Sus líderes muestran un exceso de arrogancia, agresividad y prepotencia. Entran a la política en busca de un beneficio personal. Son incompetentes para relacionarse con los demás y incapaces de persuadir a los ciudadanos. Son analfabetas emocionales, oportunistas, que creen que la política y la ética se contraponen, en lugar de complementarse. No gobiernan sus sentimientos y emociones, por el contrario frecuentemente explotan y desbordan en sus emociones.

La IE y los Candidatos

La IE ayuda a las organizaciones a alcanzar sus objetivos. Sin embargo, su aplicación implica un compromiso también individual de los miembros y líderes de las organizaciones. En las campañas políticas, los candidatos juegan un papel muy importante para lograr el éxito esperado. Pero sólo los candidatos que sean más "emocionalmente competentes" tienen mayores posibilidades de ganar una elección. De hecho, un principio central de la IE es que el éxito de los candidatos depende más de las competencias emocionales que de sus capacidades cognitivas.[31]

A continuación se describen las áreas en las que puede ayudar la IE a los candidatos para realizar mejor su trabajo e incrementar las posibilidades de triunfo.

---

[31] Lo bueno es que las competencias emocionales se pueden aprender y mejorar.

a. Capacidad de adaptarse a los escenarios cambiantes

La IE ayuda a los candidatos a comprender que el cambio es algo normal, al que hay que adaptarse de manera permanente. En consecuencia, los líderes que manejan la IE están siempre abiertos a las ideas novedosas y diferentes, hayan soluciones originales y creativas para los problemas, aceptan riesgos y desafíos, son flexibles en su visión de los hechos y son altamente efectivos en adaptarse a los escenarios cambiantes. Esto es, no se oponen al cambio, sino que lo liderean.

b. Control y manejo de sus emociones

Los candidatos expertos en IE tienen un dominio de sus emociones y sentimientos, así como de los impulsos perjudiciales. Son personas con una alta autoestima, confiables y responsables en el cumplimiento de sus tareas. Conocen sus puntos débiles y fuertes, son reflexivos y aprenden de la experiencia. Aceptan la critica y mejoran con base a ella. Conocen sus valores y metas y los utilizan como referentes para la acción futura. Admiten los errores, y buscan superarlos. Cumplen con los compromisos y honran la palabra empeñada.

c. Capacidad para relacionarse y comunicarse

Los candidatos con IE perciben las emociones y sentimientos de los demás y tratan de comprenderlas y actuar en consecuencia. Saben comunicar sus ideas y persuadir a los demás. Saben escuchar y manejar con efectividades las emociones ajenas. A través de la comunicación trasmiten emociones y movilizan sentimientos. Son efectivos en el intercambio de ideas, buscan el entendimiento mutuo y comparte información de buen gusto. Ingresan fácilmente a una conversación y saben mantenerla por un gran tiempo.

Son personas extrovertidos y sociables. Son grandes comunicadores, virtuosos lingüísticamente y con una gran rapidez de pensamiento. Cultivan diversas relaciones con líderes y grupos específicos, son hábiles para relacionarse con los demás. Saben escuchar y son alta e inteligentemente expresivos. No generan "anticuerpos" con nadie, no hieren, sino que construyen, proponen, le ven el lado positivo a las cosas.

d. Mayor eficacia y madurez personal

La IE ayuda a los candidatos a ser más eficaces y a tener una mayor madurez emocional.
Este tipo de personas nunca "pierden los estribos," mantienen siempre un buen estado anímico y ejercen un autodominio emocional.

Son personas proactivas y persistentes. Se orientan hacia resultados, se fijan metas difíciles y se esfuerzan por alcanzarlas. Aprenden a mejorar su desempeño y están dispuestas a aprovechar cualesquier oportunidad para avanzar, no operan con miedo al fracaso sino con la esperanza en el futuro.

e. Visualización y solución de conflictos

La IE auxilia a los candidatos en la solución de los conflictos, identificándolos desde su gestación, evitando que estos se agraven ante la falta de una intervención oportuna. Ayudan, además, a dirimir conflictos y dificultades que se presentan durante la campaña y dentro de los equipos de trabajo.

f. Trabajo en equipo

Un candidato con alta IE estimula el trabajo en equipo, sabe delegar tareas y divide con justicia el trabajo y las responsabilidades. Tiene una alta autodisciplina y capacidad de iniciativa. Es capaz de generar la confianza de los demás y de establecer un adecuado *rapport* con ellos. Buscan el bien común y orientan sus acciones hacia el servicio. Son personas que no compiten sino colaboran. Alientan y aconsejan a los demás. Muestran una alta eficacia grupal, cooperación y habilidad para negociar las disputas.

Un candidato con alta IE es, también, capaz de tener empatía con los demás, ponerse en el lugar de otra persona y comprender los intereses de los demás, al mismo tiempo que tiene los suyos. Al conocer los sentimientos de la gente, puede articular diversas estrategias para lograr su aprobación y apoyo.

Comentarios finales

Hoy día, las normas que gobiernan la política están cambiando, por lo que los argumentos más convincentes y poderosos se deben dirigir tanto a la cabeza (inteligencia) como al corazón (emocional), buscando convencer a la gente dando razones suficientes, pero también tratando de movilizar sus emociones y sentimientos.

La IE es un instrumento muy importante en las campañas electorales. En primer lugar, ayuda a potenciar el liderazgo de los candidatos y a mejorar el nivel de competitividad de las campañas. En segundo lugar, la IE auxilia a los candidatos en su afán de triunfo, mejora las relaciones sociales y ayuda a perfeccionar sus habilidades directivas. En tercer lugar, posibilita una mayor motivación de candidatos y equipos de campaña, logra una mayor empatía políticos - electores y mejora las relaciones entre ambos. [32] En cuarto, lugar, la IE mejora la capacidad de vínculo y comunicación con las audiencias, conectándose con el sentido común de la gente. En quinto lugar, la IE posibilita un mayor autocontrol y el manejo de

---

[32] De hecho, para trascender en el futuro el principal reto de la política es superar la emoción de rechazo y aversión que predomina en una gran parte de la ciudadanía respecto de la propia política y de los actores e instituciones políticas.

las propias emociones de los candidatos y de los votantes. Finalmente, la IE ayuda a los candidatos a trascender a las propias campañas y a establecer vínculos afectivos y duraderos con los electores.

Un líder con una alta IE sabe forjarse una visión global que permite planificar estrategias de acción para el futuro y es capaz de ver las cosas en perspectiva y sabe leer con precisión las relaciones clave de poder. Es una persona que aprende, que sabe escuchar y comunicarse emocionalmente con los demás. Ofrece respuestas creativas ante los contratiempos y los obstáculos. Es capaz de controlarse así mismo, adaptable a los cambios y con una alta motivación e iniciativa.

Para finalizar, sólo basta decir que la IE incluye dos aspectos centrales en la ordenación de la sociedad y la política: la razón y la emoción, motores que mueven al mundo y lo transforman.

COMPETITIVIDAD EN CAMPAÑAS ELECTORALES

Introducción

El término competitividad se utiliza, principalmente, en el sector empresarial, para referirse a la capacidad de una organización para competir en el mercado logrando su supervivencia y desarrollo (Porter, 1995 y 1996, Begg 2002, Sobrino 2002). Este término alude, además, al proceso de generación y difusión de competencias, a las capacidades de determinadas empresas y naciones para actuar exitosamente en un mundo globalizado.[33]

De acuerdo a Porter (1995), se entiende por competitividad a la capacidad de una organización de mantener sistemáticamente ventajas comparativas que le permiten alcanzar, sostener y mejorar una determinada posición en su entorno. Competitividad significa un beneficio sostenible y es el resultado de una mejora de calidad constante, así como de su capacidad innovadora. La competitividad es un aspecto determinante en la vida de las empresas, de tal forma que su éxito o fracaso en el mundo globalizado dependerá de sus ventajas competitivas.

Si bien el paradigma de la competitividad se ha desarrollado históricamente en la empresa, esto no implica que no se pueda utilizar en otras áreas de la vida nacional, como lo es la política y, en lo particular, en las campañas electorales, campos también altamente competidos.

La política y la competitividad tradicionalmente aparecen como áreas distanciadas con pocas cosas en común. Esto, por ejemplo, se ve reflejado en la cantidad y calidad de estudios e investigaciones que se hacen al respecto. De hecho, las campañas político-electorales han sido abordadas, a pesar de su importancia, sólo de manera superficial e insuficiente desde la perspectiva del paradigma de la competitividad.

La literatura especializada habla, más bien, de elecciones competitivas, semi-competitivas y no competitivas para referirse al predominio y vigencia de ciertas libertades y derechos cívico-políticos. De esta manera, por ejemplo, de acuerdo a Nohlen (1981) en las elecciones competitivas, propias de los sistemas democráticos, el ciudadano ejerce el sufragio libremente y existen opciones reales para elegir. Las elecciones son semi competitivas si existen ciertas libertades de elección, pero éstas se encuentran limitadas, ya sea por el Estado o algún factor de poder. Estas elecciones son propias de sistemas autoritarios. Las elecciones no competitivas, propias de sistemas totalitarios, no existe la libertad de elección, no hay opciones reales para elegir (solo una), predominando el control y la coacción del elector.

Por tal motivo, en este capítulo se describe las campañas electorales desde la perspectiva del paradigma de la competitividad. Se enlistan las características

---

[33] Enrique Cabrero, Alicia Ziccardi e Isela Orihuela, Ciudades competitivas. Ciudades Cooperativas: Conceptos claves y construcción de un índice para ciudades mexicanas, www. cide.mx fecha de consulta 20 de agosto del 2004.

distintivas de las campañas competitivas, así como se elaboran algunas topologías de las mismas. Finalmente, se construyen algunos indicadores de competitividad aplicados a las campañas político-electorales.

Abordaje conceptual

Existen dos términos que, a simple vista, significan lo mismo, pero que, en realidad, son diferentes. El primero es el de campaña competitiva y el segundo el de campaña competida. La competitividad es definida como la capacidad (habilidad, destreza, conocimiento, saberes, cualidades, inteligencia) de competir o de superar a la competencia. Por su parte, la campaña competida se refiere al nivel de la disputa electoral, refiriéndose, generalmente, a las campañas altamente disputadas o parejas.

Esto es, en la política, ser competitivo implica no sólo el conocer el sistema político (las reglas del juego) y poseer habilidades de dirección y comunicación, sino además, el lograr un alto nivel de visualización social (ser conocido), tener una buena imagen (ser percibido como persona capaz, honesta y responsable) y alcanzar una alta rentabilidad electoral (capaz de ganar la confianza del ciudadano y su voto). En la política electoral, además el término competitividad está muy relacionado con el de rentabilidad electoral, entendido este último como la capacidad de ganar votos en una elección.

La competitividad implica una posición relativa respecto de los demás. Es, de cierta manera, una relación que se establece entre pares en la búsqueda de la supervivencia y el liderazgo. Porter (1995) define a la competitividad, como lo señalamos anteriormente, como la capacidad de una organización para desarrollar y mantener sistemáticamente ventajas competitivas, que le permitan disfrutar y sostener en el tiempo una posición destacada en el entorno en que actúa.

Para fines del presente capítulo, se entiende por competitividad la capacidad de una organización (partido, candidato, equipo de campaña, directivos, etc.) para lograr un alto nivel de posicionamiento (improntación) electoral y un mayor número de sufragios respecto de sus competidores, ganando, en consecuencia, un mayor número de espacios de representación pública. Es decir, la competitividad implica la capacidad de conquistar los mercados y constituir exitosamente mayorías electorales duraderas.

La competitividad es una construcción colectiva, es el resultado de una combinación de factores y recursos que se conjugan en una campaña y que se relacionan con el contexto o entorno en el que se desarrollan. Las competencias se adquieren, se movilizan y se desarrollan continuamente.

Tipología

Podemos identificar varios tipos de competitividad. La interna y la externa. La primera se refiere a la capacidad de corrientes grupos y personajes que existe al interior de las formaciones políticas para ganar el voto de sus pares y ocupar espacios de representación, manifestándose, principalmente, al momento de la elección de dirigentes partidistas y candidatos a los diferentes puestos de elección popular. Por su parte, la competitividad externa tiene que ver ya con la contienda constitucional e implica la capacidad de disputar los espacios de representación pública con otras opciones políticas a través de la conquista de los votos de los electores.

Al respecto, hay que señalar que no siempre hay coincidencias entre la competitividad interna y la externa. Muchas veces, el nivel de competitividad al interior de las organizaciones por el cargo de dirección o por la postulación a cargos de elección popular es muy alto, sin embargo, el nivel de competitividad externa es muy bajo.

En otro orden de ideas, es necesario decir que toda campaña electoral se sustenta en estrategias competitivas, las cuales pueden ser genéricas o particulares (específicas). Las estrategias genéricas, como su nombre lo indica, son de amplio alcance y, habitualmente, se aplican sobre la totalidad de la organización. Por su parte, las estrategias específicas están más direccionadas y tienen un alcance menor.

Lo recomendable es que los partidos impulsen estrategias competitivas genéricas, mientras que los candidatos deben apoyar las estrategias competitivas más particularizadas. Esto es, los partidos deben preocuparse, centralmente, por el nivel de debate sobre los asuntos públicos, el posicionamiento de la organización, la vida interna y la imagen de la institución, mientras que los candidatos deben enfocar sus esfuerzos, principalmente, a ganar votos.

Existen diversos factores que estimulan o inhiben la competitividad. Los de nivel macro y los de nivel micro. Los primeros son factores generales que inciden en el desarrollo de las contiendas electorales como el tipo y carácter de la legislación electoral (bipartidismo o pluripartidismo), el clima político (armonía o canibalismo) existente al interior de las organizaciones partidistas y del mismo sistema político, así como, los estímulos o recompensas que se perciben como resultado de la participación en la política (beneficios económicos, políticos y sociales). Los factores micro son de carácter más particular y tienen que ver con la motivación de los actores políticos, la capacidad de organización, los recursos con los que se cuenta, así como las capacidades y talentos que se incorporen a la campaña, entre otros.

Características de campañas competitivas

Sólo las campañas altamente competitivas logran el éxito en las elecciones. Las características de este tipo de campañas tienen que ver con sus recursos, sus acciones y predicciones. Las siguientes son las más importantes.

Primero, ante la escasez de recursos de todo tipo, una campaña es competitiva si es capaz de agenciarse mayores recursos (económicos, humanos, materiales y tiempo) y los sabe usar de mejor manera que sus competidores.[34]

Segundo, una campaña es competitiva si es capaz de lograr una mayor visibilidad de sus candidatos, partido y propuestas programáticas, así como de ganar la confianza y el sufragio mayoritario de la gente.

Tercero, una campaña es competitiva si tiene la capacidad de convertir las debilidades propias en fortalezas y las fortalezas de sus adversarios en debilidades.

Cuarto, una campaña competitiva es capaz de adecuarse al entorno cambiante, continuo, complejo e incierto. Es decir, es capaz de adecuarse y sobrevivir a la nueva realidad política, donde lo único constante es el cambio y lo único cierto es la incertidumbre.[35] Un medio político hipercompetido tanto al interior de las organizaciones partidistas como a su exterior.

Quinto, una campaña competitiva es aquella que logra el éxito, a pesar de los contratiempos y obstáculos que encuentra en el camino, siendo hábil para superar a la competencia, capaz para incorporar talentos creativos y de adquirir conocimientos de frontera, asimilarlos y aplicarlos a sus acciones y procesos cotidianos.

Sexto, una campaña competitiva aprende, innova, siendo capaz de responder rápidamente y con inteligencia a los ataques, estratagemas y planes de la competencia y los adversarios políticos. Recuérdese que la mejor estrategia es aquella que va dirigida a destruir la estrategia del adversario.

En suma, la competitividad de una campaña tiene que ver con la habilidad y eficacia para poder conquistar una porción del mercado electoral lo suficientemente amplia para ganar la elección.

Partidos y candidatos competitivos

---

[34] Por ejemplo, un mayor financiamiento externo proveniente de fuentes alternas, legalmente reconocidas.
[35] VILLAREAl, R. Y Villareal T. IFA: La empresa competitiva sustentable en la era del capital intelectual, México. Mc Graw Hill, 2003.

La competitividad se da a nivel de organizaciones, procesos e individuos. De esta forma, encontramos partidos más competitivos, campañas más competitivas y candidatos más competitivos que otros. Quien concentra estos tres tipos de competitividad generalmente logra el éxito de la elección y en la política.

La competitividad debe ser visualizada y desarrollada por la organización como un proceso sustentable e integral, con una visión sistémica del proceso político como totalidad en la que no sólo los partidos, candidatos y equipos de campaña sean competitivos, sino también sus estrategias, su organización y la forma que utilizan los recursos, así como los gobiernos salidos de sus filas. La competitividad debe ser sustentable, entre otras cosas, porque ninguna ventaja es inmutable, ya que éstas se vuelven obsoletas en poco tiempo.

Un partido competitivo impulsa una campaña permanente con una visión sistémica. No hay tregua ni descanso, siempre está trabajando. Es decir, se preocupa por ganar las elecciones, pero sobre todo, por ejercer un gobierno responsable y eficiente, ve más allá de la gesta electoral, trabajando permanentemente por satisfacer las expectativas de los ciudadanos.

La innovación y el capital intelectual son insumos importantes para los partidos en la generación de las ventajas competitivas. Un partido con visión de futuro debe construir diversas estrategias y tácticas para lograr una competitividad de cuño sustentable.

Por su parte, un candidato competitivo es aquel que goza de una buena imagen pública, tiene una trayectoria y experiencia importante, posee una alta capacidad de dirección y comunicación (habilidades directivas), ha acumulado conocimientos y saberes, así como asegura una alta rentabilidad electoral.

Además, ante el hecho de que los partidos y candidatos cambian muy frecuentemente sus estrategias, un candidato competitivo es aquel capaz de adecuarse a los cambios y de responder con oportunidad e inteligencia a los retos que presenta la coyuntura electoral.

Ventajas competitivas

Las campañas logran diferenciarse y ser exitosas debido a una serie de cualidades y estrategias implementadas, que se denominan ventajas competitivas. Estas son definidas como las características o atributos que posee toda campaña que le da cierta superioridad sobre sus competidores.

La ventaja de una campaña se encuentra, principalmente, en sus habilidades, recursos, conocimientos, su capital humano y el uso de las nuevas tecnologías para la persuasión. Cada formación política debe conocer cuales son sus ventajas comparativas con respecto de su competencia y de que manera las puede utilizar inteligentemente para ganar la elección.

Estas ventajas se dividen en estáticas y dinámicas. Las primeras tienen que ver con la creación de una estructura territorial del partido, con los recursos materiales (infraestructura) con los que cuenta y, sobre todo, con el historial del partido y del candidato. Estas ya existen y difícilmente pueden cambiar o lo hacen muy lentamente.

Por su parte, las ventajas dinámicas, que son construidas, son mucho más amplias. Incluyen, entre otras cosas, el nivel de institucionalización de la organización; el posicionamiento del partido y del candidato en el mercado electoral, incluyendo el número de militantes y simpatizantes con los que cuenta la organización; el tipo de candidato postulado (su carisma e imagen, su inteligencia verbal, su trayectoria, experiencia y honorabilidad); el grado de legitimización de la candidatura (producto de un proceso democrático); la circunstancia del escenario macroeconómico (economía estable, en crecimiento o en crisis); el nivel de eficiencia de la administración pública (gobierno de resultados, responsable, cercano a la gente y honesto); la innovación tecnológica que se incorpora a la campaña (tecnomarketing); los recursos humanos capacitados (entrenamiento y educación); el grado de unidad y motivación del equipo de campaña; la calidad y pertinencia de la propuesta programática; el tipo de estrategia proselitista y de comunicación persuasiva utilizada, así como el monto de los recursos económicos con los que se dispone.

Toda campaña es influenciada, también, por ciertas determinantes principales de la competitividad que, están muy ligadas al concepto de ventajas. Estas son la cantidad y calidad del capital humano (habilidades, conocimientos, destrezas, saberes), los recursos económicos con los que cuenta, la tecnología e infraestructura disponible, así como el nivel de posicionamiento político que logra y el número de votos que conquista.

Además de las ventajas, toda campaña requiere contar con estrategias competitivas que no son más que la forma concreta que adapta la política para aumentar sus competencias técnicas, persuasivas y organizacionales. Sin embargo, es importante señalar que las nuevas estrategias en la política son de movimiento, no de posiciones (D`Aveni, 1994). Es decir, el reto es como mejorar la posición competitiva en el mercado electoral aumentando la velocidad y la capacidad de respuesta, cerrando la brecha de la competitividad con el líder y ampliándola con el competidor que viene detrás, siempre en movimiento (Villareal, 2003).

Las campañas competitivas presentan un gran número de ventajas como lo son el superar a la competencia, conocer a mayor profundidad el mercado, adaptarse mejor al cambio y lograr una excelente organización. Sin embargo, también poseen ciertas desventajas, ya que se enfocan permanentemente hacia la conquista del mercado electoral, muchas veces sin reparar en los medios utilizados, lo que genera un cuestionamiento ético. Por el otro, algunas veces, por los excesos en los que se cae, se produce una saturación mediática y el hartazgo no sólo de los integrantes del equipo de campaña, sino de los propios electores, amen del desgaste y estrés permanente que se genera entre los competidores.

Niveles de competitividad

Las campañas electorales presentan diferentes niveles de competitividad, de acuerdo a su capacidad para conquistar la confianza y el sufragio de los ciudadanos. De esta forma, encontramos campañas con bajo, intermedio, alto y muy alto nivel de competitividad.

Las primeras son generalmente campañas caóticas y desorganizadas, que postulan a candidatos con un pobre historial, sin experiencia en la política y carentes de las más mínimas habilidades directivas, organizadas por partidos amateurs, prácticamente desconocidos por los votantes. Son campañas que difícilmente logran atraer el interés de los electores, generando desconfianza y rechazo por parte de la ciudadanía.

Las campañas con un intermedio nivel de competitividad son aquellas que consiguen cierta visibilidad y posicionamiento en el mercado, pero que no logran trascender. Son campañas improvisadas, que no han sabido incorporar talentos, capacidad organizativa, ni tecnologías gerenciales en sus procesos. Son campañas que logran, con dificultad, el porcentaje de votos necesarios sólo para mantener el registro legal del partido, pero nunca alcanzan el triunfo electoral.

Las campañas con un alto nivel de competitividad son ejercicios proselitistas sofisticados que han incorporado los nuevos conocimientos y saberes de la mercadotecnia política y el gerenciamiento de los procesos electorales. Son campañas profesionalizadas, dirigidas por especialistas, pero que son frecuentemente superadas por la competencia. Son campañas altamente protagónicas, que logran "dar la pelea" con los competidores, pero que van atrás de la competencia. Logran ser ocasionalmente exitosas, debido más a las debilidades y errores de los adversarios que a las fortalezas propias.

Las campañas con un muy alto nivel de competitividad son siempre exitosas. Son ejercicios proselitistas altamente profesionalizados y organizados, que se fundamentan en los conocimientos de frontera sobre los temas de la mercadotecnia política, la gerencia de campañas, la psicología, la administración y la ciencia política. Este tipo de campañas son ejercicios políticos inteligentes que se sustentan en el desarrollo tecnológico, el conocimiento preciso y profundo del elector, el desarrollo organizacional y del capital humano, así como en conocimientos de frontera en materia de persuasión y proselitismo político-electoral.

Indicadores para medir la competitividad

La competitividad de una campaña se mide por las habilidades y la inteligencia destacadamente mayor que poseen sus directivos (candidato, partido, coordinador de campaña, etc.), por encima de sus competidores. Para medir el grado de competitividad se debe hacer uso de ciertos indicadores, obtenido a través de la investigación cuantitativa.[36] Algunos de estos indicadores, más importantes, para medir el nivel de competitividad de una campaña son los siguientes.

a. Nivel de conocimiento por parte de los ciudadanos del partido o candidato. (altamente conocido, poco conocido o no conocido por los electores).
b. Nivel de aprobación o rechazo por parte de los ciudadanos del partido o candidato (opinión favorable o desfavorable).
c. Número de militantes y simpatizantes reconocidos
d. Número de votos recibidos por el partido en elecciones pasadas
e. Número de espacios de representación popular ganados en elecciones pasadas

En toda campaña, también existen ciertos inhibidores de la competitividad, que reducen sus posibilidades de éxito. Los más importantes son, en primer lugar,[37] los conflictos, el canibalismo y las divisiones internas; en segundo lugar, los escándalos públicos ligados a la deshonestidad y el abuso de autoridad;[38] en tercer lugar, el caos y la desorganización; en cuarto lugar, el incumplimiento de la legalidad y la injusticia; en quinto lugar, el ejercicio mediocre de la función pública (cuando se es gobierno); en sexto lugar, el trato desigual y el favoritismo (tráfico de influencias) hacia algunas personas o sectores; en séptimo lugar, la falta de capacidad para concretar alianzas con otras fuerzas políticas y sociales, entre otras.

El índice de competitividad determina el posible resultado de la campaña y el futuro de los partidos políticos. Candidatos y partidos con bajo índice de competitividad seguramente perderán las elecciones y tenderán a desaparecer. Por el contrario, aquellos que conserven altos índices de competitividad tenderán a ocupar los espacios de representación pública.

Comentarios finales

El éxito o fracaso de una campaña dependerá de su nivel de competitividad. Una campaña altamente competitiva será una campaña exitosa. Por el contrario, una campaña con bajos niveles de competitividad, muy seguramente, será una campaña perdedora. En otras palabras, el nivel de competitividad determinará qué campaña, qué partido y qué candidatos alcanzarán el poder.

---

[36] Resulta difícil construir indicadores para medir la competitividad de las campañas electorales. Esto se debe a varias razones. Primero, porque las campañas son ejercicios proselitistas temporales con una duración muy limitada de tiempo. Segundo, no es fácil poder medir el grado de persuasión o convencimiento de los electores, solo su simpatía y su voto.
[37] El orden aquí señalado, no implica el nivel de importancia de estos inhibidores.
[38] En la política, hay una máxima que señala que se debe permitir todo menos el escándalo.

La competitividad de una campaña no es producto de la casualidad, ni surge por generación espontánea, sino que se crea y se logra gracias al esfuerzo sostenido, la visión, disciplina y capacidad de los dirigentes y candidatos de una organización política.

Los partidos requieren estimular la competitividad tanto interna como externa para darle una mayor sustancia y calidad a la naciente democracia mexicana. Sin embargo, es importante diferenciar entre altos niveles de competitividad y altos niveles de conflictividad, ya que, esta última, en lugar de fortalecer y consolidar la democracia puede debilitarla.

El ser competitivo reclama una forma diferente de pensar de los partidos y candidatos, un nuevo modelo mental, con un nuevo estilo de gestión política. La competitividad implica, de cierta manera, crear partidos y candidatos de una nueva generación, con una nueva perspectiva de los asuntos públicos y gubernamentales.

LA ESTRATEGIA CENTRADA EN REDES

Introducción

Las campañas electorales son procesos intensos de comunicación, proselitismo, organización y movilización electoral que realizan los partidos y sus candidatos con el fin, por un lado, de obtener el voto de los ciudadanos para ganar una elección a un cargo de representación popular y, por el otro, de retirarles apoyos y votos a los adversarios. El fin último de toda campaña electoral, aunque no el único, es construir mayorías electorales para ganar espacios de representación pública. Estos esfuerzos proselitistas son prácticas comunes en todos los países con sistemas políticos democráticos, quienes han institucionalizado las elecciones como una forma de disputa civilizada del poder entre diferentes grupos sociales y políticos.

En México, las campañas electorales tienen una vieja historia. La primera elección para definir a un representante popular, en lo que hoy se denomina Estados Unidos Mexicanos, se realizó en 1828, época que coincide con el inicio y la construcción del Estado Mexicano. A partir de esta fecha, las campañas empezaron a institucionalizarse, como ejercicios rutinarios para definir el carácter de la representación pública. Sin embargo, por muchos años las campañas se transformaron en meros ritos protocolarios para el acceso al poder político, ya que debido a la predominancia de un partido hegemónico de Estado, las contiendas eran realmente inequitativas y poco competidas.

A partir del inicio del proceso de transición a la democracia mexicana, que se dio a fines de la década de los ochentas del siglo XX, las campañas electorales empiezan a ser mucho más competidas y se transforman en mecanismos legítimos y genuinos férreamente disputados por dos o más actores políticos para el acceso al poder público. De esta forma, de meros ritos protocolarios las campañas se tornaron en verdaderas confrontaciones entre candidatos y partidos por la disputa del poder.

Hoy día, las campañas se han transformado en ejercicios sofisticados y modernos en los que se involucran e invierten grandes sumas de dinero, tiempo y recursos humanos para tratar de alcanzar o conservar el poder.

Debido al alto nivel de competencia inter e intrapartidista, los candidatos y partidos han ideado todo tipo de estrategias para tratar de alcanzar sus objetivos políticos, tratando de persuadir y movilizar a un elector cada día más escéptico y reacio a la política.

De esta forma, ante la creciente crisis de imagen de los partidos y una mayor apatía ciudadana, se han buscado formas alternativas y/o complementarias para tratar de obtener un mayor número de votos, impulsando la creación de redes (sociales, familiares, de interés, político ideológicas) como parte de sus estrategias proselitistas.

Estas redes han posibilitado, por un lado, la incorporación de más ciudadanos a las actividades político-electorales que, de otra forma, sería muy difícil lograr, ya que, generalmente, predomina entre amplios sectores sociales un profundo recelo y desconfianza hacia los partidos y muchos de sus candidatos y, por el otro, las redes han permitido una mayor penetración y movilización electoral.

Como toda red, las redes en las campañas electorales, se sustentan en un conjunto de relaciones (sociales y políticas) que varían de acuerdo al grado de cercanía, confianza, amistad y compromiso en la que se establece dicha relación.[39]

En el presente capítulo, se hace una descripción de las redes impulsadas en las campañas electorales con el fin de aumentar la posibilidad de triunfo de los candidatos y partidos contendientes, partiendo de su conceptualización y descripción de usos, funciones, fines y tipos. Se hace, además, un análisis sobre el debate contemporáneo sobre la situación actual y el futuro de dichas redes de cara a los nuevos tiempos de hiper competencia intra e interpartidista que caracteriza a la naciente democracia latinoamericana.

Las redes en las campañas

El concepto de red nace en el campo de la informática para referirse a las interconexiones que se realizan entre diferentes terminales de ordenadores conectadas entre si, precisamente en red. En el área social, el concepto de redes sociales surge en 1934 con la publicación del libro Who Shall survive? Escrito por Jacobo I Moreno, pionero de la sociometría.

En el caso de las campañas electorales, el concepto de red se utilizó por primera vez en los Estados Unidos de Norteamérica en 1994 como comité de apoyo ciudadano a las campañas legislativas, que luego adquieren el nombre de redes ciudadanas. En México, el uso de las redes en las campañas electorales se institucionalizó en la elección presidencial del 2000, cuando Vicente Fox, candidato de la Alianza por el Cambio (integrada por el PAN y el PVEM) impulsó el grupo de "Amigos de Fox, Francisco Labastida Ochoa (candidato por el Partido Revolucionario Institucional PRI), impulsó las Redes Ciudadanas con Labastida y Cuauhtémoc Cárdenas Solórzano (candidato de la Alianza por México integrado por el PRD y otros partidos de izquierda) promovió las Brigadas por la Democracia.

Las redes son corpus bidimensionales. Por un lado, son estructuras sociales solidarias y, por el otro, maquinarias electorales independientes, pero con coincidencias con un partido, coalición o candidato que permiten impulsar, en un sentido complementario (sumatorio), el trabajo proselitista, de organización, financiamiento y movilización política de los ciudadanos con el fin principal, por un

---

[39] Véase Duran, Jorge, *Origen es Destino: redes sociales, desarrollo histórico y escenarios contemporáneos*, en Jorge y Rodolfo Tuíran (coordinadores), Migración, México Estados Unidos. Opciones de Política, CONAPO, México, 2000.

lado, de ganar el mayor número de votos y, por el otro, de retirárselos a los opositores.

Como estructuras sociales, las redes forman parte de la sociedad, se integran, generalmente, por ciudadanos que no militan en algún partido, por lo tanto son independientes de la nomenclatura partidista, aunque mantienen un alto nivel de coincidencia y cooperación con dichos institutos políticos ya sea por simpatizar con sus ideologías, sus intereses, sus causas o banderas electorales, así como con el candidato que postula dicho partido o coalición. En este sentido, son estructuras solidarias que apoyan los trabajos que antaño realizaban únicamente los partidos políticos.

Como estructuras sociales, las redes se constituyen como un grupo de ciudadanos organizados y vinculados entre si, integrada por, al menos, seis individuos, quienes manifiestan, en libertad, su interés de trabajar por alcanzar los propósitos del partido o candidato objeto de su integración.[40]

En su carácter de maquinarias políticas, las redes buscan su constante crecimiento, tratando de ampliar, al máximo, el número de sus integrantes, con el fin de poder constituir y sumar una mayor fuerza electoral. El propósito central es lograr el apoyo y la integración de otros ciudadanos para apuntalar las estrategias y causas enarboladas por el partido y su candidato.

Esta dualidad, el ser una estructura social y a la vez funcionar como maquinaria electoral, le permite a la red una mayor flexibilidad y pluralidad que no tiene propiamente el partido, aumentando las posibilidades de aceptación y penetración social. De hecho, en algunos casos las redes se integran por una cantidad mucho mayor que el número de militantes del partido y logran atraer el voto de un mayor número de ciudadanos que los que puede lograr el partido por si mismo.

La política en red

La política, como la red, implica una relación. Es la capacidad del individuo de relacionarse con los demás y de construir y cultivar una red de interrelaciones e intereses. En toda sociedad democrática, basada en la construcción de consensos sociales, el político que más relaciones afectuosas construya entre los diferentes individuos, grupos sociales y factores de poder, será el que más posibilidades tenga de lograr el éxito. Por el contrario, el político que se aísle, que se aleje de la gente y no cultive relaciones será un mal político. Es decir, el futuro del político y su poder están en relación con la capacidad de construir y cultivar relaciones duraderas sobre la base del afecto y la creación de confianza y credibilidad.

---

[40] Las redes sociales se basan en la teoría de los Seis Grados de Separación, formulada en 1967 por el psicólogo Stanley Milgram de la Universidad de Harvard. La teoría dice que dos personas cualesquiera del mundo están relacionadas entre sí por un máximo de 6 personas.

Las redes se construyen a partir de gente que conoce a más gente. Gente que puede persuadir, reclutar, organizar y movilizar a otros, sobre la base de la amistad, cercanía, confianza, la comunión de intereses y el liderazgo. La red, como la política, implica, también, integración. Integrar a los otros a tus proyectos, a tus ideas y a tus propósitos. Integrarte, también, con otros con los cuales has encontrado coincidencias y puntos en común, sin desconocer posibles divergencias.   La red, como la política, es también asociación. Asociarse formal o informalmente con otros para alcanzar los mismos fines u objetivos.

El hombre red

Las redes sociales son consustánciales a la naturaleza del ser humano. Como ser gregario, el hombre requiere vivir en grupo, entablar cierto tipo de relaciones con otros individuos o cofradías, ya sea para ayudarse mutuamente, convivir, entretenerse o, simplemente, para sobrevivir. En el caso de la política, que sólo puede hacerse en grupos de dos o más individuos, las redes resultan ser los medios por excelencia para que un sujeto interesado en la política cumpla su propósito. De hecho, un buen político, en una sociedad democrática, es aquel que ha sabido construir y tejer una amplia red de relaciones, contactos, apoyos, simpatías y acuerdos políticos.

En las campañas electorales, las redes surgen como respuesta, por un lado, a la crisis de aceptación y confianza de los partidos ante los ciudadanos y, por el otro lado, por la necesidad de lograr un mayor número de apoyos electorales por parte de los votantes y así ganarle a la competencia. Esto es, los partidos enfrentan una grave crisis de credibilidad, confianza y legitimidad entre amplios núcleos sociales, pero los sistemas democráticos requieren los votos mayoritarios de los ciudadanos para legitimar a la clase o grupo gobernante. Por lo tanto, se requiere construir un amplio consenso social en una situación de crisis de los partidos políticos. De esta forma, las redes como estructuras paralelas pero complementarias a los partidos, buscan generar estos apoyos sociales, sabiendo que tiene una mayor posibilidad de aceptación y capacidad de persuasión social.

Las redes se constituyen, de esta forma, en las "caras amables" del entramado institucional del candidato para hacer política electoral y atraer el apoyo social, sin que medie una mayor vinculación y compromiso del ciudadano con el instituto político.

Las redes surgen, además, por la existencia de un mayor nivel de organización y una mayor diversidad de estructuras sociales creadas desde la perspectiva de la sociedad civil, que tratan de incidir en el rumbo que tome el país y en las políticas públicas que se impulsan desde la esfera gubernamental. En la medida en que la sociedad se ha organizado más y mejor, en esa medida se crean condiciones y experiencias de liderazgo para conformar y dirigir redes que, en tiempos electorales, buscan ligarse coyunturalmente a candidatos y partidos en la búsqueda de los espacios de representación pública.

Su funcionamiento

Las redes tienen diferentes mecanismos de funcionamiento. En algunos casos, las redes son meros aglomerados sociales, con liderazgos difusos y estructuras amorfas, que se aglutinan en torno a candidatos carismáticos con el fin de dar su apoyo y buscar potencializar el respaldo ciudadano. En otros casos, las redes se constituyen bajo estructuras muy definidas, liderazgos fuertes y arduas dinámicas de trabajo, logrando una real motivación de sus integrantes para realizar el trabajo proselitista.

El principio que rige el funcionamiento de una red es el reclutamiento afectivo, la confianza social o el interés intrínsico, de tal forma que un individuo puede reproducirse exponencialmente a través de una serie de relaciones con amigos, familiares, compañeros de trabajo, vecinos y conocidos, en general.[41] De esta forma, un individuo puede invitar a otro a integrarse y este a su vez a otro y así ir creciendo la red, tipo pirámide como se utiliza en el sector empresarial, hasta llegar a un nivel esperado. En la medida que la red crece, aumenta también, en esa proporción, el poder e influencia del iniciador o líder de la misma, constituyéndose como nodo o estructura neuronal de dirección, ya que en toda red se crean nodos que se entrelazan con sus pares de manera exponencial.

En toda red existe un sistema de recompensas por el trabajo realizado y los resultados obtenidos por sus integrantes y cuadros de dirección, que incluyen desde el reconocimiento público, el ascenso en posiciones de liderazgo hasta la retribución económica ligada al desempeño. Toda red requiere, además, de los materiales y el apoyo económico para poder funcionar, el cual puede obtenerse mediante el autofinanciamiento o el subsidio por parte del partido o por donaciones especiales.

Los integrantes de la red reciben información oportuna y de calidad sobre la campaña, el candidato, la plataforma electoral, las acciones a seguir, sobre los opositores y acerca del contexto y coyuntura de la elección. Realizan trabajo de proselitismo, organización y movilización electoral. Entregan propaganda puerta a puerta, reclutan a nuevos integrantes que simpatizan con la causa y, en general, buscan el voto de los ciudadanos, privilegiando el contacto directo con los votantes.

A nivel de dirección, la red utiliza un sistema de comunicación ágil y eficiente como puede ser el uso de Internet, las páginas Web y el directorio telefónico. A nivel operativo, el medio de comunicación por excelencia es el contacto directo entre sus integrantes y cuadros de dirección, también llamados coordinadores, así como por medio de periódicos murales y pintarrones informativos.

---

[41] Este principio nos ayuda a conceptualizar la política como el arte de saber gestionar los afectos de la gente. Es, también, el arte de saber relacionarse y asociarse con los demás para alcanzar los propósitos buscados.

Las redes se articulan e integran de diferente manera, sin contar con una estructura orgánica única. Sin embargo, todas ellas comparten un núcleo central de dirección, así como una serie de ramificaciones e interconexiones a modo de nodo, tratando de cumplir su encomienda principal. Esto es, toda red cuenta con una coordinación que conforma su liderazgo, así como un grupo de ciudadanos, quienes conforman el cuerpo de la red. Estos grupos pueden trabajar en comisiones, brigadas, células o corrientes para cumplir su encomienda.

No obstante el contar con esta estructura básica, es importante hacer notar que las redes tienen la libertad de generar su propia estructura organizativa, realizar los vínculos y relaciones con sus pares u otras organizaciones con los que haya coincidencias políticas o programáticas, siempre y cuando se respete las direcciones genéricas dadas por su estructura de liderazgo.

Sus fines

Las redes en la campaña cumplen cuatro grandes funciones sustantivas y dos funciones adjetivas. Las funciones sustantivas tienen que ver con la razón de ser de la red, mientras que las adjetivas son funciones complementarias que ayudan a que la red cumpla sus objetivos intrínsicos.

Las funciones sustantivas son el reclutamiento, la persuasión, la organización y la movilización electoral. Las funciones adjetivas son la capacitación político-electoral y la motivación a sus integrantes para asegurar su permanencia y el entusiasmo en el trabajo.

El reclutamiento implica todas las actividades ligadas a la incorporación de nuevos miembros a la red, basado en relaciones de amistad, confianza, identidad, autoridad, compadrazgo, liderazgo, vecindad, interés o de parentesco. El nivel e intensidad del reclutamiento permite a la red su ampliación, crecimiento y diversificación, no sólo a nivel numérico, sino también en grado de especialización. Es decir, el reclutamiento te permite incrementar el número de miembros, pero el perfil de los mismos te permite aumentar su calidad.

El reclutamiento se da principalmente vía del contacto directo, aunque se han desarrollado, últimamente, el uso de las nuevas tecnologías de la información para ampliar el número de miembros integrantes de la red.

La persuasión implica cierto adoctrinamiento político, de tal forma que los miembros de la red acepten como suyos los principales planteamientos y objetivos de la organización en su vinculación con el partido y candidato, asuman como propias las tareas y conozcan las actividades y planes principales que realiza este conglomerado social. Persuadir implica comunicar, convencer y adoctrinar.

La organización implica darle coherencia, estructura y dirección a los integrantes de la red, así como a sus acciones y determinaciones. Todo conglomerado social, especialmente las redes en campañas requieren una estructura organizativa flexible y dinámica, pero sustentada en el orden, la disciplina y la organización.

La movilización es otra de las funciones sustantivas de la red, la cual implica movilizar a sus integrantes en las diferentes tareas como mítines, visitas domiciliarias, reparto de propaganda y en todo tipo de reuniones y acciones proselitistas, principalmente, la movilización de electores el día de los comicios.

La capacitación, como actividad complementaria, se realiza para que todos los integrantes de la red puedan desempeñar su función de manera correcta, proporcionándoles los elementos en materia política, electoral y procesal, necesarios para el cabal cumplimiento de sus objetivos y tareas. La capacitación se proporciona por diferentes medios y con la extensión y profundidad que la situación y los recursos de la red lo permitan.

La motivación forma parte de las actividades de la red, cuyo objetivo es lograr que sus integrantes permanezcan contentos dentro de la organización, realicen su encomienda y lo hagan de manera "adictiva."

Adicionalmente a las funciones sustantivas y adjetivas aquí señaladas, las redes cumplen una función ideológica y política como estructuras de mediación y organización social, posibilitando una mayor incorporación de más ciudadanos al sistema político predominante.

Sus tipos

En el campo de las campañas electorales, son cinco los tipos de redes que más se han impulsado por diferentes grupos sociales y políticos en su vinculación con los partidos y sus candidatos. Estas son: las redes sociales, las redes familiares, las redes de interés, las redes político-ideológicas y las redes integrales.

Las redes sociales se integran con diferentes ciudadanos, generalmente, sin militancia partidista, pero que simpatizan con el candidato, el partido o su plataforma electoral. El espacio territorial de trabajo proselitista de estas redes son, generalmente, el vecindario (colonia, barrio, ejido, comunidad o pueblo) y los actores centrales sujetos de persuasión son los vecinos o los ciudadanos. En estas redes, el trabajo de reclutamiento y persuasión política se sustenta en el conocimiento, la amistad, la confianza, la cercanía e identidad de propósitos entre el iniciador de la red y los demás integrantes.

Las redes familiares, por su parte, se sustentan en el parentesco, siendo el núcleo central de proselitismo la familia y sus diversas ramificaciones. En el caso de la mayoría de los países latinoamericanos, la familia se constituye como la cédula fundamental de la sociedad, la cual es generadora de un alto nivel de confianza y credibilidad entre sus integrantes, lo cual es aprovechado para realizar el trabajo de proselitismo y movilización electoral.

Las redes de interés se constituyen por grupos y organizaciones sociales y políticas como los sindicatos, las Organizaciones No Gubernamentales, las cámaras empresariales y los grupos políticos que existen en las universidades, dependencias públicas y organizaciones religiosas, entre otros. El núcleo aglutinador de estas redes es la comunión de intereses y cosmovisiones compartidas.

Un ejemplo de lo que es una red de interés lo constituye el grupo de maestros del Sindicato Nacional de Trabajadores de la Educación (SNTE) que dirige Elba Esther Gordillo en México, misma que pone a disposición de los partidos y candidatos, principalmente del Partido Revolucionario Institucional (PRI) y del Partido Acción Nacional (PAN). Esta red se financia con las cuotas de los maestros y el subsidio gubernamental, ya que sus integrantes, en su mayoría, están "comisionados al sindicado" lo que les permite a sus dirigentes la negociación de prebendas y posiciones políticas.

De acuerdo a Noé Rivera Domínguez Aguilar, esta red es toda una estructura tecnificada y capacitada en materia política y electoral, la cual está compuesta, por al menos, 61,403 miembros, que les permite conformar una estructura amplia a lo largo y ancho del país especializada, principalmente, en la movilización y persuasión electoral.[42]

Esta red se compone de cuatro grupos, vinculados y relacionados entre sí. El primer grupo, que conforma la estructura electoral, está integrado por los consejeros electorales ante el Instituto Federal Electoral (IFE) y los coordinadores electorales, quienes manejan la información actualizada y los acuerdos a los que llegan los consejeros de este órgano electoral. El segundo grupo es la estructura de observación electoral. El tercer grupo integra la estructura de operación electoral y el cuarto el de movilización. Esta red mantiene una estructura de dirección, la cual siempre reporta y está a disposición de los mandatos de la dirigente del SNTE, Elba Esther Gordillo.

Las redes ideológico-políticas, generalmente, son más pequeñas que las otras redes, sustentándose en el adoctrinamiento y la compatibilidad ideológica. Lo integran ciudadanos que comparten una misma doctrina o credo ideológico, mismo que concuerda con el del partido o candidato que apoyan. Los integrantes de las redes ideológicas son individuos altamente politizados, pero generalmente ajenos a los partidos, quienes prefieren mantener su independencia.

Finalmente, se encuentran las redes integrales, conformadas por diversos grupos sociales, ONGs, ciudadanos sin partido, familiares, grupos de interés y por toda clase de ciudadanos organizados desde la perspectiva de la sociedad civil, quiénes participan activamente en momentos electorales apoyando a candidatos y partidos que buscan un puesto de representación popular.

---

[42] Sonia del Valle, *Operan al Margen del IFE*, Periódico Mural, 21 de enero del 2007, Sección Nacional, p. 3.

En las campañas, las más comunes y las que generan un mayor número de votos son las redes sociales y las redes de interés, aunque también las otras redes ayudan a complementar el trabajo del partido y a movilizar, políticamente hablando, a más ciudadanos en tiempos electorales.

Los elementos motivadores presentes en toda red son el sentido del logro, la identidad y comunión de intereses entre sus integrantes, la posibilidad de acceso a las estructuras de poder, las coincidencias político-ideológicas y, en algunos casos, incluso el estímulo económico. De hecho, en muchos casos el propósito de la red es que determinado candidato llegue a la posición de poder para obtener luego algún beneficio particular para sus integrantes u órganos de dirección[43] o para evitar que algún adversario, a quién consideran una amenaza, pueda llegar a algún puesto de gobierno.

Los principales problemas que se pueden presentar en la conformación y operación de la red son la simulación, corrupción, desmotivación, apatía o desgano, la desorganización y la falta de liderazgo en las estructuras de dirección.

Comentarios finales

Las redes forman parte inherente de la política, ya que no puede haber política sin relaciones e interrelaciones. En el pasado, las redes se han impulsado como parte de las estrategias de los partidos o candidatos de manera informal y, hoy día, de manera más estructurada. Toda red se rige por un sistema de relaciones, influencias e identidades programáticas.

Ante la creciente crisis de los partidos, surgen las redes como formas alternativas para realizar un proselitismo electoral más eficaz que, si bien no sustituye al partido, si lo complementa aumentando sus posibilidades de triunfo. De hecho, la política en los tiempos modernos se hace en red.

Las redes en las campañas electorales cumplen varios objetivos. Unos de los más importante son el de compartir y difundir información entre los ciudadanos, reclutar a nuevos miembros, persuadirlos, coordinar los esfuerzos organizativos y movilizar a los votantes el día de los comicios electorales.

Las redes se constituyen como medios alternativos de los partidos y candidatos para generar influencia entre los votantes y así poder construir mayorías electorales estables que es el sustento de todo sistema democrático.

---

[43] De hecho, muchas de las redes que se conforman al calor de los procesos electorales tienen como finalidad central el impresionar y agradar al candidato, tratando de obtener un beneficio futuro, más que el de realizar un verdadero trabajo de proselitismo, organización y movilización electoral.

Una de las características distintivas de las redes es que abordan su participación en las campañas electorales desde la perspectiva de la sociedad civil, manteniéndose estructuralmente independientes de los partidos, a pesar de que, en tiempos de campaña, funcionen como maquinarias electorales de los partidos y sus candidatos. Sin embargo, pocas redes sobreviven la etapa electoral, resultando, en consecuencia, efímeras.

Las redes en las campañas electorales constituyen una nueva modalidad de hacer y entender la política en los tiempos modernos, contribuyendo a incorporar a más ciudadanos a los procesos electorales y a fortalecer, en consecuencia, el sistema político de cuño democrático. En muchos casos, las redes ayudan a mejorar el nivel de competitividad del sistema electoral e inciden en el incremento del grado de confianza social hacia las organizaciones partidistas. En este sentido, su incidencia en la construcción de una nueva cultura política y en la reducción del abstencionismo es innegable.

Sin embargo, los partidos políticos y sus candidatos, muchas veces, sólo utilizan las redes para alcanzar sus objetivos políticos, olvidándose, una vez que ha pasado el proceso electoral, de dar continuidad y cumplimiento a los compromisos contraídos con los integrantes de la red. Esto genera un grave daño a la política. Además, algunas veces las redes se constituyen como estructuras electorales paralelas a los propios partidos, perjudicando la institucionalización partidista e imponiendo más tensiones al de por sí débil sistema de partidos.

LA ESTRATEGIA SUSTENTANDA EN LA IMAGEN

Introducción

La imagen es la percepción y representación mental que una persona tiene de otra, misma que se construye a partir de la relación entre individuos en un momento y espacio determinado. La propia naturaleza humana y su propensión a la socialización hace que la imagen sea ineludible. Es decir, al ser sujetos gregarios, vivir en sociedad y relacionarnos con nuestros semejantes somos percibidos por los demás, quienes se forman mentalmente una representación de nosotros. En este sentido, toda imagen es pública, ya que nos desarrollamos en un ambiente social determinado y, por consiguiente, siempre seremos percibidos (no sólo vistos) [44]por alguien más.

La imagen es, además, relativa, ya que cada individuo que nos percibe tiene un bagaje cultural específico, nos ve con base a su experiencia, idiosincrasia, gustos, afinidades y paradigmas. Nadie puede vernos de la misma manera, ni puede, por lo tanto, responder a los estímulos comunicacionales de la misma forma.

La imagen es también dinámica. Esto es, está en constante cambio, ya que se construye a través del tiempo a partir de nuestros actos, palabras, actitudes, apariencias e, incluso, omisiones, pudiendo ser creada de acuerdo a nuestros intereses y decisiones. Esto último implica la creación de imagen de manera intencional de acuerdo a nuestros objetivos y planes.

La imagen siempre es disímbola. Es decir, presenta diferentes rasgos y características, dependiendo del rol que juega cada individuo en la sociedad y de la forma que nos desarrollamos y somos percibidos en nuestros diferentes contextos sociales. Por lo tanto, nadie tiene una sólo imagen, sino que tenemos diversas imágenes dependiendo del rol que cumplimos, ya sea como políticos, como miembros de una familia, como ciudadanos o como profesionistas, por señalar algunos ejemplos. La mejor imagen se forma cuando hay consistencia y equilibrio entre la imagen que proyectamos en los diferentes roles que jugamos, ya que de lo contrario se puede tener, por ejemplo, una buena imagen como padre de familia, pero una muy mala como gobernante.

Debido a la prominencia que el hombre le ha dado a la imagen y del papel que juega ésta en las sociedades modernas, se ha constituido como un factor real de poder que puede ser utilizado como instrumento de persuasión y cortejo político, para construir consensos y legitimidad social. Esto es, una buena imagen ayuda a lograr aceptación social, credibilidad y popularidad, misma que puede ser utilizada en el ámbito político para avanzar metas de carácter electoral.

Partiendo de estos principios, en este capitulo se presenta el proceso de construcción de imagen pública, que aquí llamamos el método VAZA, orientado a construir imagen aplicada a la política. Se parte de la idea, de que siempre es posible mejorar nuestra imagen; todo depende de nuestra voluntad, esfuerzo y ganas para hacerlo.

---

[44] Los seres humanos percibimos a través de los 5 sentidos: el olfato, la vista, el oído, el tacto y el gusto. Sin embargo, la vista juega un rol más importante en la percepción humana.

El Método VAZA de construcción de imagen

Construir una buena imagen pública, que, sin duda, nos dará una alta reputación social, tiene que desarrollarse con base a un método preciso, que ha sido probado y ha mostrado sus resultados. El método que aquí se presenta ha sido utilizado en diferentes procesos político-electorales para construir imagen de candidatos a puestos de elección popular, mismo que se ha perfeccionado a partir de las contribuciones teóricas de grandes estudiosos de la imagen pública.[45] Sin embargo, es preciso señalar que este método puede aplicarse, con las respectivas adecuaciones, para la imagen personal de cualesquier individuo, institución u organización, independientemente de su giro, tamaño o edad.

Los pasos del método VAZA son nueve y todos, de cierta forma, están concatenados. Ninguno por si sólo puede funcionar y dar resultados, ni nadie tienen primacía sobre los demás, por lo que deben entenderse como un sistema en la que todas las partes son importantes y cumplen una determinada función.

a. Definición de objetivos

El primer paso del método, parte de definir con precisión que es lo que queremos. Cuál es el objetivo que buscamos alcanzar en la construcción de imagen. Es decir, estar claros de qué imagen queremos formar, cómo queremos que los demás nos perciban. Cual es nuestra "marca" o etiqueta con la que queremos que los demás nos identifiquen. Si no tenemos claridad de lo que queremos, difícilmente podremos llegar a algún lado. Por ello, primero tenemos que tener claro qué queremos, por lo que tenemos que definir primero y escribir luego, los objetivos de imagen que buscamos.

Por ejemplo, podemos fijar como objetivos de imagen el que los demás nos perciban como un político culto, responsable, honesto, trabajador, solidario y accesible. Podemos, también, pensar en construir una imagen de un político con carácter, capaz de tomar decisiones difíciles que reclama las actuales circunstancias para poner orden en una determinada circunscripción electoral avasallada por la delincuencia. Al contrario, podemos también pensar en construir una imagen de tolerancia y paciencia para aceptar la realidad y diversidad, siendo más comprensivos ante los nuevos movimientos sociales y las nuevas generaciones.

En suma, el primer paso consiste en definir y poner por escrito los objetivos que buscamos alcanzar. Estos pueden ser generales y específicos, así como estar definidos en el corto, mediano y largo plazo.

b. Auditoria de imagen

---

[45] Dos autores latinoamericanos muy reconocidos en estos temas son Víctor Gordoa y Gabriela Vargas, aunque ellos no han profundizado sus estudios en su aplicación a la política.

El segundo paso del método VAZA tiene que ver con la investigación, que aquí definimos como la auditoria de imagen. El propósito de esta indagación consiste en saber, con cierta precisión, como nos perciben los demás. Para realizar esta investigación, requerimos hacer uso de métodos cuantitativos y/o cualitativos. Dentro de los primeros, encontramos las encuestas de opinión realizadas bajo procedimientos estadísticos científicamente validados. Bajo este procedimiento podemos conocer, por ejemplo, primero si nos conoce la gente, segundo que imagen tiene de nosotros y tercero cual es su opinión respecto de nuestro desempeño.

La investigación cualitativa, también, busca obtener información, pero más a fondo. Para esto se puede hacer uso de los *focus groups*, las entrevistas a profundidad con informantes claves y estudio de expertos, quienes nos observarán por varios días, video gravarán nuestros actos, estudiarán la imagen que proyectamos y nos darán a conocer los resultados de su diagnóstico. Ellos analizarán, principalmente, la imagen que se percibe, en su dimensión verbal, física, y audiovisual, para darnos una serie de consejos y recomendaciones para su perfeccionamiento.

La auditoria busca detectar fortalezas y debilidades en la proyección de nuestra imagen, para, a partir de su diagnostico, diseñar estrategias y acciones concretas que permitan su mejoramiento. La auditoria busca, también, detectar puntos de oportunidad que puedan ser aprovechados en el proceso de fortalecimiento de la imagen.

Para realizar la auditoria, se debe contestar un instrumento de evaluación, que aquí no se expone por cuestiones de espacio, pero que contiene una serie de variables como porte, postura, voz, apariencia física, cuidado facial y del cabello, dentadura, ademanes, gesticulación, habilidad de pensamiento y respuesta rápida, entre otras.

En términos generales, de acuerdo a la evaluación de la imagen, se clasifica ésta en excelente, buena, regular, mala o muy mala, particularizándose de acuerdo a las variables estudiadas. De esta forma, un individuo puede tener una buena imagen física, pero una muy mala en su voz, limitando su capacidad de comunicación. Lo que se buscará más adelante es equilibrar estas percepciones, de tal forma que sean buenas en todas las variables o en las que se consideren más importantes para la vida política.

El diagnostico, también, debe evaluar el entorno y contexto en el que se desenvuelve el individuo, así como la cultura política predominante en esta sociedad, sus experiencias, estereotipos y costumbres, que van a determinar, de cierta manera, la forma en que se percibe a los demás.

c. Conceptualización

Una vez que se realizó la auditoria de imagen pública, se pasa a la etapa de conceptualización, que es distinta a la determinación de objetivos. En esta etapa, lo que se hace es convertir los objetivos en conceptos mercadotécnicos, utilizando la creatividad y la innovación. Es decir, los objetivos debemos convertirlos en un concepto que tendremos que "vender" a los demás, que puede incluir desde cambios pequeños de nuestra imagen hasta la creación de un nuevo personaje.

La conceptualización incluye la definición precisa de la imagen que se quiere formar en sus múltiples facetas. Esto es, hay que tener claro el concepto de imagen que queremos crear, así como las características particulares, en detalle, de la nueva imagen del político. La conceptualización implica, también, la concepción global de la imagen a construir, tomando en cuenta la coyuntura del momento y las circunstancias particulares que se están viviendo.

La conceptualización implica también, de cierta forma, el auto descubrimiento, explotando tus mejores cualidades y construyendo nuevos escenarios que permitan formarte una muy buena reputación y fama pública, pero sin que esto represente una ruptura radical con la vieja imagen.

d. Diseño

El diseño consiste en los trazos generales de la imagen que se desea construir, ligadas a las características y aptitudes que ya tienes. Por lo tanto, debes preguntarte: ¿Que hay de único en ti? ¿Qué haces que te distingues del resto de la gente? ¿Qué quieres que los demás piensen de ti? ¿Cuál es el público objetivo al que quieres llegar?

El diseño consiste en poner por escrito la imagen que se desea construir en sus múltiples variantes y facetas. Por ejemplo, el diseño de imagen para un político responsable implicaría describir desde aspectos que tengan que ver con la puntualidad para atender los compromisos de trabajo contraídos con anterioridad, pasando por el seguimiento de acuerdos, la moderación de su lenguaje, su porte, vestimenta, comportamiento social ante los demás, hasta la forma de ejercer el liderazgo y tomar decisiones. Pero este político, a su vez, es también padre de familia, esposo, hermano, profesionista, ciudadano, creyente, etc.

Es decir, el diseño de la imagen debe incluir todos los roles que una persona cumple en sociedad, tratando de buscar una sintonía y homogeneidad en la percepción que la gente tiene de su personalidad, enfatizando claro, en el aspecto político. Esto es, nadie puede ser considerado un buen político, si es mal padre, mal hijo o mal ciudadano. De ahí la necesidad de tratar de buscar cierta armonía entre las diferentes facetas de la personalidad que definirán la forma como los demás te perciban.

e. Producción

Una vez que hemos conceptualizado la imagen o marca que queremos transmitir, la hemos trazado en su generalidad y hemos puesto estos trazos por escrito, ahora pasamos a la etapa de producción. La producción incluye la puesta en práctica de esa imagen, la cual va desde un nuevo comportamiento ante tus semejantes, el desarrollo de un nueva actitud, una forma diferente de vestir, hablar, relacionarse con los demás e, incluso, hasta un nuevo "look."

La producción incluye la hechura de videos, spots, volantes y todo tipo de publicidad elaborada bajo el nuevo concepto de la imagen que se quiere formar. Producir, implica, poner en operación lo conceptualizado y diseñado, elaborando lo que se denomina el manual o catalogo de imagen, el cual incluye hasta los pequeños detalles de la nueva imagen, como color, tipografía, contornos etc., en la publicidad que se genera.

En la producción se debe considerar, además, todo lo referente a la construcción operativa de la imagen, antes de salir al mercado incluyendo los medios por los cuales se difundirá, que pueden ser tan amplios, de acuerdo a la creatividad, imaginación y recursos con los que se cuenten.

f. Difusión

Una vez que se tiene la producción, pasamos a la etapa de socialización de esa imagen, difundiéndola por los medios que se considere conveniente de acuerdo al tipo de imagen que se quiera formar. La difusión se da, por ejemplo, a través de la relación cotidiana de una persona con los demás, mediante el uso de los medios de comunicación, con la propagación directa por parte de tus seguidores mediante videos libros, volantes, trípticos, calcomanías, objetos utilitarios, etc.

La difusión es una parte muy importante del proceso de construcción de imagen pública. Difundir es dar a conocer, buscar la persuasión, el consenso y la aceptación de los demás. Difundir una nueva imagen implica superar el pasado, para construir algo nuevo. Implica posisionar en la mente de los demás un nueva visión acerca de tu persona y tus actos. Demanda insistir en que te acepten como un nuevo hombre, auténtico sin camuflaje alguno.

En este sentido, es muy importante evitar que la gente te perciba como falso, camuflado, impostando una personalidad que no es tuya; de ahí la necesidad de hacer una buena conceptualización, un buen diseño y, sobre todo, una buena producción de la nueva imagen, acompañado de una difusión profesional de la misma. Es decir, la nueva imagen debe ser creíble por tu público objetivo, por lo que se debe cuidar hasta los más pequeños detalles de todo el proceso de construcción de la nueva imagen pública.

Como parte de la difusión de la nueva imagen, se pueden crear eslóganes, lemas o frases cortas con las que se te identifique como puede ser "un hombre de ley," "el gobernante de la educación," o "el político honesto," por poner algunos ejemplos. De igual forma, se pueden utilizar símbolos, colores, vestimentas o distintivos para que la gente los asocie con tu nueva imagen, tales como el "candidato del sombrero azul," el político que viste siempre de blanco, el gobernante que lleva invariablemente el escudo de nuestra universidad, etc.

g. Evaluación

La evaluación consiste en hacer un análisis de los resultados obtenidos en su cotejo con los objetivos planteados desde el inicio. Toda evaluación debe partir de las siguientes interrogantes ¿Se consiguieron los objetivos buscados? ¿Se logró construir una nueva imagen? ¿La nueva imagen es mejor que la anterior?

Para evaluar se usan los mismos métodos cuantitativos y cualitativos, que se aplican en la etapa de diagnostico, buscando que la información obtenida sea la más apegada a la realidad.

Toda evaluación debe ser diagnostica, orientada a conocer las fortalezas y debilidades de la nueva imagen, saber de los aciertos e indagar sobre los errores cometidos. La evaluación debe dar lugar a un listado de atributos y actitudes que deben ser conservadas y otras que deben ser corregidas.

La evaluación se realiza no sólo al final del proceso de construcción de imagen pública, sino a lo largo del mismo proceso. Se puede evaluar, por ejemplo, la claridad de los objetivos, la calidad y profundidad del diagnostico realizado, la conceptualización, diseño, producción y difusión de la imagen, así como la misma pertinencia y profesionalismo en la evaluación realizada.

h. Retroalimentación

De los resultados obtenidos en la evaluación, se desprenden una serie de recomendaciones y sugerencias para perfeccionar la nueva imagen, mismas que deben ser puestas en operación. La retroalimentación implica la humildad del individuo para aceptar los errores y la apertura para poder incorporar nuevas atributos y aspectos concretos que mejoren su imagen.

La retroalimentación implica, además, el hacer correcciones pertinentes, el poder corregir el rumbo, el fijar nuevos derroteros, el regresar, incluso, a la imagen anterior, dependiendo de los resultados que haya arrojada la evaluación en comento.

La retroalimentación debe hacerse cuidando los tiempos y las formas, de tal manera, que se logre alcanzar los objetivos propuestos. Los tiempos y formas son muy importantes en política, por lo que deben ser atendidos con sensibilidad y oportunidad.

i. Nueva imagen

El proceso de construcción de imagen pública concluye con la nueva imagen, misma que ha sido conceptualizada, diseñada, producida y difundida de manera intencional. Esta intencionalidad es lo que marca la diferencia entre la construcción de imagen tradicional y la nueva concepción, basada en un procedimiento deliberado, calculado y ejecutado de manera cuidadosa.

La nueva imagen incluye desde la creación de un personaje, un nuevo discurso o un nuevo posicionamiento, logrando un nombre que llame la atención y sea recordado con facilidad hasta el reforzamiento de las estrategias para reinventarse constantemente, pero conservando siempre la consistencia de los rasgos más importantes y distintivos de la nueva personalidad.

Una nueva imagen no es fácil de construir, pero con la persistencia, el esfuerzo y la dedicación, seguramente se alcanzará los objetivos propuestos. Los obstáculos siempre estarán presentes, siempre habrá problemas y dificultades, por lo que lo más importante es no perder de vista los objetivos trazados, ni el rumbo ni la dirección trazados.

La nueva imagen debe incluir una nueva actitud hacia la vida, nuevas formas de comunicar tu nueva personalidad, cambios no sólo en forma (ropa, limpieza, cuidados faciales, etc.), sino también de fondo en los valores, los principios y las acciones cotidianas. La vieja imagen siempre querrá aflorar, estar presente, sobreponerse a la nueva imagen, por lo que sólo la fuerza de voluntad y la misma auto motivación serán tus dos principales armas para seguir adelante.

Consideraciones finales

En política la imagen es la realidad, lo que los ciudadanos perciben de nosotros, no lo que nosotros somos. Es decir, hay una diferencia entre la vida real y la percepción que los demás tienen de nosotros. De ahí la importancia, de buscar que los demás nos perciban de acuerdo a nuestros objetivos e intereses y no de acuerdo a las formas en los que, muchas veces, nuestros adversarios quieren que nos perciban.

El método VAZA nos ayuda a concebir, crear y perfeccionar nuestra imagen, porque es un procedimiento creado *ex profeso* para cumplir con este propósito. El objetivo de este método es la construcción de una nueva imagen, con una visión de futuro, una forma diferente para que los demás nos identifiquen, nos escuchen y puedan ser persuadidos por nosotros.

La imagen es un elemento muy importante en nuestros tiempos producto de la interrelación social, misma que se ha convertido en un activo estratégico, en un factor real de poder en las sociedades modernas. El tener una buena imagen, el ser percibidos por los demás como nosotros queremos, se transforma en una ventaja competitiva que resulta ventajosa en toda sociedad democrática. De ahí, la importancia de usar y adaptar el método VAZA a nuestra realidad. Sin duda, quien lo use estará siempre un paso más delante de aquellos que los desconozcan o lo rechacen.

MAQUIAVELO Y LA ESTRATEGIA

Introducción

A la mercadotecnia política la podemos dividir en dos grandes vertientes. Por un lado, la mercadotecnia electoral que se ocupa de proporcionar a candidatos y partidos una serie de conocimientos, técnicas, estrategias y saberes para alcanzar el poder y, por el otro, la mercadotecnia gubernamental preocupada centralmente por la conservación del poder y la construcción de legitimidad política.[46] Esto es, el poder político es parte central de las preocupaciones y estudios de la mercadotecnia política. La lucha por el poder le da razón de su existencia en su dimensión electoral y la conservación del poder es el tema principal, aunque no el único, de la mercadotecnia en su dimensión gubernamental.

Este poder político ha sido tema de análisis y estudio por parte de varios filósofos, sociólogos, historiadores y teóricos de la política, hoy día llamados politólogos. Uno de los primeros politólogos, que se ocupó del estudio del poder y su conservación fue Nicolás Maquiavelo, un intelectual florentino, que algunos consideran el creador de la ciencia política moderna. Autor de uno de los libros más polémicos de los últimos años (El Príncipe), escrito a inicios del siglo XVI y que se puede considerar como el precursor de lo que hoy se conoce como mercadotecnia política en su vertiente gubernamental. Es decir, este pensador italiano, dictó, de cierta forma, los prolegómenos de lo que hoy día se conoce como mercadotecnia política, en su acepción gubernamental.

Sin embargo, Maquiavelo fue estratega y teórico de gobiernos totalitarios, por lo que no puede considerarse, estrictamente hablando, el creador de la mercadotecnia gubernamental, característica de los sistemas democráticos. Tampoco le interesaba a Maquiavelo la construcción de la legitimidad, preocupación central de la mercadotecnia gubernamental, sino la ilegitimidad de los gobiernos. Empero, creo yo Maquiavelo si puede considerársele como el precursor de esta disciplina, en la medida en que fue el primero en interesarse en el arte de la política y la conservación del poder. En su obra se encuentran una serie de consejos y recomendaciones prácticas que todo gobernante debe seguir para mantener y afianzar el poder.

De esta forma, su principal contribución es la creación de una serie de principios y reglas de gobierno que han sido aplicadas por distintos jefes de Estado. Maquiavelo combinó el pensamiento político y militar, lo que le fue de gran utilidad en la formulación de sus recomendaciones. Decía que todo gobernante debía conocer el arte de la guerra, mismo que le sería de suma utilidad en la política. Señaló que hay dos características que un gobernante debe poseer, que son la astucia de la zorra y la fuerza del león. La astucia para reconocer las trampas y la fuerza para alejar a los enemigos. Pero Maquiavelo, también, señaló que no es necesario poseer todas estas características o cualidades, sino aparentar que se poseen.

---

[46] Fernández, Carlos y Hernández Sampieri, Roberto, *Marketing Electoral e Imagen de Gobierno en Funciones*, México: Ed. Mc Graw Hill, 2000.

Habla, también, de la virtud política del gobernante y el aprender a no ser bueno, acuñando la frase "el fin justifica los medios." Maquiavelo creía que el éxito de un soberano radica en tomarle el pulso a las situaciones y a la gente, valorarlas y armonizar su conducta con la dinámica inherente a ellas.

En el presente capítulo se analiza la obra maestra de Maquiavelo (El Príncipe). Se parte de la exposición de los consejos y los textos escritos por este politólogo renacentista, para luego, hacer una interpretación de sus señalamientos, adecuándolos a las nuevas circunstancias políticas. Es un modesto intento para entender a Maquiavelo bajo una mirada diferente, bajo la lupa de lo que hoy día hemos denominado la mercadotecnia política.

Consejos para el príncipe

El Príncipe no es otra cosa que un manual para la conservación del poder. Es de hecho, un texto que ayuda a dominar el arte de la conquista y conservación del poder. Esta obra fue escrita con el objetivo de congraciarse con César Borgia, gobernante italiano, a quien Maquiavelo guardaba ciertas consideraciones y respeto. ¿Qué es lo que escribió Maquiavelo y como podemos interpretarlo a la luz de las nuevas circunstancias que se están viviendo a principio del siglo XXI?

Conocer y ser gente

Maquiavelo señalaba que "para conocer la naturaleza de los pueblos hay que ser príncipe y para conocer la de los príncipes hay que pertenecer al pueblo." Esto significa la necesaria simbiosis, comunicación y retroalimentación que debe existir entre gobernantes y ciudadanos. Ponernos en los zapatos de los demás, nos ayudará a conocer mejor a la gente. Un político requiere el vivir la realidad, no sólo conocer de los problemas, necesidades y aspiraciones de la gente desde la comodidad de su oficina o la mesa de un café, sino el tratar de vivir, de cierta manera, esos problemas. El pertenecer al pueblo, el "bajarnos de la nube," el ser más sencillos y accesibles a la gente.

En este pasaje, Maquiavelo señala, además, la importancia para los príncipes de conocer la naturaleza de los pueblos. Esto implica, el que todo político debe preocuparse por indagar, informarse e investigar lo que la gente piensa, siente, quiere y aspira. Es decir, realizar una investigación de mercados, para tomar decisiones acertadas.

Asesoría al político

Maquiavelo le dice César Borgia, lo siguiente, en referencia a los objetivos del libro, "Si lo lee y medita con atención, descubrirá en él un vivísimo deseo mío: el de que Vuestra Magnificencia llegue a la grandeza que el destino y sus virtudes le auguran." Es decir, el propósito del libro es ayudar al político. Esto mismo pasa con la mercadotecnia política y los consultores. Su propósito central no es desplazar al político, sino apoyarlo, al incorporar conocimientos y, experiencias para lograr que el político pueda llegar a la grandeza del poder y logre conservarlo.

De cierta manera, en este pasaje y por la obra misma, Maquiavelo inicia lo que hoy se conoce como consultoría, actividad central que desarrollan muchos expertos en mercadotecnia política, aunque lo hace en forma de libro, escribiendo un manual para ayudar al príncipe a dominar el arte de conquistar y conservar el poder.

Conservar el poder

Más adelante, Maquiavelo apunta "Me dedicaré sólo a los principados, para ir tejiendo la urdimbre de mis opiniones y establecer cómo pueden gobernarse y conservarse tales principados." Estos señalamientos, confirma los ya señalado anteriormente. Maquiavelo tenía las mismas preocupaciones que hoy día tiene la mercadotecnia política, aunque a lo largo de su obra siempre enfatiza en la conservación del poder, más que en su conquista.

Como se observa, la forma como pueden conquistarse y conservarse los principados, que hoy día serían los Estados modernos o los cargos públicos, es el tema central de las preocupaciones y trabajos de este florentino renacentista, por lo que si es posible trazar ciertos paralelismos con los objetivos centrales de la mercadotecnia política.

El poder de los ciudadanos

Maquiavelo también dice "porque nada hay mejor para conservar –si se la quiere conservar- una ciudad acostumbrada a vivir libre que hacerla gobernar por sus mismos ciudadanos." Aquí lo importante es señalar tres cuestiones. Primero, Maquiavelo sabía de la importancia de la democracia, a pesar de que ha pasado a la historia como el teórico de los sistemas autoritarios. Segundo, Maquiavelo es enfático en comentar que las sociedades libres, deben ser gobernadas por los mismos ciudadanos. Es decir, los candidatos deben buscar posiciones de poder como parte de la sociedad civil, más que como parte de la sociedad política. Tercero, Maquiavelo ya ve el poder que los ciudadanos tienen en una sociedad libre, siendo estos quienes definen el carácter de la representación pública y a quien todo político debe saber cortejar y persuadir.

Lo efímero de la lealtad

Más adelante Maquiavelo apunta "Hay que agregar, además, que los pueblos son tornadizos; y que, si es fácil convencerlos de algo, es difícil mantenerlos fieles a esa convicción..."

En este punto, Maquiavelo descubre la naturaleza moldeable y plástica del hombre y de los pueblos. Esta naturaleza elástica del ser humano es la que da sustento y razón de ser a la mercadotecnia política, ya que esta disciplina parte del hecho de que todo ciudadano es sujeto de persuasión, de cambiar de ideas y opiniones, por lo que orienta sus acciones a buscar conquistar su mente y corazón.

Maquiavelo, además, señala la dificultad que todo príncipe enfrenta para mantener fieles a los pueblos en torno a una idea o convicción. En este sentido, este intelectual florentino también, apunta lo que hoy día es una prioridad de la mercadotecnia: crear lealtades políticas más permanentes y reducir lo efímero de los apoyos políticos.

En este mismo orden de ideas, más adelante, Maquiavelo también comenta sobre la necesidad de reforzar la lealtad política de los ciudadanos, al señalar que "El que llegue a príncipe mediante el favor del pueblo debe esforzarse en conservar su afecto." Esto es lo que, en última instancia, toda estrategia de mercadotecnia gubernamental trata de conseguir: consensos y legitimidad social, manifestado a través del afecto y apoyo de los ciudadanos.

Licenciar los ejércitos

Maquiavelo señala, en referencia a algunos gobernantes exitosos de la época, que el príncipe "Licenció el antiguo ejército y creo uno nuevo; dejó las amistades viejas y se hizo de otras; y así, rodeado de soldados y amigos adictos, pudo construir sobre tales cimientos cuanto edificio quiso; y lo que tanto le había costado adquirir, poco le costó conservar."

Este pasaje de su libro pudiera ser interpretado, a la luz de los tiempos modernos, como la disponibilidad que todo político debe tener hacia el cambio. Lo que en los tiempos de Maquiavelo eran ejércitos, hoy día son equipos de trabajo o de campaña. Si los antiguos aliados, amistades o equipos no funcionan o ya no son útiles para enfrentar los nuevos retos y desafíos de la modernidad política, lo recomendable para el príncipe es licenciarlos, formar nuevos y trabajar duro para seguir edificando el futuro político.

Un príncipe culto

Maquiavelo señala, también, la importancia de que todo político se prepare intelectualmente y conozca de la historia para así poder gobernar mejor. Al respeto apunta "El príncipe debe estudiar la historia, examinar las acciones de los hombres ilustres..."

En este mismo orden de ideas, Maquiavelo señala lo siguiente: "un hombre prudente debe discurrir siempre por las vías trazadas por los grandes hombres e imitar a aquellos que han sobresalido extraordinariamente por encima de los demás, con el fin de que, aunque no se alcance su virtud, algo nos quede sin embargo de su aroma."

Esto mismo recomienda todo consultor de mercadotecnia política para construir una candidatura exitosa y, eventualmente, un buen gobierno. El estudiar la historia, conocer las acciones de los hombres ilustres y tener un amplio bagaje cultural. Esto proporciona ventajas comparativas, otorga legitimidad basada en el conocimiento y ubica en perspectiva histórica las acciones que se realicen.

Ser amado o temido

Maquiavelo pone un dilema importante que tiene que ver con la forma de hacer política en una sociedad moderna, al señalar, "Surge de esto una cuestión: si vale más ser amado que temido o temido que amado."

Sin embargo, más adelante Maquiavelo señala que todo príncipe debe evitar el odio del pueblo: "El príncipe debe hacerse temer de manera que si le es imposible ganarse el amor del pueblo consiga evitar el odio, porque puede combinarse perfectamente el ser temido y el no ser odiado. El príncipe debe evitar todo aquello que lo pueda hacer odioso o despreciado."

Indudablemente que en todo sistema autoritario o totalitario, la capacidad de introducir miedo en los individuos es parte de las estrategias de control político, pero en una sociedad democrática, sustentada en la libertad, esto no funciona. Al contrario, un político en una sociedad democrática siempre busca ser amado por los electores o los ciudadanos, aunque puede ser temido por sus adversarios.

Los valores de la gente

Maquiavelo señala la importancia que los bienes materiales tienen para el ser humano y la valoración que este hace de los bienes tangibles e intangibles, al apuntar que "Se puede decir de los hombres lo siguiente: son ingratos, volubles, simulan lo que no son y disimulan lo que son, huyen del peligro, están ávidos de ganancias; y mientras les haces favores son todos tuyos, te ofrecen la sangre, los bienes, la vida y los hijos cuando la necesidad está lejos; pero cuando ésta se te viene encima te vuelven la cara. Los hombres olvidan con mayor rapidez la muerte de su padre que la pérdida de su patrimonio."

Esto puede ser cierto o no, pero aquí lo importante de sus señalamientos es el énfasis que hace el autor sobre la valoración que hace la gente sobre la economía, el dinero y el patrimonio, en comparación con bienes menos tangibles, como puede ser la muerte de un ser querido. De cierta manera, aquí Maquiavelo desenmascara el carácter egoísta y materialista del ser humano, característica que todo político no debe nunca olvidar.

Si trasladamos este precepto a los tiempos actuales, bien pudiéramos decir que la economía vota y crea legitimidad social, por lo que los políticos y partidos deben preocuparse por el mejoramiento de las condiciones materiales de la gente, antes que otra cosa. James Carville lo apuntó con mucha precisión en la campaña presidencial de Bill Clinton en los Estados Unidos ¡It is the economy, estupid! (es la economía, estúpido). De esta forma, Carville advertía al equipo de campaña que el tema central que interesaba y movía a los electores norteamericanos era la economía, por lo que había de centrar la estrategia de comunicación hacia asuntos de carácter económico.

En América latina pasa algo similar. De acuerdo a una encuesta levantada en el 2002 (Latino Barómetro) el 52 por ciento de los encuestados considera que el desarrollo económico es más importante que la democracia y el 50 por ciento señaló que estaba dispuesto a aceptar gobiernos autoritarios si estos resolvían los problemas y 37% aceptó que se puede pasar por encima de las leyes.

La astucia del zorro

Maquiavelo señala que un príncipe debe poseer la astucia de un zorro y la fuerza de un león. La astucia para reconocer las trampas y evadir los problemas y la fuerza para alejar a sus enemigos. Sin embargo, Maquiavelo considera más importante la astucia que la fuerza, al señalar: "el que mejor ha sabido ser zorro, ése ha triunfado."

Desde entonces, la astucia se ha convertido en la característica más importante de un príncipe, ya que el mundo de la política es un territorio anegado, minado y lleno de trampas y dificultades. Esto mismo, es lo que consideran muchos consultores de mercadotecnia, por lo que recomiendan usar la astucia, la inteligencia y el sentido común en el desarrollo y desempeño político.

Como parte del talante del zorro, Maquiavelo ofrece varios consejos al príncipe de tal forma que puede lograr una buena reputación. Por ejemplo, señala, "Hay mucha gente que estima que un príncipe sabio debe, cuando tenga la oportunidad, fomentarse con astucia alguna oposición a fin de que una vez vencida, brille a mayor altura su grandeza."

Imagen y apariencia

Si en algo es más explícito Maquiavelo con sus consejos al príncipe, en relación con lo que hoy día se considera una parte muy importante de las acciones y preocupaciones de la mercadotecnia política es en el tema de la imagen. Al respecto, señala "No es preciso que un príncipe posea todas las virtudes citadas, pero es indispensable que aparente poseerlas." Es decir, ya desde el siglo XVI se advertía que lo importante en política no es como las cosas son, sino como aparentan ser.

Esto pasa hoy día muy frecuentemente. La imagen es la percepción que los otros tienen de nosotros y de nuestras acciones. En política, nosotros somos lo que otros perciben, no lo que realmente somos o creemos que somos. De esta forma, la realidad política es lo que otros perciben, no lo que realmente somos. De ahí la importancia de cuidar nuestra imagen y las apariencias. Por ello, Maquiavelo recomienda que "Está bien mostrarse piadoso, fiel, humano, recto y religioso."

En este mismo sentido, Maquiavelo señala que "No hay mejor fortaleza que el no ser odiado por el pueblo." Si este precepto era válido durante los regímenes autoritarios, adquiere una mayor fuerza durante los democráticos, que se sustentan en la construcción de consensos y mayorías electorales.

Además, Maquiavelo, sabía de la importancia de la cultura visual y de la propia naturaleza de las percepciones del ser humano. En este sentido, este intelectual florentino apuntó " Los hombres en general, juzgan más con los ojos que con las manos, porque todos pueden ver, pero pocos tocar. Todos ven lo que pareces ser, más pocos saben lo que eres."

Finalmente, este intelectual florentino, señala que un príncipe debe saber simular y disimular, como parte importante sus atributos. Al respecto señala, "Es necesario ser un gran simulador y disimulador y se someten hasta tal punto a las necesidades presentes que el que engaña encontrará siempre quien se deje engañar. Cada uno ve lo que parece, pero pocos palpan lo que eres."

Buena reputación

Maquiavelo no sólo se preocupó de las apariencias del príncipe, sino también de su reputación, al señalar "Trate el príncipe de huir de las cosas que lo hagan odioso o despreciable, y una vez logrado, habrá cumplido con su deber."

En este mismo orden de ideas, Maquiavelo agrega "Hace despreciable el ser considerado voluble, frívolo, afeminado, pusilánime e irresoluto, defectos de los cuales debe alejarse como una nave de un escollo e ingeniarse para que en sus actos se reconozca grandeza, valentía, seriedad y fuerza." En otras palabras, Maquiavelo traza ya un perfil de personalidad que debe privilegiarse en la política y otro del que debe alejarse todo político inteligente.

En este sentido, Maquiavelo se preocupa más por la apariencia que por la esencia, que en política es muy importante. De esta forma, en diferentes fragmentos de sus libros señala que lo importante es ser considerado o ser reconocido como tal, no necesariamente el ser de esta forma.

Por otro lado, Maquiavelo aborda el tema del prestigio, señalando que se requiere definición por parte del príncipe, no vaguedades. Al respecto señala, "También se adquiere prestigio cuando se es un verdadero amigo y un verdadero enemigo, es decir, cuando se pone resueltamente a favor de alguien contra algún otro. Esta forma de actuar es siempre más útil que permanecer neutral, porque cuando dos estados vecinos entran en guerra, como son de tales características que si vence uno de ellos haya de temer al vencedor. El vencedor no quiere amigos dudosos que no lo defiendan en la adversidad; el derrotado no te concede refugio por no haber querido compartir su suerte con las armas en la mano."

Grupos de interés

Los grupos de interés juegan un papel muy importante en la política. Léase empresarios, sindicatos, curas, maestros, periodistas o estudiantes, todos ejercen, de una u otra forma, influencia en la toma de decisiones y se pueden constituir en actores que apoyen o detengan las acciones de los gobernantes. En este sentido, Maquiavelo advertía lo siguiente "Todas las ciudades están divididas en gremios o corporaciones a las cuales les conviene que el príncipe les conceda su atención."

Los líderes de los gremios y corporaciones influyen en la formación de opinión pública, influencian en la toma de decisiones políticas de la gente y participan en el proceso de legitimación de los políticos. Debido a su importante papel, siempre deben ser considerados por los políticos astutos, buscados si es que se muestran evasivos y persuadidos por los medios más convenientes.

Virtud y fortuna

La política siempre ha dependido de dos grandes cuestiones: la virtud y la fortuna. La fortuna tiene que ver con la suerte, la casualidad y el destino. Como decía Ortega y Gasset "estar en el lugar preciso, en el momento preciso y con la persona indicada." Por su parte, la virtud con la capacidad, con el trabajo, el talento y la competencia.

Sin embargo, la suerte no puede ser la responsable de las acciones del hombre, sino su trabajo, disciplina, entrega y pasión. Maquiavelo ya lo indicaba al señalar que "Estos príncipes nuestros que ocupaban el poder desde hacía muchos años no acusen a la fortuna por haberla perdido, sino a su ineptitud."

Entretener a la gente

Maquiavelo recomienda saber entretener al pueblo realizando diferentes actividades que atraigan su atención. En este sentido, señala que "Se debe entretener al pueblo en las épocas convenientes del año con fiestas y espectáculos."

Hoy día, muchos gobernantes, candidatos y partidos organizan festivales musicales, charreadas, encuentros deportivos y muchos de sus eventos de campaña son acompañados con presentaciones de artistas y personajes del espectáculo, que logran entretener al elector, mientras tratan de persuadirlo.

Alianzas

Maquiavelo señala que las alianzas en la política son muy importantes. Sin embargo, advierte de tener los cuidados necesarios, para evitar sorpresas. Sobre este tema apunta "Hay que guardarse de entablar una alianza con alguien más poderoso que tu para atacar a otros, a no ser que te veas forzado a ello. La razón es que en caso de victoria te haces su prisionero y los príncipes deben evitar en la medida de lo posible el estar a discreción de los demás."

Las alianzas son parte primordial que todo estratega de mercadotecnia política sugiere analizar por parte de partidos y candidatos. Estas están contempladas en la legislación electoral y son parte de las opciones que se encuentran en la política. Siempre y cuando se aumente las posibilidades de éxito en las campañas y no exista un alto riesgo de perder capital político las alianzas son recomendables.

Informar

Uno de los principios de la mercadotecnia política, en su dimensión gubernamental, señala que lo importante de un gobierno no sólo es ser eficiente, sino también parecer eficiente, por lo que se debe informar con oportunidad e inteligencia sobre los avances, resultados y logros obtenidos. En términos coloquiales se puede decir que, "no basta poner el huevo, sino también hay que cacarearlo." Al respecto, Maquiavelo señala lo siguiente "Ayuda también bastante dar ejemplos sorprendentes en su administración de los asuntos interiores, de forma que cuando algún subordinado lleve a cabo alguna acción extraordinaria (buena o mala), se adopte un premio o un castigo que de suficiente motivo para que se hable de él. Hay que ingeniárselas, por encima de todo, para que cada una de nuestras acciones nos proporcione fama de hombres grandes y de ingenio excelente."

Consideraciones finales

Nicolás Maquiavelo ha sido fuertemente cuestionado por sus pensamientos y recomendaciones políticas alejadas de los principios éticos.[47] La frase, "el fin justifica los medios," atribuida a su persona, se ha satanizado. Sin embargo, nadie le ha restado merito como político e intelectual de renombre. Al contrario, varios estudiosos lo consideran como el padre de la ciencia política renacentista. El hombre y sus acciones y pasiones políticas fue, en suma, el gran tema central en la meditación de Maquiavelo.[48] Como un intelectual que ha estudiado la política no

---

[47] Maquiavelo ha tenido, a lo largo de los siglos, muchos apologistas y detractores de sus obras. Entre sus apoyadores se encontraba Napoleón, Thomas Cronwell y Thomas Hobbes. Sus críticos más conocidos fueron Bacon, Rousseau, Montesquieu, Diderot y Bodino, entre otros.

[48] Antonio Gómez Robledo, Prologo a El Príncipe, Editorial Porrúa, 1991.

como debería ser, sino como es en la realidad. De hecho, su texto se considera como un manual para conquistar y conservar el poder.

Las principales preocupaciones del pensador florentino era el poder y la política. El poder, por un lado, considerado como uno de los ámbitos de realización del espíritu humano y como la expresión suprema de la existencia histórica que involucra todos los aspectos de la vida. La política entendida, por el otro lado, como un arte para conquistar y mantener el poder, como una especie de juego permanente por tomar el poder, que todos debemos enseñarnos a jugar.

En El Príncipe se complementan de forma extraordinaria el creador literario, el investigador histórico y el analista político, que se sumerge en los hechos y que vive intensamente los acontecimientos políticos de su época; no riñe con el observador que luego los mide y los confronta con su visión del Estado y de la naturaleza humana.[49]

Quienes nos dedicamos a la mercadotecnia, no podemos ignorar los consejos y recomendaciones que Maquiavelo ha legado, desde el siglo XVI, a las nuevas generaciones de políticos. Por lo tanto, no nos resta más que recomendar leer y releer su obra, a la luz de los nuevos avances y desarrollos de la disciplina.

SUN TZU Y LAS ESTRATEGIAS POLÍTICAS

---

[49] Luis Miguel Medel Valtierra, alumno universitario.

Introducción

El verbo estratego significa planificar la destrucción de los enemigos en razón del uso eficaz de sus recursos. Por su parte, la palabra estrategia en su origen, que viene del campo militar, significaba el arte de dirigir y coordinar las operaciones bélicas, aunque también se utilizó para nombrar al general en jefe del ejército. En su acepción moderna, el termino estrategia se usa para referirse al arte de coordinar las acciones y obras para alcanzar los objetivos planteados. Implica una guía establecida por los directivos para alinear las actividades con el fin de alcanzar las metas propuestas y explotar las condiciones favorables para llegar a objetivos específicos.

En el campo electoral, la estrategia es la parte central de toda campaña, misma que puede determinar el éxito o fracaso. Sin estrategia, es muy posible que un candidato o partido pierda la elección, aunque con una estrategia equivocada también es posible que la pierda. Sólo las mejores estrategias logran imponerse y alcanzar los objetivos que se buscan.

En la historia universal, hay distintos personajes que han aportado una serie de ideas y experiencias con el fin de mejorar las estrategias que se usan el los diferentes campos del desarrollo nacional. Napoleón, por ejemplo, sobresale en el ámbito militar, Marta Harnecker en la esfera política y Michel Porter en el sector empresarial, por señalar algunos. Sin embargo, un estratega pionero, de importancia y dimensión universal, que después de varios siglos de fallecido, sigue siendo estudiado y analizado, no sólo por sus aportaciones en el campo militar, sino en diferentes ámbitos de desarrollo, es Sun Tzu.

Este estratega fundador, de origen oriental, escribió, en el siglo V antes de cristo, el manual militar más celebre que se haya conocido en la historia y que hoy día nos sirve para mejorar nuestro desempeño, no sólo en el campo militar, sino en el empresarial, administrativo y, sobre todo, político. El Arte de la Guerra se constituye en la obra maestra de Sun Tzu, que puede ampliamente utilizarse como un manual en la actividad político electoral. Este es
el tratado de estrategia más antigua que se conoce y que ampliamente puede utilizarse en la dirección, organización y gerencia de campañas electorales.

En este capitulo, se hace un recuento de las ideas de Sun Tzu, que siendo diseñadas para usarse el ámbito militar, hoy día pueden ser utilizadas, con sus respectivas adecuaciones, en el campo político-electoral. Sin duda, que hay diferencias y paralelismos entre la guerra y la política. Sin embargo, toda campaña electoral, de una u otra forma, implica la confrontación de dos o más proyectos ideológicos, políticos y organizativos en la búsqueda o conservación del poder. De cierta manera, toda campaña electoral representa, además, una conflagración en la que la parte que tenga la mejor estrategia, será, seguramente, la más exitosa, mientras que la que carezca de estrategia probablemente será la perdedora.

Las Enseñanzas de Sun Tzu

El Arte de la Guerra es un escrito breve, que en el mejor y más amplia de sus presentaciones no rebasa las 50 cuartillas. Sin embargo, es un documento denso y profundo. En él se señalan una serie de consejos o recomendaciones que todo estratega debe conocer para dirigir y tomar sus decisiones.

En este apartado, se transcriben los consejos que se consideran más importantes y que son aplicables al campo de las campañas electorales, siendo comentados por el autor en su relación con lo que hoy se conoce como la mercadotecnia política. A diferencia del capitulo sobre Maquiavelo, en esta parte se inicia con lo que apuntó en su libro Sun Tzu, para luego hacer una interpretación de sus enseñanzas, a la luz de la nueva realidad política que se está viviendo y, sobre todo, buscando una aplicabilidad de las recomendaciones y consejos de este autor milenario.

Debido a la limitación de espacio, sólo se enlistan las veinte enseñanzas que se consideran más trascendentes para ser utilizadas en la dirección y gerencia de las campañas electorales modernas. Sin embargo, es preciso señalarlo, la obra de Sun Tzu da para mucho más, que puede traducirse en una próxima publicación mucho más extensa.

Sun Tzu señala que "todo el arte de la guerra se basa en el engaño," en hacer creer al enemigo de planes, acciones, fuerzas y debilidades inexistentes. Es decir, falsear la información para que el adversario te perciba no como eres, sino como a ti te conviene que te perciban.

Primera enseñanza

"El supremo arte de la guerra es someter al enemigo sin luchar. Conseguir cien victorias en cien batallas no es la medida de la habilidad: someter al enemigo sin luchar es la suprema excelencia."

En este pensamiento, Sun Tzu aborda lo que nosotros hemos llamado el principio de la guerra psicológica. Derrotar al adversario sin luchar, derrotarlo moralmente de tal forma que se muestre vencido, dominado y sometido, que nadie crea en su victoria y que todos lo vean derrotado.

De hecho, la moral, alta o baja, en las campañas determina, de cierta manera, el éxito o fracaso de la misma. Un partido o candidato desmoralizado seguramente será un perdedor. Al contrario, un partido o candidato con una alta moral muy posiblemente recibirá la constancia de mayoría que lo acredita como ganador y podrá acceder a las posiciones de poder público.

"Someter al enemigo sin luchar" también, implica el ser y parecer poderoso. No basta con que seamos capaces, fuertes, inteligentes y organizados, necesitamos también parecerlo. El adversario nos percibe por diferentes medios. Somos lo que el cree que somos, no necesariamente lo que somos. Por ello, es importante, en la lucha política psicológica, mandar señales insistentes de fortaleza, grandeza y gloria.

Segunda enseñanza

"La guerra hay que valorarla en términos de cinco factores fundamentales y hacer comparaciones entre diversas condiciones de los bandos antagónicos, de cara a determinar el resultado de la contienda. El primero de estos factores es la política; el segundo, el clima; el tercero, el terreno; el cuarto, el comandante; y el quinto, la doctrina.

Este pasaje del general oriental es más que aleccionador sobre la mentalidad que debe tener todo estratega. En primer lugar, un buen estratega debe tener una visión amplia, integral y de conjunto sobre los factores que intervienen en todo conflicto. En segundo lugar, Sun Tzu enumera y explica cada uno de estos factores que inciden en el resultado de toda contienda. Finalmente, señala la importancia de analizar estos factores a la luz de las condiciones prevalecientes en los bandos antagónicos.

En las campañas electorales los cinco factores enlistados deben también ser considerados. La política interna relacionada con la gobernabilidad, capacidad de dirección, liderazgo y consensos sociales que se deben tener en todo equipo de campaña es muy importante. El clima se refiere al ambiente en el que se desarrolla la campaña, las condiciones políticas, económicas y sociales que prevalecen, así como el grado de posicionamiento de los partidos y candidatos en una determinada circunscripción electoral. El terreno tiene que ver con el campo de batalla donde se realiza y define preferentemente la elección, sea a través de medios de comunicación, debates, encuestas, foros, calles, puertas, o en plazas públicas. El comandante es el coordinador de campaña, quien define, en coordinación con el candidato y partido, la estrategia y determina las pautas a seguir. La doctrina tiene que ver con los propósitos políticos que alientan al equipo de campaña, su plataforma electoral, la ideología y proyecto de gobierno que pretende hacer realidad.

Tercera enseñanza

"Con muchos cálculos se puede ganar; con poco no. ¡Cuántas menos posibilidades de victoria tiene quien no hace ninguno!

Esta enseñanza es breve, pero muy aleccionadora. Habla de la importancia de calcular para aumentar las posibilidades de éxito. En las campañas electorales profesionalizadas mucho de lo que se hace tiene que ver con este principio suntzuniano. Calcular implica saber administrar los recursos adecuadamente a lo largo de toda la campaña para evitar desbalanses en su última etapa, saber de los recurso y fortalezas del adversario, así como conjeturar acerca de las acciones más importantes que emprenderán.

El cálculo implica el pensar y repensar la estrategia, el planear con anticipación las acciones y determinaciones, el estudiar las coyunturas y decidir informadamente. Quien no calcula, difícilmente alcanzará su objetivo. Quien hace muchos cálculos llegará siempre a algún lado.

Cuarta enseñanza

"Una victoria rápida es el principal objetivo de la guerra. Si la victoria tarda en llegar, las armas pierden el filo y la moral decae."

En toda campaña electoral, se debe procurar obtener una victoria rápida. Es decir, definir las tendencias electorales a tu favor desde el inicio de los comicios, de acuerdo con los calendarios oficiales, de tal forma que la estrategia de campaña esté orientada a administrar el liderazgo manifestado en las encuestas y a convertir las simpatías electorales en votos reales.

De hecho, varias de las elecciones son definidas mucho antes de la fecha de las votaciones, ya que la ciudadanía manifiesta sus preferencias y antipatías electorales las cuales se ven reflejadas a través de los medios de comunicación en forma de encuestas y sondeos de opinión. En este sentido, un candidato y su partido deben no sólo tener siempre una mística de triunfo, sino deben procurar, desde el inicio de su campaña, el alcanzar una victoria posesionándose, rápidamente y antes que nadie, de la mente de los electores.

En este sentido, si la victoria es rápida y se ve inminente, la moral de sus seguidores y apoyadores crece. Sin embargo, si la victoria tarda no sólo decae la moral, sino que se desgasta también la organización.

Quinta enseñanza

"Lo que es de máxima importancia en la guerra es atacar la estrategia del enemigo."

Una de las máximas centrales de la política y la estrategia que hoy día siguen utilizándose en las campañas electorales tiene que ver con la enseñanza de Sun Tzu expresada más arriba. Atacar la estrategia del adversario es la mejor estrategia que se pueda tener. Pero para atacar esa estrategia, primero hay que conocerla, estudiarla, calcularla y destruirla.

Hay un ejemplo de campañas electorales que muestran el uso de este principio en un caso concreto pasado recientemente. Resulta ser que en las elección interna para ocupar la candidatura a la presidencia del municipio de Guadalajara en el año 2003, el precandidato Enrique Ibarra señalaba mediante unos insistentes spots en radio y televisión que la gente ya estaba cansada de PAN y Circo y que era necesario **pensar muy bien el voto**, en alusión de que él era el mejor candidato y no Jorge Arana, su adversario. Entonces, el equipo de Arana le contesta con otra serie de spots también por radio y televisión en al que diferentes ciudadanos, hombres y mujeres de distintas edades, e, incluso niños, señalaban "yo ya pensé muy bien mi voto, mi voto es por Jorge Arana."

De esta forma, la estrategia de comunicación de Ibarra fue demolida, utilizando el principio suntzuniano de atacar la estrategia del enemigo. Al respecto, pueden enumerarse muchos casos más de este tipo de mensajes, pero aquí lo importante es saber que se debe estudiar la estrategia del adversario, para luego tratar de destruirla y así lograr la victoria.

Sexta enseñanza

"Lo segundo mejor es romper sus alianzas (del enemigo) mediante la diplomacia."

Sun Tzu comenta sobre las alianzas que se pueden establecer en la guerra y sobre la necesidad de tratar de romper, mediante la diplomacia, las alianzas del enemigo. En las campañas electorales, las alianzas, también, son una realidad. Hay alianzas que permiten llegar al poder y hay alianzas que lo imposibilitan. Las primeras, generalmente, se forjan como coaliciones electorales amplias, que se tejen bajo un principio de unidad para alcanzar el objetivo propuesto, como puede ser la alternancia o el cambio. La segunda se arman por los adversarios, quienes concientes de su debilidad, se agrupan y confabulan, con el propósito de impedir la continuación del status quo.

Sobre estas últimas, comenta Sun Tzu la necesidad de romperlas usando los medios pacíficos como es la diplomacia. Es decir, utilizando la capacidad persuasiva y la política, para evitar que los adversarios se unifiquen y logren multiplicar su fortaleza. Al respecto, hay un dicho popular que señala "divide y vencerás," que ha sido utilizado milenariamente como estrategia para alcanzar y conservar el poder.

Por muchos años, por ejemplo, la división y confrontación de la oposición partidista impidió que una nueva alternativa de gobierno asumiera posiciones de poder en América latina. El caso de México, es paradigmático. En esta nación, el

PRI logró conservar el poder por 70 largos años, debido a la capacidad que tuvo de dividir a la oposición. No fue sino hasta el año 2000, cuando una coalición electoral, Alianza por el Cambio, que postuló a Vicente Fox Quesada, logró derrotar al otrora partido de Estado.

Séptima enseñanza

"Defiéndete cuando no puedas derrotar al enemigo, atácalo cuando puedas vencerlo."

Sun Tzu habla en su texto de las estrategias ofensivas y defensivas que se deben utilizar en la guerra, que también, con sus respectivas diferencias y adecuaciones, se emplean hoy día en las campañas electorales. De hecho, toda campaña es un ejercicio proselitista en las que las estrategias ofensivas y defensivas se alternan, encuentran y sobreponen. Atacar o defenderse, avanzar o retroceder, decir o callar, ganar o perder son, muchas veces, los dilemas característicos de toda campaña moderna.

Defenderse y resistir puede se una estrategia adecuada cuando el adversario es fuerte o cuando las condiciones no nos son favorables. Atacar y avanzar se recomienda sólo cuando hay seguridad de triunfo y éxito. Esto es valido en la guerra y en las campañas electorales. Al respecto, podemos decir que la política es una rueda de la fortuna que se encuentra en movimiento. Muchas veces estamos arriba y se presentan las mejores condiciones para avanzar, pero también hay momentos de dificultad e incertidumbre. Este es el momento donde la sensibilidad, la pericia y capacidad de un estratega son determinantes para definir el rumbo a seguir.

Octava enseñanza.

"El general es el asistente del soberano del Estado. Si está asistencia es estrecha, el Estado será fuerte sin duda; si es débil, el Estado será ciertamente débil. Hay tres formas en que el soberano puede llevar a una derrota a su ejercito: a través del desequilibrar al ejercito (tomando decisiones que debe tomar el general), interferir en su administración o interferir en la dirección de la lucha."

En primer lugar, es trascendental que todo general (coordinador de campaña) tenga claridad del rol que debe jugar en toda campaña. Es un asistente, no un Soberano. Quién toma la última palabra sobre los asuntos más importantes de la campaña es el candidato, no el coordinador, aunque éste debe siempre recomendar acciones y decisiones, argumentando el porque de cada una de ellas.

En segundo lugar, la relación que se debe establecer entre candidato (soberano) y coordinador de campaña (general) siempre debe ser estrecha. No sólo debe haber cercanía política, sino además, afinidad de pensamientos y propósitos. Si la relación es fuerte, la campaña será fuerte, pero si es débil también está debilidad impregnará sobre la campaña.

Tercero, Sun Tzu también recomienda dividir trabajos y especializar funciones. "Zapatero a tus zapatos," reza un refrán popular. Esto implica que el soberano (candidato), le delegue también la confianza al general (coordinador de la campaña), quién debe tomar decisiones sobre la campaña por la capacidad y la autoridad que le da su experiencia y conocimientos en el tema. Implica, también, que el que debe administrar la campaña debe ser un administrador, no necesariamente un político y quien debe determinar sobre la dirección de la lucha (campaña) debe ser un estratega, no necesariamente el candidato. Esto es, saber delegar en personas experimentadas y capaces, quienes como auxiliares del soberano, tomarán las decisiones que mejor convengan para alcanzar el gran propósito buscado.

Novena enseñanza

"Hay cinco cosas en las que puede predecirse la victoria:

a. El que sabe cuándo puede luchar y cuándo no, saldrá victorioso.
b. El que comprende cómo luchar, de acuerdo con las fuerzas del adversario será victorioso.
c. Aquél cuyas filas están unidas en un propósito, saldrá victorioso.
d. El que está bien preparado y descansa a la espera de un enemigo que no está bien preparado, saldrá victorioso.
e. Aquel cuyos generales son capaces y no sufren indeferencias por parte de su soberano, saldrá victorioso."

Esta enseñanza se explica por si misma. Un buen político debe saber cuándo debe luchar y cuándo no. Es decir, saber aplicar el *timing* en la política. Debe saber, además, cómo luchar de acuerdo a las fuerzas del adversario. Es decir, determinar con precisión cuáles serán las estrategias y tácticas más adecuadas, determinar si será una lucha en medios de comunicación o calle por calle, si será a través de debates públicos o de mítines masivos.

El político, además, debe saber que la unidad de su partido, de su equipo de campaña y de sus seguidores en torno a un propósito claro y específico es un elementos estratégico para conseguir la victoria. Por lo contrario, la división y la multiplicidad de propósitos no sólo distrae, sino que segmenta energías y divide esfuerzos en detrimento del objetivo buscado.
Un partido dividido es un partido con más posibilidades de derrota, que un partido unificado y compactado.

La preparación también es un elemento importante en toda contienda electoral. Prepararse significa agenciarse recursos para la "batalla" política, instruirse para poderse comunicar y persuadir mejor, organizar y aleccionar al ejército de activistas que peinarán la circunscripción electoral, prepararse para enfrentar situaciones adversas, emboscadas y dificultades propias de una contienda electoral. En fin, prepararse tanto para el victoria como para la adversidad.

Finalmente, Sun Tzu señala sobre la importancia de tener una excelente comunicación entre el candidato (el soberano) y el coordinador de campaña (el general), ya que de lo contrario la indiferencia y las consecuentes faltas de apoyo redundarán en la reducción de posibilidades de lograr la victoria.

Décima enseñanza

"Conoce a tu enemigo y conócete a ti mismo; en cien batallas, nunca saldrás derrotado. Si eres ignorante de tu enemigo pero te conoces a ti mismo, tus oportunidades de ganar o perder son las mismas. Si eres ignorante de tu enemigo y de ti mismo, puedes estar seguro de ser derrotado en cada batalla."

La información es poder, reza un refrán popular. Para conocerte a ti mismo, investiga y para conocer a tu adversario, sigue investigando. De hecho, una de las partes centrales de lo que hoy se conoce como la mercadotecnia política tiene que ver con la investigación de mercados. A través de ella, se conoce a la gente, se conoce al adversario y se conoce uno mismo.

Toda investigación de mercados se apoya en dos métodos genéricos. La investigación cuantitativa que busca medir y cuantificar, por ejemplo, la opinión de la gente, y la investigación cualitativa que busca profundizar en ese conocimiento. Cada uno de estos métodos se subdivide, a su vez, en diferentes técnicas para indagar y conocer mejor.

Los métodos cuantitativos se apoyan de las encuestas, los sondeos de opinión, las proyecciones y la estadística. Los métodos cuantitativos de los estudios de caso, de las entrevistas a profundidad, de los *focus groups*, de los paneles de expertos y la información documental. Todos estos métodos ayudan y deben ser utilizados, ya que como dice Sun Tzu, la capacidad de victoria o de derrota dependerá de la capacidad de conocer, de conocerse a ti mismo y de conocer a los opositores. Esta enseñanza nunca se debe olvidar.

Onceava enseñanza

"La invencibilidad depende de uno mismo, pero la vulnerabilidad del enemigo depende de él."

En esta breve frase, Sun Tzu nos dice dos cosas verdaderas y aplicables a las campañas electorales. El ser invencibles depende de uno mismo. Esto es, el grado de invencibilidad dependerá de nuestras propias capacidades, ideas, planes, acciones, determinaciones y actitudes. Ser invencible implica construir nuestras propias fortalezas, red de relaciones y alianzas políticas. Implica avanzar y fortalecerse de tal forma que los adversarios no sólo se sientan derrotados moralmente, sino también en la práctica ante la eventualidad de una confrontación político-electoral.

Por su parte, la vulnerabilidad del adversario, señala Sun Tzu, depende de él. Es decir, él es el arquitecto de su propia fragilidad, de sus flaquezas y miserias, por lo que es importante conocer estas debilidades para sacar el máximo provecho. Ser vulnerable en la política tiene que ver con nuestro pasado, nuestros hechos, declaraciones y omisiones. Implica, perdida de control, nerviosismo, caer fácilmente en las provocaciones, hablar de más, contradecirse en público y gustar de los excesos.

La invencibilidad y la vulnerabilidad son dos características temporales de la política. Nadie es invencible por siempre, ni nadie es vulnerable eternamente. Todo depende de nuestra capacidad e inteligencia para construir nuestro propio futuro y porvenir por periodos más prolongados.

Décima segunda enseñanza.

"Los elementos del arte de la guerra son: primero, la medida del espacio; segundo, la estimación de las cantidades; tercer, los cálculos; cuarto, las comparaciones, y quinto, las posibilidades de victoria."

El arte de la guerra tiene muchas similitudes con el arte de la política aplicada a las campañas electorales. Los elementos de este último tiene que ver con conocer el espacio donde se realizará la elección. Esto es determinante. Segundo, conocer donde se encuentran y cuantos son los electores que harán posible el triunfo de la campaña o sea las cantidades. Tercero tiene que ver con el cálculo, lo que puede ser entendido como el marketing mix. Es decir, calcular qué trabajo proselitista y qué actividades de comunicación y persuasión se deben realizar y dónde para alcanzar el objetivo que se busca. Cuarto, es importante hacer una especie de análisis FODA por medio de la comparación para conocer las fortalezas y debilidades propias y ajenas, así como las áreas de oportunidad y las amenazas. Finalmente, siempre es importante conocer el grado de posicionamiento para determinar las posibilidades de victoria, de alianzas o declinaciones.

Décima tercera enseñanza

"Generalmente, mandar un gran ejército es lo mismo que mandar a unos pocos hombres: es una cuestión de organización. Y dirigir un gran ejército es lo mismo que dirigir a uno pocos hombres. Es cuestión de formación y señales."

Las campañas son procesos proselitistas complejos que se realizan ante una serie de limitantes en las que el tiempo se convierte en un recurso estratégico que hay que saber administrar.

En toda campaña electoral es importante saber mandar y dirigir. Ese ha sido el problema de muchas campañas, cuyos dirigentes no saben dirigir y tampoco saben ordenar. Tal parece que muchos de ellos en lugar de ordenar desordenan, en lugar de dirigir dividen, en lugar de sumar restan, ya que muchos de los voluntarios que se suman a las campañas se desmotivan por el trato inapropiada y, muchas veces, despótico, que reciben de los coordinadores de campaña.

Por otro lado, en toda campaña debe existir siempre un don de mando por parte tanto del candidato como del coordinador general de la misma. Por lo que mandar un ejercito de activistas es, primero, una cuestión de organización. Segundo, tiene que ver con la formación (estructura) y finalmente con la comunicación (las señales).

La organización implica la división de trabajos, la delegación de actividades, la determinación de responsabilidades y la rendición de cuentas. La formación tiene que ver con el organigrama de campaña, la unidad de mando, la jerarquía en la toma de decisiones, los niveles de autoridad y los ámbitos de competencia y responsabilidad de las partes o unidades que integran la estructura organizativa. Las señales son los sistemas de comunicación que siempre deben existir, ya que una mala comunicación puede llevar al fracaso en la elección. De hecho, la comunicación se constituye en el elemento central que siempre se debe cuidar en toda campaña, por lo que los equipos de trabajo deben articular un sistema comunicación ágil, económico y eficiente, como puede ser la Internet, para cumplir de mejor manera sus actividades y objetivos buscados.

Décima curta enseñanza.

"En medio del tumulto, la batalla parece caótica, pero no debe existir desorden en la propias tropas. En el campo de batalla puede parecer confusión y caos, pro el bando propio debe permanecer ordenado. Orden y desorden depende de la organización y la dirección; coraje y cobardía, de las circunstancias; fuerza y debilidad, de las disposiciones tácticas."

Algunos autores de lo que hoy día se denomina gerencia política, han establecido cierta sinonímia entre campañas electorales y el caos, en la medida que lo que predomina en muchas campañas es el desorden, la desorganización y la anarquía. En este sentido, es importante retomar la enseñanza suntzuniana que nos indica la necesidad de conservar la calma, el orden y la organización, ya que en la medida que nuestra campaña puede controlarse y conservar la serenidad en esa medida se puede avanzar.

La segunda frase de Sun Tzu es muy importante. Hay que ponen atención en la organización y el liderazgo de las campañas. De hecho, se puede decir que una campaña bien organizada y correctamente dirigida es una campaña exitosa. Por su parte, una campaña caótica y desorganizada es una campaña perdedora. Para lograr el éxito se requiere coraje y decisión.

La dirección de una campaña es una asunto de capital importancia. Nunca se debe dejar en manos de improvisados, en amigos, compadres o camaradas de partido que son cercanos al candidato o muy buenas personas, pero que no tienen el talento, la capacidad y la inteligencia para dirigir un esfuerzo partidista complejo y altamente demandante. Recuerde que se trata de la gerencia de una campaña y sólo los especialistas están capacitados para hacerlo adecuadamente.

Décima quinta enseñanza.

"Generalmente, el que ocupa primero el campo de batalla y espera al enemigo puede descansar y aquel que llega más tarde a escena y se precipita a la lucha, comienza cansado."

La política es construcción, cálculo y preparación. Quien está acostumbrado a la improvisación, puede ocasionalmente ser exitoso, pero no siempre vencerá. El éxito reclama preparación, planeación anticipada, capacitación y profesionalización. De hecho, hay un adagio popular que señala que "el que madruga dios le ayuda."

Existen múltiples casos de políticos que han iniciado sus campañas con años de anticipación. Empiezan a tejer una red de amigos, simpatizantes y apoyadores. Diseñan las estrategias que les permitirán lograr un adecuado posicionamiento en la mente del electorado. Recolectan fondos para financiar sus campañas, capacitan a sus equipos, arman alianzas sociales, estructuras sus plataformas electorales, se mueven y dinamizan para ocupar con ventaja el campo de batalla. Generalmente, estos son los triunfadores. Pero también hay políticos tardos, dilatados y morosos, que siempre dejan todo para al final. Generalmente estos son los perdedores.

Recuérdese como dice Sun Tzu que quién llega pronto, está descansado y puede prepararse mejor para enfrentar exitosamente la batalla, y quién llega al final, llega generalmente, cansado y fatigado. Por ello, es importante que todo político tenga decisión, si va a participar y entrar a la batalla electoral, que lo haga de inmediato, empiece a prepararse y a edificar su futuro. Nadie la hará por ti, solo tu eres el arquitecto de tu propio destino. Sin embargo, es importante saber que los pasos que se tomen deben no sólo ser oportunos, sino apropiados a las circunstancias particulares que se estén viviendo.

Décima sexta enseñanza.

"El enemigo no debe conocer donde intentaré presentar batalla. Pues si él no sabe donde intento batallar, debe hacer preparativos en muchos lugares diferentes. Y cuando él se prepara en muchos lugares, aquellos con los que tendré que luchar serán menos. Si se prepara en el frente, su retaguardia será débil, y si prepara su retaguardia, su frente será frágil. Si refuerza su izquierda, su derecha será vulnerable y, si refuerza su derecha, le quedarán pocas tropas para la izquierda. Y si envía tropas a todas partes, será débil en todas partes."

Reza un adagio popular que la sorpresa es un arma de guerra. En las campañas electorales, también la sorpresa ayuda y sirve muchos para ganar una contienda. La sorpresa implica muchas cosas. Desde la temática que se discutirá como parte central de la campaña, pasando por los datos e información personal del adversario sobre hechos controvertidos del pasado y escándalos, así como los eventos y acciones proselitistas. De cierta manera, una buena campaña es la que siempre tiene la capacidad de sorprender no sólo a los adversarios, sino a los mismos electores, tocando temas nunca antes tocados, asumiendo posturas nuevas, tratando de ser paradigmáticos, revolucionarios, distintos a los demás.

Como parte de la estrategia es importante entender la enseñanza de Sun Tzu en el sentido de no abrir diferentes frentes en una misma batalla. Lo contrario puede resultar contraproducente y debilitar a la misma campaña. Por ello, es necesario abrir pocos frentes, pero hacerlo con determinación y fuerza. Si la estrategia del adversario es atacar por múltiples frentes, no se deben ser reactivo, sino inteligente, respondiendo en los frentes más estratégicos y en aquellos en los que haya certeza de obtener una victoria. Recuérdese que la política es un juego de estrategias, como el ajedrez, donde muchas veces en el corto plazo es valido el sacrificar un peón, para matar un alfil o un caballa del adversario más delante.

Décima séptima enseñanza.

"Analiza los planes del enemigo de forma que puedas averiguar sus puntos débiles y sus puntos fuertes. Agítale de cara a identificar las pautas de sus movimientos. Ponle señuelos para que revele sus posiciones y determine su posición. Lanza un ataque de prueba para aprender donde es fuerte y donde es deficiente."

Uno de los factores claves para ganar una elección tiene que ver con la información. De hecho, reza el adagio popular "la información es poder." Sin embargo, esta información debe ser oportuna y de calidad. En toda campaña electoral se debe tener información sobre las necesidades, problemas, sentimientos, emociones y expectativas de la gente,
pero también es importante tener información sobre el adversario, sus fortalezas y debilidades, sus acciones y movimientos. De ahí que Sun Tzu señalará que se tenga que analizar los planes del enemigo, conocer sus puntos débiles y fuertes para saber como atacarlo y, en su caso, también saber como defenderse.

Asimismo, en las campañas electorales es importante probar al adversario, hacer movimientos tentativos, realizar "fintas", lanzar "petardos" y hacer simulacros que pongan nervioso al adversario, nos ayuden a conocer sus fortalezas y debilidades, generarle conflictos internos, dividirlo y, sobre todo, derrotarlo psicológicamente. Los ataques de prueba y las respuestas del adversario o adversarios puede producir información muy útil que se debe utilizar con inteligencia y discreción.

Décima octava enseñanza.

"Cuando se gana una batalla, las tácticas no deben repetirse. Uno debe siempre responder a las circunstancias en una infinita variedad de modos."

Sun Tzu señala una máxima aplicable a la política, la mercadotecnia y la planeación estratégica. En batallas similares pueden aplicarse estrategias similares, pero siempre las tácticas deben ser diferentes. Cada elección es distinta, el electorado aprende, madura, cambia y lo que pudo funcionar en una campaña puede fallar en otra.

De hecho, una de las debilidades epistémicas más importantes de lo que se conoce como mercadotecnia política tiene que ver con esta cuestión. En el campo de la política y las campañas electorales no puede haber teorías generales que expliquen todas los casos que se presentan. Siempre hay hechos anómalos y especiales, por lo que es muy difícil generalizar.

Además, si el adversario conoce las estrategias y tácticas que has utilizado en el pasado se preparará para enfrentarlas y derrotarte. Por eso es muy adecuado lo que Sun Tzu señala, cuando se gana una batalla, las tácticas no deben repetirse, sino que se debe variar para evitar que el adversario pueda sorprenderte. En este sentido, los partidos deben buscar diferenciar sus estrategias y tácticas en cada elección, no repetir los esquemas ni las prácticas pasadas.

Décima novena enseñanza.

"Al que es capaz de conseguir la victoria modificando sus tácticas de acuerdo con la situación del enemigo, bien puede llamársele divino."

Este es un principio, también, valido en la política y más en las campañas. Nada de lo que funcionó correctamente y dio resultados en una elección, puede garantizarse que funcione en otra. Si la estrategia pasada fue correcta, esta misma puede ser incorrecta en otra elección. Si alguien ganó con un método, puede perder con ese mismo método. Es decir, la guerra como la política es muy relativa, por lo que siempre hay que adecuar las estrategias a las circunstancias prevalecientes.

Además, Sun Tzu es claro al señalar que siempre se deben modificar las tácticas según los movimientos y situación del adversario. Esto no implica ser reactivo en la política, sino más bien estudiar al adversario, conocer sus acciones y decidir que es lo mejor. La estrategia se mantiene, pero la táctica puede variar de acuerdo a las circunstancias, tiempos, necesidades y coyunturas que se vivan.

Todo esto implica que la política y la mercadotecnia tengan que reinventarse en cada proceso, no se pueden crear recetas inequívocas, ni manuales que garanticen resultados infalibles. Todo es sujeto de cambio y lo que funcionó una vez no es garantía de que vuelva a funcionar en otra elección.

Última enseñanza

"Aquellos que no conocen las condiciones de montaña y bosques, desfiladeros peligrosos, marismas y pantanos, no pueden dirigir la marcha del ejercito. Aquellos que no emplean guías locales son incapaces de obtener ventajas del terreno."

La política es un campo minado. Quien participe en ella debe conocer los vericuetos, laberintos, riesgos y peligros que siempre estarán presentes. Al respecto, un adagio popular señala que en la política los amigos son de mentiras y los enemigos de verdad. En el mismo sentido, el ideólogo priísta, Jesús Reyes Heroles, decía que "la política es el arte de comer caca, sin hacer gestos." Esto implica estar bien preparado para enfrenar tanto el éxito como la adversidad, informarse, conocer las condiciones que se presentan en una determinada circunscripción electoral, saber de aliados y adversarios, de marismas y pantanos, de trampas y peligros. Recuérdese que, en el campo de la política, no todos sus allegados son bien intencionados, la maldad existe y, muchas veces, toma la forma de error involuntario.

Por otro lado, en las campañas electorales siempre es aconsejable el ser apoyados y aconsejados por dirigentes locales y vecinos, que conocen mejor que nadie el terreno, la gente, los problemas, necesidades y costumbres de los pobladores. Sin embargo, es importante, también, saber la opinión general sobre sus apoyadores, ya que muchas veces son personajes impopulares, que han abusado del poder y que generan más que apoyo, muchas antipatías y resentimientos de la gente.

Si este es el caso, su información y apoyo ayuda a la causa, pero ante la opinión pública es mejor aplicar el adagio popular que señala que "es mejor sólo que mal acompañado." Esto es, no presentarse acompañado de personajes socialmente cuestionados, sino sólo de aquellos avales que suman votos y simpatías electorales.

Comentarios finales.

La estrategia es la parte medular de toda campaña político-electoral. En esto, todos estamos de acuerdo. Sin embargo, no es fácil, primero, generar al interior de las organizaciones partidistas y al seno de la misma clase política una cultura de estrategia y, segundo, es difícil hacer que las acciones y tareas cotidianas se desarrollen de acuerdo y como parte de las pautas que se señalan en la estrategia. Mil y una posibilidades de desvío siempre se harán presentes. Por ello, es importante no sólo tener claridad sobre la estrategia, sino el ponerla invariablemente por escrito. Como dice Jaime Durán, quien no sea capaz de poner por escrito su estrategia, muy seguramente es que no la tiene.

La cultura de estrategia implica la planeación. El tomar decisiones anticipadas, para dar direccionalidad y rumbo a las campañas. Implica el tener un plan, el definir objetivos y metas precisas, el conocer a los electores y orientar las acciones proselitistas y de comunicación persuasiva para logran el voto a su favor. Sin embargo, la cultura de estrategia implica también conocer a los adversarios, diseñar las acciones y actividades específicas para derrotarlos en los diferentes campos del mundo de la política. Como dice Sun Tzu, conoce a ti mismo y conoce a tu enemigo, y no perderás en cien batallas.

Las estrategias presentan, al menos, cuatro características. Primero se elaboran antes de que se realicen las acciones. Segundo, se desarrollan de manera conciente. Tercero, toda estrategia busca un propósito determinado y, finalmente, las estrategias proporcionan ventaja sobre lo oposición. De hecho, las mejores estrategias son aquellas que generar ventajas competitivas, motivan a los equipos de campaña, desconciertan a los adversarios, generan más votos y posibilitan ganar la elección.

Hay miles de estrategias. En las campañas electorales podemos encontrar estrategias del candidato, del partido y del gobierno en turno. También hay estrategias de defensa o de ataque. Estrategias de construcción de imagen y posicionamiento político, de comunicación persuasiva, de organización y proselitismo electoral, así como de contacto directo y desmoralización del adversario.

La diferencia entre el éxito y el fracaso de una campaña puede ser el tipo y carácter de la estrategia utilizada. Por lo que un General (coordinador de campaña) o un Soberano (candidato) deben poseer una o más estrategias que le ayuden a ganar la guerra (la elección).

En la guerra hay enemigo, mientras que en la política sólo son adversarios. En la guerra se busca aniquilar al enemigo, mientras que en la política sólo derrotarlo. En la guerra hay ejércitos y en las elecciones equipos de campaña. En los ejércitos hay soldados, mientras que en las campañas activistas voluntarios. Sin embargo, en la guerra y en la política siempre se busca el poder.

DECÁLOGO DE LA ESTRATEGIA ELECTORAL

Introducción

El marketing político es una guerra de estrategias e ideas entre partidos y candidatos para conquistar la mente y voluntad del ciudadano, constituido en mercado electoral. Como instrumento, la mercadotecnia permite avanzar los objetivos políticos de los individuos y organizaciones en la búsqueda o conservación del poder público.

El marketing se refiere no sólo a aspectos de estrategia política, sino que comprende, además, temas sobre investigación y segmentación de mercados, el proceso de comunicación y persuasión política, así como, tópicos relacionados con la imagen, la percepción y la construcción de lealtades electorales.

El marketing se sustenta en una serie de principios y fundamentos, que permiten dar rumbo y direccionalidad a las acciones del hombre, en la búsqueda del liderazgo y la mejora continua. A continuación se enlistan y explican brevemente estos principios.

La repetición

Un principio básico de mercadotecnia apunta que la repetición, bien orientada, siempre genera memorización, penetración y posicionamiento en la mente del elector. De hecho, toda estrategia de mercadotecnia siempre contempla el emitir los mensajes de manera repetitiva tratando de machacar y moldear la mente de los ciudadanos. Por ello, es muy importante para un político el repetir creativamente sus argumentos centrales, parafrasearlos en diferentes foros, pero siempre manteniendo la esencia de su exposición. Recuerde, repetir es sinónimo de persuadir.

En política, los golpes propagandísticos audaces y únicos, son los que dan mejores resultados. Sin embargo, estos deben ir acompañados de una estrategia de penetración en la mente del electorado, que se logra mediante la constante y permanente repetición de mensajes.

Un principio esencial de la propaganda nazi señalaba que "una mentira dicha mil veces se convertía en verdad." Es decir, toda proposición martillada insistentemente es creída por la población. De ahí, la necesidad de definir mensajes, proposiciones y argumentos centrales impulsando su propagación de manera insistente a través de los medios que estén a su alcance. En el mismo sentido, toda organización seria debe esclarecer cuales son los problemas fundamentales del hombre y la sociedad, fijando una postura clave como partido y recalcando sus argumentos.

El principio de la repetición parte de la premisa que el elector es un hombre "plástico", cuya voluntad siempre será moldeable e influenciable por los estímulos comunicacionales que se le envíen. Esto mismo pasa con la "opinión pública" ya que ésta es moldeable e influenciable. En política, repita hasta que esté seguro que ha formado adicción y penetración en su mercado meta. En mercadotecnia, siempre trate de apropiarse de una palabra, signo, símbolo o frase que penetre insistentemente en la mente del elector.

La investigación

El marketing político implica, sobre todo, investigación y segmentación de mercados. La investigación está orientada a diagnosticar la situación sociopolítica, conocer las opiniones, preferencias, problemas, sentimientos y expectativas de los electores. Por medio de este tipo de análisis se logra tomar decisiones más racionales y, sobre todo, definir el mensaje y las estrategias proselitistas a emprender.

La investigación nos proporciona información y la información, en política, es poder. Para investigar se usan métodos cuantitativos y cualitativos, orientados a conocer mejor al elector. La investigación es la base de todo plan de campaña, por lo que nunca se debe obviar esta importante herramienta de la política.

La investigación cuantitativa permite contar las opiniones y percepciones que los ciudadanos tienen sobre tópicos disímiles de interés colectivo. Este tipo de investigación consume más recursos económicos, pero permite tener con mayor amplitud y precisión información actualizada y diversa sobre los electores.

La investigación cualitativa es mucho más económica y permite profundizar los análisis y estudios sobre los mercados electorales. Como parte de la investigación cualitativa se pueden utilizar los paneles de expertos, los *focus groups*, las entrevistas a profundidad, los estudios documentales e históricos y las entrevistas con informantes clave, entre otros.

En toda estrategia política, lo recomendable es utilizar tanto la investigación cuantitativa como la cualitativa, buscando maximizar recursos y ampliar los niveles de información. La conformación, por ejemplo, de un centro de documentación y estudios estratégicos pudiera ser la instancia encargada de las investigaciones. Su función está orientada a realizar trabajos de "inteligencia política," construir bases de datos, realizar encuestas, analizar las fortalezas y debilidades de la oposición, así como conocer a profundidad los antecedentes y curriculums de sus contrincantes políticos.

Todo político serio debe realizar algún tipo de investigación de mercados electorales, que le permita hacer política sobre bases más firmes y objetivas. Recuerde que las campañas son ejercicios proselitistas inteligentes sustentados en el manejo de información precisa y oportuna. Nunca olvide que la información es poder.

La venta

Un buen político es, sobre todo, un buen vendedor. Un político sensible ante los problemas de los demás, que atiende con cortesía y respeto a los ciudadanos, que entiende la política como proceso de construcción y de relación, que se preocupa por incorporar valor agregado a la sociedad y dar seguimiento responsable a sus acuerdos.

Un gran vendedor, atento a los requerimientos, preocupaciones, propuestas e inquietudes de los demás, que entiende a los ciudadanos como sus más importantes activos (clientes y consumidores) de sus ideas y propuestas, que cimienta su futuro en base a su trabajo, su disciplina y entrega.

Un vendedor de ideas, propuestas, políticas y programas, que tiene la habilidad de persuadir a los demás sobre la bondad de sus propuestas, que documenta sus intervenciones y modera sus posturas. Un vendedor con visión de futuro, que se preocupa por ganar y conservar la amistad y lealtad de los demás, que se comporta como amigo cercano, que reconoce errores y omisiones, que siempre camina hacia adelante. Un vendedor que suma voluntades, agrega compromisos y unifica a los equipos.

Un vendedor que evita los excesos, no se "sobre vende," ni es altamente protagónico. Un vendedor humilde y responsable, que escucha, piensa y actúa, siempre buscando el beneficio colectivo. Un político moderado que aparece sólo en eventos necesarios, que no satura, ni enfada a los demás.

La credibilidad

Lo más importante en la política es que le crean, ya que todo aquel que se dice político y no es creído no es un buen político. La credibilidad es una consecuencia directa de la honestidad y el resultado de un comportamiento ético. La credibilidad tiene que ver, además, con la veracidad, el prestigio, la coherencia y, sobre todo, el cumplimiento de la palabra empeñada.

La credibilidad, como la política, implica un proceso de construcción que debe atenderse y edificarse en base al esfuerzo, la disciplina y la honestidad. La credibilidad es efímera y así como se construye se puede destruir. Usted debe saber que el elector cree lo que quiere creer y no cree lo que no quiere. Recuerde siempre, la honestidad es un plus en política.

La credibilidad cuando se pierde, es muy difícil de recuperar, de ahí que todo buen político debe cuidar escrupulosamente el carácter de sus actos, declaraciones y tipo de amistades que frecuenta.

Un político siempre encontrará obstáculos para ser creído, por lo que debe esforzarse aún más por lograr que los ciudadanos confíen en sus palabras y planteamientos. Tener credibilidad implica poseer autoridad moral y generar confianza en los ciudadanos.

El elector es un incrédulo de los políticos, ya que tiene muchos motivos y razones fundadas para desconfiar. Para construir credibilidad un político debe ejercer un liderazgo basado en la comunicación, la delegación de responsabilidad, la motivación, la valoración de la creatividad y esfuerzo personal, el trabajo en equipo y sobre todo, en la veracidad. Esta última se debe transformar en un paradigma de comportamiento del líder.

La legitimidad de un líder se encuentra directamente relacionada con la credibilidad. Un líder sin credibilidad es un cabecilla sin futuro. Un líder con credibilidad es un dirigente que, más pronto que tarde, será reconocido socialmente y llamado a ocupar responsabilidades importantes.

La credibilidad es la piedra angular de la persuasión. Los auditorios se dejan cortejar fácilmente y se entregan con fervor ante líderes con autoridad moral. La credibilidad forma opinión pública y moldea la voluntad de miles de ciudadanos. Cuide su credibilidad como el valor más importante en su accionar político.

El posicionamiento

El posicionamiento es el lugar que ocupa su persona u organización en la mente de los electores. Es la clave de la alta política y un elemento central de toda campaña de mercadotecnia. En política, la percepción es la realidad. Es decir, si existe el político y las políticas, existen sólo dentro de la mente del ciudadano y en la mente de otros.

El objetivo de todo buen político es posicionarse en la mente de los electores. Ningún político ha logrado apoyo popular sin antes penetrar las mentes y conciencias de los ciudadanos.

Posicionarse en la mente del elector implica que se realicen asociaciones automáticas en la imaginación de los ciudadanos con el sólo hecho de mencionar su nombre o su formación partidista. En política hay tres tipos de posicionamiento. Primero, la percepción que tiene el ciudadano sobre su persona. Segundo, la posición que tiene el elector en su mente frente a la competencia o sus adversarios políticos. Tercero, el grado de compromiso y apoyo que los ciudadanos pueden otorgar a sus propuestas, planes y programas.

Quien participa en política espera ocupar una posición determinada en una organización. Es decir, lograr un posicionamiento social que le permita o asegure un reconocimiento o un futuro más certero. Nadie participa en la política en abstracto, todos lo hacen motivados, movidos por algo.

La política implica una relación, ocupar una posición en una determinada estructura social, gubernamental o partidista. El político exitoso es aquel que ha sabido posicionarse positivamente en la mente de los demás.

Posicionarse en la mente del votante implica primero que el elector sepa que existes. Por ello, lo primero que debe hacer es darse a conocer ante la sociedad por los medios que estén a tu alcance. Segundo, posicionarse implica que los ciudadanos se interesen en conocer más de ti, saber de tu pasado, tus experiencias y tus éxitos. Conocer cuales son tus propuestas, ideas y opiniones. Por eso, es importante no sólo que los demás sepan que existes sino además que asumes posturas que los demás comparten, que piensas como muchos otros y que defiendes las mismas causas que los demás defienden. Tercero, posicionarse implica también el que los electores se involucren en tus propuestas, planes y "utopías." Implica que los demás sientan el deseo de retomar tu causa y acompañarte por el sinuoso sendero de la política, que se sientan identificados contigo y crean firmemente en la pertenencia de grupo. Finalmente, posicionarse implica que los demás se comprometan y participen activamente en los planes y proyectos que impulses. Implica que activen sus emociones y se involucren directamente en las tareas y labores que tú les encomiendes.

La diferenciación

Todo buen político debe buscar diferenciarse respecto de la competencia. Las elecciones son cada día muchos más competidas por diferentes personajes, no sólo por lo que implica la participación, desde la perspectiva ideológica y política, sino también por los beneficios económicos y de poder que la misma posición de gobierno y representación trae consigo.

La forma de diferenciarse, puede ser distinta, desde el tipo de plataforma programática, el catálogo de propuestas para la ciudadanía, los colores del partido, las estrategias de comunicación y persuasión que privilegié, hasta el medio que utilice para difundir sus mensajes y propuestas. Sin embargo, la principal diferenciación debe ser en creatividad e innovación de su campaña respecto de la competencia.

Ser diferente implica hacer análisis y ser observador sobre los mismos procesos políticos, hacer lo que otros no hacen, tratar los temas que la competencia no quiere tratar, aportar lo que otros no aportan, proponer lo que otros no proponen. En fin, utilizar la imaginación y atreverse a ser diferente respecto de los demás.

Sin embargo, se debe ser prudente y cauteloso en los medios y métodos que escoja para lograr la diferenciación, ya que no sería recomendable diferenciarse por lo ridículo, incoherente o utópico de sus planteamientos y acciones, sino por la seriedad y creatividad de sus ideas.

La imagen

La imagen es la percepción que se forman los demás de un individuo en su relación social. Es una percepción compartida de los electores sobre un político y su accionar. Todo político tiene una imagen, que lo acompaña como su sombra por los senderos donde camina. La imagen es inevitable y dinámica. Es como un castillo de naipes, su construcción es muy delicada y laboriosa, sin embargo, es muy fácil destruirla.

En política, la imagen lo es todo. Un buen político se preocupa por construir imagen y conservar una buena reputación. Diseñe su imagen prototipo, trabaje por construirla y úsela. Con gran sabiduría, decía Julio Cesar, "la mujer del Cesar no sólo debe ser honesta, sino que tiene que parecerlo." Es decir, el político, no sólo se debe ser honesto, eficiente y responsable sino, sobre todo, tiene que parecer honesto, eficiente y responsable. Y esto, sólo se logra con una buena gestión de imagen.

Construya su estrategia de imagen que le permita alcanzar un buen posicionamiento en la mente de los electores. Los ciudadanos son propensos a adorar y venerar imágenes sean estás religiosas, deportivas, artísticas o políticas. Recuerde, que en una democracia electoral, el voto, que no es más que la percepción de la gente manifestada en acción electoral, es la divisa más importante con que cuenta un político.

La imagen está ligada a la marca. Su imagen es, de hecho, la marca, el distintivo personal que lo acompañará de por vida. Cada persona debe esforzarse en construir positivamente su imagen. Esta "marca" le da identidad, prestigio y categoría. Si es un buen político usted debe de inmediato iniciar el proceso de construcción o rediseño de su marca.

La imagen tiene mucho que ver con la visión. Dice un dicho popular,"una imagen habla por mil palabras". Gorbachov lo parafraseó de la siguiente manera "es preferible ver una vez, que escuchar cien veces."

La imagen se forma por sus acciones, apariencias u omisiones. Por eso, siempre piense y calcule cuales serán las consecuencias de las determinaciones que tome. Su historia personal y su comportamiento social, juegan también un papel muy importante en la construcción de su imagen.

Si usted es un profesional de la política, tenga un manejo de imagen también de carácter profesional. La imagen es una representación mental, un fenómeno imaginario en la mente de los demás, que debemos cuidar ó preservar cuando esta nos es favorable o cambiar cuando esta no nos beneficia. Recuerde, la humildad lleva siempre al político por el sendero del éxito.

La imagen es la opinión que resume la percepción de los electores respecto de una persona u organización. Esta imagen siempre es sujeta de auditoría para conocer sus fortalezas y debilidades. Nunca menosprecie las potencialidades y las ventajas que le ofrece la auditoría. Auditar es, en este caso, examinarse internamente para mejorar.

La gestión de la imagen implica una serie de planes y proyectos orientados, primero a diagnosticar las fortalezas y debilidades que se encuentran en la percepción que los demás tienen acerca de su persona. Segundo, a diseñar una serie de acciones y estrategias para mejorar la imagen pública y, tercero, para evaluar y retroalimentar los planes iniciales.

El estereotipo

Un estereotipo es una representación social compartida por un grupo que define, de manera superficial, a los individuos a partir de supuestos que desconocen sus auténticas particularidades, capacidades y sentimientos. Dos estereotipos muy comunes son los siguientes: Si algo es caro, seguramente es de buena calidad. Si alguien es político, indudablemente es corrupto.

Los estereotipos son más destructivos que constructivos. Una vez que un estereotipo se ha fijado en la mente, es muy difícil cambiarlo. La gente no le gusta cambiar su mente, una vez que le perciben de una forma se acabó. Por ello, cuídese de los estereotipos negativos, y aproveche los estereotipos "positivos".

Los estereotipos son muy comunes en la política. De esta forma, se polariza y segmenta a los actores políticos en buenos o malos, oficialistas o independientes, corruptos, u honestos. En la política partidista es muy común escuchar los siguientes estereotipos: Un partido (y por consecuencias sus militantes) es moralista, conservador y clerical, el otro es corrupto y autoritario, mientras que el otro es violento, conflictivo y radical.

El buen político sabe navegar en el mundo de las generalizaciones y los estereotipos, transformando las debilidades en fortalezas, convirtiendo las derrotas en victorias. Trate de identificar los estereotipos más comunes y utilícelos en su favor. Los electores toman muchas de sus decisiones por percepciones de segunda mano, que provienen de familiares, amigos, compañeros de trabajo o de estudio. Los estereotipos dominan el campo de la política. Sepa identificarlos, conozca su proceso de formación y, lo más importante, logre que los estereotipos trabajen a favor de sus propósitos políticos.

La identidad

La identidad es el sello distintivo que diferencía a una persona de otra. Siempre hay dos tipos de identidades. La interna y la externa. La identidad interna implica el sí mismo, las posesiones físicas e intelectuales del individuo, el sentido que da a sus actos, percepciones, motivos e intenciones. La identidad externa, es la marca o el sello distintivo que se construye en su relación social.

En política, la edificación de identidades es algo muy importante, tan primordial como la construcción de imagen y credibilidad. El elector instintivamente, como ser gregario, siempre se identifica con alguien, genera filias o fobias, simpatías o antipatías. Se identifica con usted por una serie de factores, tal como se identifica el aficionado por su equipo favorito de fútbol, dependiendo de su coincidencia geográfica, racial, ideológica, política o de género.

La formación de identidades es un proceso natural propio de los seres humanos, que se debe estudiar a profundidad. El elector se puede convertir en un seguidor suyo, en un "fanático," en un apoyar de sus ideas y propuestas siempre y cuando se identifique con usted, con su causa, objetivos o sus métodos.

Todo gran político debe aspirar a formarse una identidad propia e independiente, con un fuerte sentido ético que lo diferencie de los demás y que le genere simpatía por parte de los electores. Una identidad que le facilite el posicionamiento y le genere condiciones para ganar procesos electorales.

Si usted no tiene la capacidad de formarse una identidad propia, seguramente no logrará trascender en el mundo de la política. Atrévase a hacerlo y goce de sus beneficios.

La comunicación

La mercadotecnia es el proceso de comunicar imágenes, ideas, sensaciones y emociones. Sin comunicación no es posible hablar de mercadotecnia, ya que la comunicación se constituye como la piedra angular de la disciplina y es la base del éxito electoral.

La comunicación siempre ha jugado un papel muy importante en la política. De hecho, la política es, en esencia, comunicación. Un político con escasas habilidades para comunicarse es un pobre político. En cambio, un político diestro en el arte de la oratoria y la argumentación discursiva siempre será reconocido y aceptado socialmente.

El elector es un gran consumidor. La democracia no sólo ha posibilitado la edificación de los mercados electorales, sino también la construcción del consumidor político. Los electores son sus clientes que tiene que atender y también entretener mediante adecuadas estrategias de comunicación. Nunca olvide que la política también es consumo y entretenimiento.

El político debe usar la comunicación como instrumento orientado a generar legitimidad y difundir información útil hacia los electores. La comunicación permite mantener informada a la sociedad sobre los logros, avances, problemas y planes de un político.

La política en la era contemporánea es, en esencia, mediática. Es decir, está sujeta a una serie de mediaciones a través de instrumentos tecnológicos como la radio, la televisión o la computadora. Es, en esencia, video-política. Por ello, todo buen político debe estar preparado para enfrentar exitosamente a los medios de comunicación y poder sacar ventaja de los avances de la era mediática. En este orden de ideas, es importante que todo político se prepare y maneje con propiedad el arte de "enfrentar" a los medios de comunicación. Lea y asista a cursos sobre *media training*, construcción de imagen y locución. Los resultados serán, sin duda, muy satisfactorios.

Todo político debe tener muy en claro sus objetivos comunicacionales y utilizar diversos medios para transmitirlos. La televisión y la radio le permiten amplitud, el contacto directo profundidad y cercanía.
Ante las cámaras de televisión, es importante sonreír, cuidar sus gesticulaciones y, sobre todo, atender su imagen. Recuerde siempre, un buen político es un gran comunicador.

Comentarios finales

En la época moderna, la política es el arte de persuadir y construir mayorías electorales estables. Un político no nace ni tampoco se hace. Un buen político se forma, se educa, se construye. El marketing político proporciona una serie de herramientas, técnicas, estrategias y conocimientos útiles para el hombre político, contribuyendo en su formación y mejoramiento.

La mercadotecnia comprende además la elaboración de planes estratégicos orientados a alcanzar las metas políticas, dar rumbo y dirección a los esfuerzos colectivos y, sobre todo, cohesionar y dirigir equipos de trabajo. La mercadotecnia también implica la segmentación de mercados para definir estrategias claras y precisas destinadas a persuadir a nichos específicos, ahorrando recursos y, sobre todo, orientando esfuerzos para maximizar resultados.

El marketing es una guerra de percepciones que se libra entre diferentes candidatos y partidos por la conquista de la voluntad de los electores. Es también una lucha por manipular las percepciones y mentes de los ciudadanos, en la que los tiempos y las estrategias comunicacionales son muy importantes. Trate siempre de ser el primero en la mente de los electores, ya que esto es una buena estrategia de mercadotecnia.

El político moderno debe ser sincero y cercano a la sociedad, dejando atrás los ritos protocolarios innecesarios. Recuerde que la sinceridad desarma. Toda afirmación negativa que haga sobre sí mismo es aceptada instantáneamente como una verdad. Por ello, cuando sea necesario, reconozca algo negativo sobre si mismo (sea autocrítico) y luego conviértalo en positivo.

Los principios aquí señalados son válidos también para los gobernantes. Sin embargo, si usted es parte de la oposición, no se preocupe. Recuerde que la política es una rueda de la fortuna que gira y cambia constantemente. En la fortaleza hay debilidad, pero también en la debilidad hay fortaleza. Esté alerta, ya que la división siempre acechará a los poderosos. Como político moderno, busque un atributo opuesto al gobernante y posesiónese de él. Recuerde siempre, el marketing político es un juego disputado en la mente del elector. Quien gana este juego, triunfa en la política.

ESTRATEGIAS PARA LA CONSTRUCCIÓN
DE LEMAS DE CAMPAÑAS

Introducción

El uso de los lemas en las campañas electorales en América latina es una práctica muy común, de tal forma que es muy improbable encontrar ejercicios proselitistas de carácter electoral en esta región en la que no se encuentren estos lemas, sea como parte de las acciones de comunicación o elementos de propaganda tanto en campañas electorales locales, estatales o federales. Su uso se ha convertido en una práctica cultural común entre las diferentes y, muchas veces, confrontadas fuerzas políticas e ideológicas de todo tipo, sean estas de izquierda, centro o derecha. Todos por igual, lo han incorporado como una tradición en sus ejercicios político-electorales.

El uso de los lemas en el área pública en América latina, tiene sus orígenes en los escudos de armas y blasones que otorgaba la corona española o portuguesa a las nuevas ciudades en las que se incluía una breve frase o lema.[50] Este escudo y frase, tenían el objetivo de dotarlas de identidad y describir los propósitos, ideas o filosofías por las cuales fue fundada y a la que habría que hacer pleitesía por propios y estaños.[51]

El lema es una palabra o frase breve que expresa el objetivo estratégico, propagandístico o político de un candidato, partido o coalición de partidos. Se usa también como estrategia para lograr visibilidad social, posicionamiento y persuasión en las campañas electorales. Es, a su vez, sinónimo de slogan, que es una palabra anglosajona que significa grito o consigna. Este término proviene del gaélico escocés, mismo que significaba, en su origen, "grito del ejército." De hecho, es un grito de síntesis que cristaliza una idea, define un asunto y, en el mejor de los casos, busca emocionar, exhortar e inspirar a quienes lo escuchan o ven.

En el caso de América Latina, una región en la que la política está muy ligada a la pasión, al rito y al protocolo (a la forma), el uso de lemas en las campañas electorales es muy frecuente, ya que estos le otorgan, en cierta manera, visibilidad, identidad, aceptación, valor simbólico, forma y fondo, así como dirección a la acción político-electoral.

En este capítulo, se analiza el uso y objetivos que buscan alcanzar los lemas publicitarios por los diferentes candidatos y partidos políticos, las características más distintivas de estos lemas, los errores más comunes que se cometen en su

---

[50] Los primeros escudos de armas y blasones aparecieron en Alemania. En España datan del siglo XI. Fueron originalmente destinados a halagar orgullo y vanidades de la clase noble.
[51] La Heráldica es una disciplina auxiliar de la historia, que se encarga del estudio y descripción de los escudos de armas, blasones y lemas de la ciudad.

diseño y los efectos que causan en el proceso de construcción de la legitimidad política, desarrollándose además una metodología (VAZA) para la elaboración de lemas de campaña. Finalmente, se concluye que el uso de los lemas de campaña, tiene como objetivo construir mayorías electorales estables, consensos sociales y afianzar el poder de determinados grupos políticos.

El debate teórico

Como parte del debate teórico, surgen diferentes cuestionamientos sobre el "efecto" que producen los lemas de campaña en la conducta de los votantes, así como el papel que estos juegan en todo el ejercicio de proselitismo electoral que realizan los diferentes partidos y candidatos, de cara a una elección interna o constitucional. Al respecto, las principales interrogantes que surgen son las siguientes: ¿Qué papel juegan los lemas de campaña en el proceso de construcción de mayorías electorales estables y la obtención de votos? ¿El tipo, calidad y pertinencia del lema determinan las posibilidades de éxito o fracaso de la campaña electoral? ¿Los votantes toman en cuenta el lema para determinar su orientación del voto?

Los lemas forman parte de las estrategias de comunicación y persuasión política que impulsan partidos y candidatos con el objetivo de ganar espacios de representación pública, cumpliendo una serie de funciones y objetivos dentro de la propia campaña. Sin embargo, difícilmente podemos asegurar que son determinantes para el éxito o fracaso de la misma. Ciertamente, como atinadamente lo apunta el que fuera publicista de Francisco Mitterrand, Jaques Séquela, una buena campaña no puede hacer ganador a un mal candidato, pero una mala campaña puede hacer perder a un buen candidato.

En este sentido, el lema forma parte de todo un conjunto de acciones de comunicación política, el cual se incluye e imprime en la mayoría de los elementos de propaganda (spots, gallardetes, afiches, espectaculares, objetos utilitarios, papelería oficial, bardas, etc.), orientado a generar visibilidad (llamar la atención), identidad, posicionamiento, simpatía y persuasión entre los votantes por parte del partido y candidato, pero cuyos "efectos" no necesariamente, aunque si en algunos casos,[52] son determinantes en la elección.

Es decir, el lema forma parte de un todo y como tal juega un papel en la campaña. Si la campaña, el tipo, su estilo de gestión, las estrategias, el candidato, los recursos, la inteligencia, la creatividad, la visión, etc., son determinantes para el resultado final de una elección, sin duda, entonces que se tiene que poner atención y cuidado en todas sus partes, incluído por supuesto la creación y diseño

---

[52] Por ejemplo, en elecciones polarizadas en las que al votante se le presenta una disyuntiva entre continuidad y cambio, el lema de campaña puede jugar un papel muy importante. Tal fue el caso, de la campaña presidencial de Vicente Fox en el 2000, quien utilizó, en la primer parte de la campaña, el lema "El cambio que a ti te conviene." En este sentido, el lema fue muy útil para persuadir al elector de que Fox representaba la opción del cambio.

del lema de la campaña. Sin embargo, hay muchos casos de procesos electorales en América latina en las que resultó ganador el partido o candidato que utilizó no necesariamente uno de los mejores lemas de campaña. Tal es el caso de la elección en 1999 en Argentina, donde resultó ganador Fernando de la Rua con el lema "Dicen que soy aburrido.[53]"

Finalmente, el día de los comicios los votantes toman en cuenta no sólo el lema, que en algunas elecciones exitosas, puede incluso, pasar desapercibido, sino la imagen del candidato, el partido que lo postula y las ideas y propuestas que ellos enarbolan, sus intereses, filias, fobias particulares, sus compromisos e ideales políticos y que pueden o no reflejarse en el slogan de campaña. Existen también campañas electorales exitosas que no usan lemas de campaña, sino el nombre e imagen del candidato y partido.

Los objetivos de los lemas

Los lemas cumplen, al menos, seis diferentes objetivos como parte de las estrategias de comunicación política de partidos y sus candidatos. Primeramente, el lema tiene como objetivo posesionarse en la mente y corazón de los electores, informar y comunicar a la ciudadanía sobre las ideas, filosofías, acciones, prioridades y determinaciones del candidato y su partido. "Que el poder sirva a la gente" por ejemplo, fue un lema que utilizó el candidato del Partido Revolucionario Institucional (PRI), Francisco Labastida Ochoa en la elección presidencial del 2000, cuyo objetivo central fue informar que estaba buscando el poder pero para ayudar y servir a los demás.[54] En el caso de algunas campañas en otros países de América Latina, por ejemplo, Lula da Silva en Brasil utilizó en el 2002 el lema *"Quero un Brasil decente, quero lula presidente"* [55] y Alejandro Toledo en el 2001 usó el lema *"Toledo, Más trabajo."*[56]

En segundo lugar, el lema tiene el objetivo de persuadir a los ciudadanos sobre las bondades de las acciones, planes, proyectos, programas y estrategias de los candidatos. Por ejemplo, en la elección de 1970 en México, Luis Echeverría Álvarez utilizó el lema "Arriba y adelante," mientras que Carlos Salinas de Gortari utilizó en 1988 el lema "Que hable México." Por su parte, su competidor, Efraín González Luna, postulado por el Partido Acción Nacional (PAN), utilizó 1970 el slogan "México necesita tu apoyo el próximo 5 de julio. Efraín Presidente." En

---

[53] Son múltiples y diversos los factores que inciden en el resultado final de una elección, ya que no solamente el tipo y carácter de la campaña incide en los votantes, sino el tipo de candidato, los hábitos y cultura de votación de los electores, la estructura electoral y posicionamiento de los partidos, la coyuntura política del momento, la economía y los medios de comunicación, entre otros.

[54] En este mismo sentido, el lema de campaña del candidato presidencial triunfador en Honduras, Manuel Zelaya del partido Liberal, en la contienda realizada el 27 de noviembre del 2005, fue "poder ciudadano", definido por él mismo como una "praxis fundamental, porque reafirma que la soberanía y el verdadero poder de la nación reside en el pueblo".

[55] En la elección de 1989, Lula utilizó el lema "Trabajador: Vota como trabajador. Lula un brasileño igual a ti."

[56] Otro lema utilizado en la campaña de Toledo fue "Perú es un país viable y prometedor."

Chile, Ricardo Lagos utilizó el lema "Mano firme, corazón grande." En Galicia España, Manuel Fraga utilizó en el 2005 el lema "Más."

En tercer lugar, el lema cumple el objetivo de impulsar, unir y alentar a una determinada sociedad en la búsqueda de nuevos estadios de desarrollo. Por ejemplo, el lema "Unidos, lo lograremos" tiene como propósito buscar la unidad de los ciudadanos para buscar superar momentos difíciles, alcanzar metas específicas o simplemente concretar un proyecto determinado. Por ejemplo, Cuauhtémoc Cárdenas utilizó en la campaña para la jefatura del Distrito Federal el lema "Juntos recuperaremos nuestra ciudad." Es decir, la idea era convencer a la gente de que la unidad era la base fundamental para recuperar la ciudad de los múltiples problemas que la aquejan. En este mismo sentido, José López Portillo utilizó en 1976 el lema "La solución somos todos."

En cuarto lugar, el lema también cumple el objetivo de alagar, reconocer, elevar la auto-estima o explotar el ego de la gente. Dos ejemplos de este tipo de lemas son "Tú eres lo importante" y "Tú puedes hacerlo realidad," que se han utilizado en diferentes campañas locales. En la elección presidencial de 1982, Arnaldo Martínez Verdugo, candidato del Partido Socialista Unificado de México utilizó en lema "Rescatemos lo mejor de nuestra historia."

En quinto lugar, el lema tiene como propósito reafirmar una política, prometer, advertir, retar, evocar al futuro o resaltar una idea de la sociedad. De hecho, la gran mayoría de los eslóganes están orientados a alcanzar estos objetivos como es el caso del lema "Por la Renovación Moral de la Sociedad" utilizado en 1982 por Miguel de la Madrid Hurtado cuando fue candidato del PRI a la presidencia de la república o el utilizado por Diego Fernández de Ceballos en elección presidencial de 1994 que decía "Por un México sin mentiras."[57]

En sexto lugar, un lema busca también diferenciarse de otros competidores. Por ejemplo, Gilberto Rincón Gallardo del Partido Democracia Social utilizó en el 2000 el lema "Démosle una rosa a México." Por su parte, Ernesto Zedillo Ponce de León hizo campaña en 1994 con el lema "Bienestar para tu familia". En este sentido, el lema busca marcar diferencias, señalar ámbitos diversos de influencia o simplemente hacerse notar respecto de otros candidatos o partidos.

Finalmente, todo lema tiene como objetivo general el contribuir en el proceso de construcción de legitimidad política y de ganar votos en las elecciones. Es decir, el lema debe ser entendido como parte de las estrategias de comunicación política que impulsa partidos o candidatos durante las campañas internas o constitucionales en la búsqueda de construcción de mayorías electorales y ventajas competitivas duraderas de cara a la lucha por los espacios de representación pública.

---

[57] Porfirio Lobo, candidato del Partido Nacional de Honduras utilizó el lema "Trabajo y seguridad."

Las características de los lemas

Hay campañas electorales monolémicas y plurilémicas. Esto es, las primeras utilizan sólo un lema de campaña, mientras que las segundas utilizan dos o más lemas de campaña. Por ejemplo, Fernando Garza Martínez, pre candidato por el PAN a la gobernatura del Estado de Jalisco en el 2005, ha utilizado tres lemas en un mismo espectacular: "Me cae bien," "A medias nada" y "Con la ley en la mano." La desventaja de este tipo de estrategias es que pueden confundir, saturar y no posesionar los tres lemas. Por su parte, la ventaja de las campañas con un sólo lema es la capacidad de posesionarse en la mente y corazón del votante, sin confundirlo o saturarlo de información.

En muchos casos, los lemas de campaña cambian conforme evoluciona y se desarrolla la contienda. Vicente Fox, por ejemplo, inició con el lema "El cambio que a ti te conviene," después lo cambió por "Ya ganamos" y finalmente concluyó con el "Hoy."

Los lemas de campaña también pueden ser o enarbolar causas políticas, apolíticas o incluso, anti-políticas. En el primer caso, un lema claramente político sería el siguiente "un gobierno de resultados" o "Un político que cumple." En el segundo caso, existen lemas generales que evocan cuestiones fuera de la política y pueden emplearse en todos los campos del desarrollo de un país. Por ejemplo, "De Corazón a Corazón," "Si Cumple" o "Llegó la Hora." Estos lemas no hablan necesariamente de política, aunque pueden tener una interpretación o connotación política. Finalmente, los lemas antipolíticos son aquellos orientados a explotar el rechazo de una parte amplia de la sociedad a la política. Algunos ejemplos son: "No votes por un político, vota por un ecologista" o el lema "No soy político, soy empresario."

Todo lema reúne una serie de características que se deben cubrir con el propósito de avanzar en el proceso de persuasión y construcción de mayorías electorales duraderas. Las características más importantes de un buen lema de gobierno son las siguientes.

a. Breve. Todo lema debe ser breve o corto, para poder usarse en todo espacio propagandístico, ya sea en bardas, folletos, espectaculares, spot de radio y televisión. La brevedad permite no aburrir o cansar al lector y, sobre todo, asegurar su lectura y comprensión por parte de la ciudadanía. Recuérdese que en comunicación, lo menos es más.

b. Sencillo. Otra de las características distintivas de un buen lema de gobierno es su sencillez, misma que facilita el entendimiento por la gran mayoría de los ciudadanos. Sin embargo, es necesario aclarar que sencillo no significa vulgar o anti-estético. De hecho, la sencillez de un lema se complementa con la estética de su diseño y con su orientación positiva.

c. Creativo. Todo lema debe ser creativo e imaginativo, por lo que se deben usar los talentos y la imaginación para diseñar eslóganes que puedan diferenciarse respecto de otros, atraer la atención del ciudadano y movilizar los sentimientos y emociones de los votantes. Ser creativo implica hacer diferentes cosas o, incluso, hacer las mismas cosas pero de manera diferente.

d. Ritmo. Todo lema de gobierno debe tener ritmo. Es decir, cuando el lema sea una frase, está debe elaborarse de tal forma que rime y tenga una sonorización adecuada.

e. Sea fácilmente recordado. El mejor lema de campaña es aquel de fácil memorización y que tiene la distinción de posesionarse rápidamente en la mente de la gente. Es un lema pegadizo, atractivo, que los votantes recuerdan con facilidad e identifican al candidato o partido con esa breve frase publicitaria.

f. General. Un buen lema apela a la mayoría de los votantes de un municipio, estado o nación. No se preocupa por las particularidades o especificidades de subgrupos o regiones, sino por el conjunto del universo electoral. No ve sólo el árbol, sino el bosque. Su preocupación no es el individuo, sino la sociedad (masa) entendida como mercado electoral.

g. Emotivo. Todo buen lema es eminentemente emotivo. Por lo tanto, apela a los sentimientos benévolos de las gentes y busca penetrar no sólo en la mente del elector, sino en la misma piel, buscando llegar hasta las entrañas y permanecer en la profundidad de la conciencia humana.

h. Creíble. Un lema que no sea creíble es una pésima inversión. Los mejores lemas de campaña son aquellos que reflejan la realidad, que se apegan a la verdad y son creídos por la gente. Los lemas demagógicos o falsos, que se alejan de lo que los votantes perciben, son rechazados, mientras que los lemas realistas son retenidos y aceptados por la ciudadanía.

i. Persuasivo. Todo lema debe ser persuasivo. Debe buscar, principalmente, el convencer a los demás, el lograr el objetivo por el cual fue diseñado y persuadir a la audiencia. Un lema que no persuade es un mal lema, ya que el fin principal de la comunicación política en una sociedad democrática es la construcción de consensos, de mayorías electorales y de legitimidad social.

Errores en su diseño

El elaborar un lema puede pensarse que es una cosa fácil que sólo requiere cierta inspiración para tratar de comunicarse con los votantes. Sin embargo, la creación y diseño profesional de un lema tiene "su ciencia" y reclama de una serie de conocimientos, experiencia y la aplicación de una metodología específica como es el caso del Método VAZA.

Los errores más frecuentes en el diseño y el uso de los lemas en las campañas electorales son, al menos, cuatro. En primer lugar, algunos de ellos son muy complejos, abstractos, sofisticados o técnicos, de tal forma que no todos los ciudadanos entienden el mensaje que se les quiere comunicar. Este error se comete por la diferencia entre los niveles educativos entre quienes diseñan y aprueban estos eslóganes y la mayoría de los ciudadanos a quienes va dirigido, ya que generalmente los diseñadores poseen estudios superiores, mientras que la mayoría de la población posee un grado educativo más bajo.

Al respecto, existen múltiples casos que muestran estos problemas. Por ejemplo, en un municipio rural del Estado de Jalisco (San Martín Hidalgo), un candidato del PRI utilizó en la elección del 2003 el lema "Gestión para la mujer." Al preguntarle, a diferentes personas que entendían por esa frase, algunos señalaron que seguramente el candidato se refería a "mujeres embarazadas o mujeres que estaban en gestación." La idea del candidato era comunicar que durante su administración las mujeres estarían incorporadas en los puestos directivos. Sin embargo, la gente entendía otra cosa, no supo comunicarse con los votantes y finalmente perdió la elección.

En segundo lugar, otro de los errores que se cometen al diseñar lemas de campaña, es que ante los ojos de la ciudadanía, estos eslóganes parecen ser muy demagógicos o poco creíbles. Es decir, muchas veces se diseñan lemas que señalan, por ejemplo, "Tu voz en el Congreso," "Para que vivas mejor" o "Me da Confianza," cuando, desafortunadamente, en realidad la política y muchos de los candidatos o partidos gozan de un verdadero desprestigio y generan nula credibilidad por parte de muchos electores.

Un tercer error en el diseño de un lema de campaña es su grado de especificidad. Es decir, el foco de atención e interés es muy específico como pueden ser los campesinos o sólo los obreros, cuando la gran mayoría de los ciudadanos de un estado, municipio o país, trabajan en el sector servicios. En este tipo de casos, se recomienda el uso de un lema de gobierno mucho más amplio e incluyente que involucre o apele a todos los miembros de la sociedad a la que va dirigido. Ejemplo de estos lemas, es el utilizado por Rosario Ibarra de Piedra, candidato del PRT en la elección de 1982 cuando utilizó el slogan "Por un gobierno obrero y campesino." En este mismo sentido, Jorge González Torres candidato presidencial del PVEM, utilizó en 1994 el lema "Por un México verde" apelando al sentimiento sólo de los ecologistas.

Finalmente, hay lemas de campaña vacíos que no significan nada para los ciudadanos o son muy poco significativos, aunque desde la perspectiva rítmica y sonora se escuche muy bien. Tal es el caso, por ejemplo, del lema "Si o No, pero Ya," que no sólo se ha usado en el ámbito comercial, sino también en el político y gubernamental. Luis Echeverría Álvarez, presidente de México entre los años 1970 y 1976, utilizó el lema "arriba y adelante," no sólo en su campaña electoral, sino también en su ejercicio de gobierno, el cual, a los ojos de muchos ciudadanos, no significaba o comunicaba nada. Por su parte, De la Rua en

Argentina utilizó el lema "Dicen que soy aburrido" y Carlos Saúl Menen usó el slogan "Muchos creen que los defraudé."

Metodología para su elaboración

Para elaborar un lema de campaña hay muchos métodos y formas de hacerlo. Sin embargo, para asegurar que el diseño y el efecto que se logre sea el adecuado, se debe trabajar bajo una metodología profesional, que aquí hemos denominado el método VAZA. A continuación, se enumeran y explican brevemente los pasos que se deben seguir para obtener un buen lema de campaña.

a. Creación y diseño. Para elaborar un lema, primero se debe partir del análisis del mensaje que se desea comunicar y clarificar los objetivos que se buscan alcanzar. Posteriormente, una vez definido esto, se debe pasar a la etapa creativa, a la concepción de la idea. Una vez obtenida la idea, se debe hacer el diseño preciso del eslogan buscando cubrir las características de un buen lema anteriormente señaladas. La lluvia de ideas en las que participe el equipo central de campaña puede ser una mecánica útil para la elaboración de propuestas que finalmente se pueden convertir en el lema de la campaña.

b. Argumentación. Una vez que se ha creado y diseñado el lema, se debe pasar a la etapa de justificación del mismo. Para ello se deben responder las siguientes preguntas. ¿qué se quiere decir y que se pretende comunicar? ¿Con quién nos queremos comunicar? ¿Qué efectos queremos causar? ¿alcanza el objetivo que busca? ¿cuáles son las interpretaciones que la sociedad o los opositores pueden dar al lema? ¿No se repite con otros ya usados por otros candidatos, o que ya estén protegidos legalmente? ¿qué argumentos a su favor defienden este lema, por encima de otros? ¿Por qué es el mejor? ¿cumple las características de un buen lema de campaña?

c.   Prueba. Una vez que pasó la etapa deliberativa, se pone a prueba el lema. Para ello, se hacen pruebas pilotos en la que se pregunta a diferentes electores de diversos estratos sociales, ocupaciones, edades, sexos y localidades sobre su opinión y el efecto persuasivo y de aceptación que genera dicho lema. La prueba incluye su presentación tentativa en diferentes elementos de propaganda, los estudios cuantitativos de opinión y el análisis de expertos.

d.   Aprobación. Una vez que pasó la etapa de prueba, se pasa a las instancias facultadas para aprobar el lema de campaña, que bien puede ser el candidato, el partido o el equipo de campaña, según sea el caso.

e. Uso. Una vez que se ha logrado la aprobación del lema por la instancia correspondiente, se procede a su utilización en los diferentes medios de publicidad, realizando el manual de imagen de la campaña.

f.   Evaluación y retroalimentación. Finalmente, después de su uso en un tiempo determinado, se procede a hacer evaluaciones sobre su vigencia, analizando y midiendo el efecto persuasivo que está logrando, los alcances y logros obtenidos. De ser necesario, puede determinarse continuar con el lema, hacer algunas modificaciones o, definitivamente, cambiarlo.

Comentarios finales

En toda campaña electoral, el uso de los lemas forma parte de las estrategias de comunicación política de candidatos y partidos, orientada a lograr una mayor visibilidad, posicionamiento, persuasión y, principalmente, un mayor número de votos. Estos lemas, deben cumplir una serie de características. Las más importantes son la originalidad, el generar controversia, el tener un valor simbólico, el causar un gran impacto, ser estético y generar notoriedad.

Los mejores lemas son sugerentes, controvertidos, emocionales y fáciles de recordar por parte de los votantes. Si los electores "los traen en su cabeza" y les generan o movilizan algún tipo de emoción, entonces ya cumplieron su papel. Si los lemas no son atendidos, memorizados y recordados por la gente, entonces, son lemas inadecuados. Hay que revisarlos y, si es necesario, incluso hasta cambiarlos.

En toda campaña, como todo proceso de comunicación política, se debe buscar siempre causar efectos en las audiencias a las que se dirigen los mensajes. Los lemas son parte de estos mensajes y del proceso de comunicación persuasiva, que buscan causar ciertos efectos, por eso son presentados de manera sintética y creativa, con fuerza y determinación. Sin embargo, cuando se conceptualizan y diseñan los lemas, siempre se generará controversia por que no existe un lema perfecto para todo momento y para toda campaña.

La política es un campo muy complejo, relativo y siempre cambiante, en la que nunca hay una lectura homogénea de los lemas por todos los electores y por la clase política. Los lemas serán siempre interpretados y leídos de diferente manera por los votantes, así como por los apoyadores del candidato o por sus detractores. De ahí, la importancia de diseñar lemas incluyentes, amplios y regidos por los principios del método VAZA esbozados en este escrito.

CÓMO CONSTRUIR UNA CANDIDATURA EXITOSA

Introducción

Ser candidato a un puesto de elección popular, en una sociedad democrática, implica lograr cierto reconocimiento social, además de tener una magnifica oportunidad de servir a la comunidad y lograr un espacio para desarrollar una carrera profesional exitosa en la administración pública, la política y el gobierno. Para alcanzar tal nominación en un medio muy competido, como lo es la política, no sólo se requiere tener suerte (fortuna), sino, fundamentalmente, el poseer la virtud y las habilidades necesarias para lograr los consensos requeridos que sustentan a toda postulación exitosa. Esto implica, el trabajar arduamente en la construcción de la candidatura tomando en cuenta tiempos, formas, circunstancias y actores políticos.

En política, no es lo mismo optar, que caer. Optar implica la capacidad de decidir libremente el ser el candidato, entre una variedad de opciones, y, ocasionalmente, el ocupar un puesto de elección popular, mismo que se debe ejercer con profesionalismo y sobrada capacidad. Por su parte, el caer implica que el destino o las circunstancias te llevaron por el sendero de la candidatura, pero sin mediar una preparación o capacitación previa para el ejercicio del cargo. El optar implica un compromiso y una responsabilidad. El caer implica una aventura.

De hecho, muchas de las nominaciones que hacen algunos partidos políticos de candidatos a diferentes puestos de elección popular, se ajustan más al modelo de "caer," que al modelo de "optar." Sin embargo, las consecuencias están a la vista de todos. Quién opta, generalmente, logra alcanzar su objetivo y recorre un camino ascendente. Quién cae, se ve atrapado por una serie de hechos improvisos y circunstancias desconocidas. De ahí, la importancia mejor de optar premeditadamente, que el caer accidentalmente en una candidatura.

El presente capitulo relata los pasos que hay que seguir y los preparativos que hay que hacer para construir y optar por una candidatura exitosa a un puesto de elección popular en una sociedad políticamente competida. Se parte de la idea de que las candidaturas no nacen, sino que se hacen, se construyen y edifican.

Tipo de candidaturas

Para iniciar, abordaremos algunos aspectos conceptuales sobre el tipo de candidaturas que existen y la forma como se determinan y nominan éstas ante los organismos electorales.

De entrada, es importante señalar que en el sistema electoral mixto, como es el caso del sistema que prevalece en muchos países de América Latina, existen dos tipos de candidaturas para integrar algunos poderes públicos, como el caso del poder legislativo: Los candidatos por el principio de mayoría relativa y los candidatos por el principio de representación proporcional. Ambos son postulados y registrados ante la autoridad electoral por los partidos, aunque son seleccionados bajo procedimientos distintos.

Por un lado, los candidatos por el principio de representación proporcional son seleccionados, generalmente, por los partidos entre los cuadros, militantes y dirigentes partidistas más destacados o con mayor número de años de militancia, pasando por la aprobación de sus órganos directivos. Sólo en raras ocasiones, estos espacios se otorgan a ciudadanos sin partido, quienes por su trayectoria, trabajo y reconocimiento social, se hacen merecedores de la invitación de un instituto político para ser postulado a un cargo de elección popular por el principio de representación proporcional. Por el otro lado, los candidatos por el principio de mayoría relativa son postulados por el partido entre sus militantes, generalmente, después de haber ganado un proceso de selección interna.

Una vez hechas estas precisiones iniciales, a continuación, en este apartado se enlistan las 21 ideas más importantes que todo político debe tomar en cuenta para ser postulado a un cargo de elección popular, sea bajo el principio de representación proporcional o bajo el principio de mayoría relativa.

Milita en un partido

De acuerdo con la legislación electoral de varios países, todos los ciudadanos, por el hecho de serlo, tienen el derecho de elegir y ser electos para ocupar algún cargo de elección popular. Sin embargo, la misma legislación señala que la postulación para competir por dichos cargos se hace a través de los partidos políticos, por lo que un primer paso que se debe hacer es acercarse a algún partido, llenar una forma de afiliación y cumplir con las obligaciones que los propios estatutos de las formaciones partidistas establecen, como lo es, por ejemplo, el dar el apoyo económico para su sostenimiento y la participación en los trabajos y acciones proselitistas que desarrollen, entre otras.

Nadie que no milite o esté lejano a un partido político tiene posibilidades reales de ser postulado a un puesto de elección popular, a no ser que sea un personaje muy relevante o que el partido que lo postule sólo tenga una presencia marginal. De ahí la importancia de acercarse a los partidos, entrar en comunicación con sus dirigentes y empezar a hacer meritos en la organización. Otra forma de hacerlo puede ser formar un nuevo partido y a partir de la crisis de los actuales partidos, construir exitosamente tu candidatura.

Construye consensos

Una vez que te has afiliado a un instituto político es necesario iniciar el trabajo para construir consensos a tu favor al interior de la organización. Construir consensos implica, por un lado, el realizar un amplio trabajo a favor de la institución y sus causas, así como el mostrar capacidad y responsabilidad en las tareas que se le encomiendan y, por el otro, lograr la aceptación y respaldo de los demás militantes, evitando polarizar y confrontar innecesariamente con corrientes internas, grupos de interés o dirigentes partidistas.

De hecho, quién tiene más posibilidades de ser postulado a un puesto de elección popular es quién unifica voluntades, quién agrupa apoyos y opiniones favorables de distintas corrientes de opinión y de dirigentes partidistas y quién suma intereses. Por su parte, quién tiene menos posibilidades de lograr la postulación son aquellos individuos que polarizan, dividen y confrontan a la organización.

Date a conocer

Una máxima de la estrategia electoral señala que "un político que no es conocido, no es un buen político." De ahí que una de las primeras actividades que debes realizar es darte a conocer, que hablen de ti, no importa en un principio, que es lo que digan, pero que digan algo. Por ello, es necesario involucrarte en las actividades, tareas y comisiones del partido para que tus camaradas y la misma sociedad sepan que existes y que realizas trabajos importantes para la organización.

Para cumplir con el objetivo de ser conocido y lograr una mayor visibilidad política debes usar los medios de comunicación, vía entrevistas, editoriales, artículos o participación en programas políticos, entre otras. Aquí la idea, es que se uses los espacios disponibles para alcanzar el objetivo: que te conozcan, que hablen de ti.

Para aquellos militantes que no tengan acceso a los medios de comunicación masiva, pueden echar mano de las gacetas, boletines internos, revistas, periódicos murales, páginas de Internet, acudir y participar en asambleas, convenciones y todo tipo de reuniones amplias del partido en la que acuden muchos militantes, para darte a conocer. Recuerda, tu objetivo estratégico, es ser conocido; el medio, la circunstancia lo define.

Ser reconocido

En política, no basta sólo con ser conocido por los militantes de un partido y por la sociedad. Lo más importante, es también ser reconocido. Reconocido por el trabajo realizado, reconocido por la congruencia en las acciones, reconocido por la disciplina con el partido, reconocido por el talento y capacidad, reconocido por su compromiso político y por su sensibilidad con las mejores causas de la sociedad.

Un político que es conocido y reconocido por la militancia y por la sociedad tiene amplias posibilidades no sólo de ser postulado a un cargo de elección popular, sino de ganar la elección. Por el contrario, un político que no se le reconoce el trabajo, la militancia y el talento difícilmente ganará la postulación y muy seguramente perderá la elección.

Involúcrate en actividades comunitarias

Una persona que se involucra en actividades comunitarias y se entrega al trabajo social tiene mucho más oportunidades de alcanzar la candidatura que aquélla que no hace algo. De hecho, muchos de los políticos actuales iniciaron su participación pública en organizaciones de vecinos, movimientos cívicos, organizaciones gremiales y movimientos comunitarios. Su participación les permitió una mayor visibilidad social, les dio experiencia y capacidad de dirección de grupos y generó la confianza social necesaria y el respaldo para poder ocupar un cargo de elección popular.

El involucramiento en actividades comunitarias requiere hacerse de manera permanente, no sólo durante las coyunturas electorales. Hay miles de cosas que puedes hacer y cientos de espacios que puedes ocupar a favor de tu comunidad. Desde organizaciones barriales, deportivas, culturales, religiosas, cívicas y ecológicas, pasando por toda una serie de comités consultivos y organizaciones no gubernamentales, hasta instancias partidistas como comités seccionales, municipales o distritales, así como "células" políticas, círculos de estudio, cafés socráticos, etc. Lo importante es que te comprometas y te involucres en el trabajo comunitario, que será un muy buen antecedente previo a cualesquier postulación a un puesto de elección popular.

Construye capital político

Para erigir una candidatura exitosa, es importante construir un capital político. De hecho, la política siempre debe ser considerada como una actividad de edificación, de tejer, poco a poco, una red de relaciones, amistades, acuerdos y compromisos políticos. Esta actividad de construcción requiere ser permanente, intensa e inteligente, conociendo cuáles son los personajes y los sectores estratégicos con los que siempre hay que cultivar una muy buena relación.

El construir un capital político implica, además, el evitar los excesos, el tejer alianzas políticas duraderas y saber honrar los acuerdos. En una sociedad democrática, construir capital implica, también, el generar una estructura política, el ser incluyente y formar cuadros (grupo) que ayuden a la construcción de consensos y el impulso de la candidatura.

Ningún individuo puede ser exitoso si no ha construido el capital político necesario o, si habiéndolo construido en el pasado, lo ha dilapidado con rapidez a través de una serie de acciones, actitudes y posiciones desafortunadas.

Perseverancia

Construir una candidatura exitosa, no es fácil y no siempre se logra en el primer intento. En la política, se requiere ser persistente, pero siempre con moderación, ya que de otra forma se puede generar la imagen de un político adicto o enfermo de poder. Por ello, es necesario persistir sólo cuando existan las condiciones y la coyuntura favorable para lanzar la candidatura, ya que, de lo contrario, sólo se participará en una aventura que puede destruir el poco o mucho capital político que hayas construido.

Persistir en el intento implica revisar errores del pasado, reconsiderar posicionamientos políticos, enmendar caminos y reconstruir alianzas estratégicas. Sin embargo, debes ser cuidadoso en los cambios que realices, de tal forma que no parezcas incoherente, desesperado o veleidoso. De hecho, muchos de los grandes estadistas y gobernantes distinguidos del orbe, no siempre lograron construir una candidatura exitosa desde el primer momento. Tal fue el caso del actual presidente de Brasil, Luis Ignacio Lula de Silva, quién después de cuatro diferentes intentos, por fin logró su objetivo de alcanzar la máxima magistratura del país en el año 2002. No obstante, los cambios que hizo en su imagen, en el tipo de aliados y en su discurso, no fue un cambio radical, sino más bien moderado.

Construye imagen

En política, la imagen es la realidad; es lo que la gente percibe, no lo que el político es. La imagen juega un papel muy importante en la construcción de una candidatura. De hecho, la gente vota y apoya imágenes, más que propuestas o proyectos ideológicos. Por ello, un buen consejo es que todo gran político se preocupe por construir y conservar una buena imagen.

Para ello, es necesario cuidar desde la vestimenta, el aseo personal, la postura física, la forma de hablar, la manera de caminar y todos los grandes y pequeños detalles que implican ser percibido adecuadamente por los demás. Recuerda, los excesos destruyen imagen, por lo que siempre debes evitarlos.

La buena imagen es un factor importante para conseguir una candidatura, sea ésta por el principio de mayoría relativa o por el principio de representación proporcional, en la medida que la imagen está relacionada muy cercanamente con dos variables medulares de las democracias modernas: la rentabilidad electoral y la popularidad política.

Muestre una actitud positiva y propositiva

Para poder conseguir una postulación a un puesto de elección popular son muy importantes tus actitudes y aptitudes que muestres y tengas en relación a la política y hacia la vida, en general. La gente valora más las actitud positivas, propositivas y optimistas de los lideres, por encima de las actitudes negativas, de critica destructiva y de confrontación innecesaria.

Un individuo con una actitud positiva genera confianza, entusiasmo y motivación hacia los demás. Por el contrario, una actitud negativa siempre genera sospecha, recelo y desmotivación. Las personas propositivas, también, son generalmente bien vistas por los demás, al reconocérsele su espíritu constructivo, su voluntad positiva y su aliento por el progreso.

Por tal motivo, para erigir una candidatura exitosa muéstrate siempre constructivo más que destructivo, propositivo más que crítico, o crítico, pero con un perfil constructivo. De igual forma, la aptitud es muy importante. Esto implica, el saber hacer algo, el ser competente en alguna área específica y el poder trascender producto de tus capacidades y logros.

Toma en cuenta los factores de poder

Una candidatura no puede ser exitosa si no se "corren" las atenciones necesarias a los principales actores políticos y si no se toman en cuenta los factores de poder. Estos factores pueden ser desde las corrientes internas, los grupos y sectores del partido, en lo específico, hasta los factores locales, nacionales e internacionales, que inciden en una determinada elección.

Las corrientes internas y grupos ínterpartidistas influyen en la toma de decisiones de la organización. Los factores locales, como son los grupos de interés (comerciantes, sindicatos, universidades, prensa, empresarios, etc.) influyen, también, en las posibilidades de éxito de tu candidatura. En el mismo sentido, los factores nacionales e internacionales afectan la voluntad del electorado y predeterminan, de cierta forma, el perfil del político que tiene más posibilidades de ser exitoso.

Define un mensaje

Todo político que desee ser candidato a un puesto de elección popular requiere tener un mensaje coherente, atractivo y bien estructurado para persuadir a quienes tomarán las decisiones sobre la viabilidad de su candidatura. El mensaje debe contener las razones suficientes, claras y persuasivas para que las personas que deciden, (sean los dirigentes de la organización, los militantes del partido o los electores), se vean motivadas a decidir a favor de tu persona.

El mensaje debe llegar a todos y tratar de posicionarse en la mente de los tomadores de decisiones antes que los demás. Para ello, se debe utilizar cualesquiera de los medios disponibles, sean electrónicos, personales o documentales para hacer llegar el mensaje. Dentro del mensaje se encuentra la apuesta programática principal de la candidatura, la cual puede ser por los pobres, los más necesitados, la ecología, la honradez, la eficiencia, el desarrollo integral o la democracia, entre otros. Es decir, todo candidato debe tener una apuesta política. Esta puede abordar una temática sectorial o integral.

Dentro del mensaje se necesita tener claridad sobre las siguientes preguntas. ¿Por qué quiero ser candidato?, ¿cuáles son las razones más importantes que daré a los demás para que depositen la confianza en mi persona?, ¿qué quiero lograr con la candidatura? y ¿para qué quiero el poder? Si tienes claridad en estos cuestionamientos y se dan las respuestas acertadas, más posibilidades existen de ser persuasivo y lograr el objetivo que se busca.

Forma equipo y teje alianzas

Para lograr una candidatura exitosa debes formar un equipo de trabajo, tomando en cuenta el merito, talento, capacidad y habilidades para establecer relaciones políticas duraderas. Este equipo debe ser motivado continuamente y capacitado para desempeñar mejor sus labores. Requieres, además, delegar tareas a los demás y exigir resultados concretos.

A partir del equipo de trabajo debes tejer una serie de relaciones políticas y afectivas con grupos, personajes, sectores sociales y lideres de movimientos sociales y organizaciones gremiales. Recuerda, la política es cosa de grupo y de tejer alianzas, acuerdos y compromisos políticos.

Ten objetivos de persuasión

Para asegurar una candidatura exitosa, se tiene que tener claridad de cuál es la objetivo electoral que se busca, quién decide sobre la candidatura y donde se encuentra la coalición electoral que la aprobará. Es decir, toda candidatura exitosa focaliza y direcciona el esfuerzo político para alcanzar el objetivo buscado.

Si quién decide son los militantes de un partido, lo primero que se tiene que ganar es su voluntad. Si son los directivos, se tiene que buscar, por diferentes medios, persuadirlos y convencerlos sobre la conveniencia de tu postulación. Si son los delegados partidistas quienes deciden, se tiene que realizar una campaña intensa de persuasión y proselitismo político dirigida a este sector.

La idea central que debes transmitir, para aumentar las posibilidades de concreción de una candidatura, es hacer creer a los demás, de forma convincente, que tu aseguras el éxito, el bienestar y el futuro de todos los demás o, al menos, de los que te apoyan para ser postulado a un cargo de elección popular. En este sentido, tu lema central de precampaña puede ser "Garantía de futuro," "Seguridad de triunfo," o "Éxito seguro," por poner algunos ejemplos.

Muestra determinación y firmeza

Para ser exitoso en la lucha por una candidatura es necesario tener y mostrar determinación en los objetivos que te propones y firmeza en las decisiones que tomes. Un individuo indeciso y vacilante crea desconfianza. Por su parte, un individuo seguro y claro en sus propósitos genera seguidores. De ahí, que como buscador de una candidatura debes evitar las indecisiones, los titubeos y vacilaciones.

Ser firme implica persistencia en tu lucha, madurez para afrontar adversidades, determinación para debatir con sus adversarios ideas y proyectos, seguridad para avanzar y sensibilidad para entender las coyunturas presentes. De ninguna manera, ser firme significa ser intolerante, intransigente, cuadrado o sectario. Al contrario, ser firme implica adaptarse a las circunstancias y momentos, pero sin perder de vista el objetivo central: el poder.

Muestra experiencia y capacidad

Un partido serio no postulará sólo a un candidato por su popularidad, sino está cierto también de su capacidad para en el desempeño en el cargo. De hecho, la mayoría de las formaciones partidistas modernas valoran cuatro variables en la determinación y apoyo de las candidaturas.

En primer lugar, la rentabilidad electoral. Esto es, la capacidad de generar votos y poder ganar una elección. En segundo lugar, la capacidad de tener un gobierno de resultados. Es decir, la habilidad de gobernar bajo los principios de eficiencia, responsabilidad y honradez. En tercer lugar, la gobernabilidad interna de la institución. Esto es, evitar fracturas, divisiones y confrontaciones mayores al interior del partido producto de la postulación al cargo de elección popular. Finalmente, la seguridad de inversión de recursos (económicos, humanos, materiales y tiempo) en la futura campaña.

Sobre este último punto, es necesario tener claridad de que para asegurar una candidatura exitosa se requiere recursos económicos suficientes para financiar las actividades de precampaña, ya que como dijo Carlos Hang González "un político pobre, es un pobre político." Adicionalmente, se requiere formar un equipo talentoso de trabajo que te ayude a consolidar el proyecto de candidatura.

Un individuo con capacidad y experiencia tiene muchas más posibilidades de éxito tanto en obtener la candidatura como en ganar la elección, que aquellos individuos inexpertos e incapaces para enfrentar los retos y desafíos que implica una contienda política. Sin embargo, no hay que confundir capacidad y experiencia con mañas, vicios y perversiones negativas ligadas a la edad y al pasado.

Ten en cuenta el perfil ideal del candidato

Para asegurar construir una candidatura exitosa debes poner atención en el perfil ideal del candidato triunfador. En general, un buen candidato reúne las siguientes cualidades:
Carismático, laborioso, político incluyente, estratega, analítico, negociador o conciliador, con visión a futuro, sociable y de trato afable. Por su parte, el perfil de un candidato fracasado es quién da un trato árido a los demás, quién es proclive al conflicto, irresponsable, excluyente, estepario y dogmático.

El perfil del candidato requiere adecuarse a las circunstancias que se esté viviendo, de tal forma que si el problema es, por ejemplo, un incremento en la criminalidad y en los índices de delincuencia en una determinada circunscripción electoral, lo que se requiere es un candidato de mano firme, que sea capaz, una vez en el gobierno, de tomar las decisiones necesarias, sean éstas difíciles o no, para reducir la inseguridad pública y la delincuencia.

Apóyate en los medios de comunicación

Construir una candidatura exitosa requiere el apoyo de los medios de comunicación. En las sociedades modernas, las campañas han adquirido un perfil mediático, donde los medios de comunicación, principalmente electrónicos, juegan un papel muy importante. De ahí, la necesidad de construir una buena relación con los representantes de los medios de comunicación y lograr, de está manera, un trato adecuado para alcanzar los propósitos buscados.

Un acierto, por ejemplo, de Andrés Manuel López Obrador, es ofrecer una rueda de prensa matutina diariamente para dar a conocer sus informes, puntos de vista, opiniones, avances y respuestas a las inquietudes y preguntas de los representantes de los medios de comunicación. De esta forma, el "pejelagarto," como se le conoce al Jefe de Gobierno del Distrito Federal (DF), está diariamente presente en los noticieros de radio, televisión, periódicos y revistas de presencia no sólo local (DF), sino nacional. Así, logra ser conocido y reconocido por la gente, lo que, electoralmente hablando, representa una ventaja enorme respecto de otros aspirantes presidenciales.

Recuerda siempre que los medios crean un clima de opinión favorable a tu candidatura e influyen en moldear la mente de los electores y la opinión pública.

Prepárate como candidato

Para construir una candidatura exitosa debe haber siempre una preparación exhaustiva. Las áreas que deben ser siempre atendidas son la dirección de grupos, toma de decisiones, negociación y solución de conflictos, comunicación política, argumentación, construcción de consensos, administración pública y mercadotecnia política.

El tener un soporte académico sólido influye en generar la confianza para poder obtener la candidatura, ya que las credenciales educativas y la preparación profesional siempre son apreciadas por la gente. La preparación para lograr la candidatura incluye el tener también el apoyo y respaldo de tu familia, así como el arreglar los asuntos y permisos de trabajo, si fuera necesario.

Vende y comunica

La política es comunicación y venta. Un político que no sabe comunicarse y no puede "vender" es un mal político. En política se "venden" ideas, proyectos, propuestas, esperanzas y personajes, entre otras cosas. Se comunican, además, resultados, logros, indicaciones, posturas ideológicas y posicionamientos políticos. De cierta manera, el arte de la política está relacionado con el arte de la comunicación y persuasión.

No es posible hablar de política sin comunicación y no es posible hablar de éxito en una candidatura si no hay capacidad de poder vender y posicionarse en el mercado. En este sentido, todo aspirante a un puesto de elección popular requiere entrenarse en el arte de la oratoria, la argumentación y la persuasión política utilizando técnicas de neurolinguística, propaganda persuasiva y psicología política.

Desempeño en la función pública

Si tuviste la oportunidad de dirigir una dependencia pública, partido, u oficina de gobierno, la calidad y magnitud del trabajo realizado y la construcción de redes de relaciones sociales que hayas efectuado te servirán como llave para afianzar una futura candidatura a un nuevo puesto de elección popular. De hecho, un trabajo bien realizado en la función pública en el pasado siempre será una buena carta de presentación en el futuro.

Realizar obra pública trascendente, ser y parecer eficiente y honrado, gobernar con responsabilidad, "ganar el corazón de la gente" y, sobre todo, solucionar los principales problemas que aquejan a la población son los mejores activos que se puede construir, de cara a la edificación de una nueva candidatura.

Comentarios finales

La política depende, de cierta manera, de la virtud y la fortuna. Si eres afortunado en la política, aporta y cultiva tu virtud para ser más exitoso. Para ganar una postulación a un puesto de elección popular, se requiere ser competitivo, adiestrarte en el arte de la política, lo que implica, entre otras cosas, un dominio de las técnicas de comunicación y persuasión.

La virtud de un político tiene que ver además con la capacidad de hacer y cultivar relaciones duraderas, evitar escándalos y trabajar persistentemente. Recuerda en la política no hay horarios ni de entrada ni de salida, ni días feriados o de descanso.

Las candidaturas, en la época democrática, son oportunidades escasas y muy competidas para poder ocupar algún espacio de representación pública. No sólo está el poder detrás de todo esto, sino toda una serie de beneficios ligados al mismo, como puede ser el salario decoroso que perciben los políticos y altos funcionarios gubernamentales. Sin embargo, estas candidaturas no llegan solas, sino que se tienen que buscar, se tienen que construir y ganar. El voto es de quien lo trabaja.

www.ingramcontent.com/pod-product-compliance
Lightning Source LLC
Chambersburg PA
CBHW080410290526
45791CB00008BA/2224